나는 사탄이 번개처럼 떨어지는 것을 본다

Je vois Satan tomber comme l'éclair
by René Girard

Copyright ⓒ 1999 by Éditions Grasset & Fasquelle
Korean Translation Copyright ⓒ 2004 by Moonji Publishing Co., Ltd.
All Rights Reserved.

This Korean edition was published by arrangement with
Éditions Grasset & Fasquelle through Sibylle Books Literary Agency, Seoul.

이 책의 한국어판 저작권은 Sibylle Books Literary Agency를 통해
Éditions Grasset & Fasquelle와 독점 계약한 문학과지성사에 있습니다.
저작권법에 의해 보호 받는 저작물이므로 무단 전재 및 복제를 금합니다.

우리 시대의 고전 15

나는 사탄이 번개처럼 떨어지는 것을 본다

Je vois Satan tomber comme l'éclair

르네 지라르 René Girard 지음
김진식 옮김

문학과지성사

르네 지라르 René Girard

1923년 프랑스 아비뇽 출생. 1947년 파리 고문서학교를 졸업하고, 1950년 미국 인디애나 대학에서 역사학 박사학위를 취득했다. 인디애나 대학, 브린모 대학, 존스홉킨스 대학, 뉴욕주립대학의 교수를 역임하고, 1974년부터 스탠퍼드 대학에서 현대 사상과 프랑스 어문학, 프랑스 문화를 가르치고 있다. 『폭력과 성스러움 La violence et le sacre』으로 1973년 프랑스 아카데미 상을 수상했다.

문학평론가이자 사회인류학자인 지라르는 첫번째 저서인 『낭만적 거짓과 소설적 진실 Mensonge romantique et vérité roma-nesque』(1961)에서 소설 속의 인물들을 대상으로 인간 욕망의 구조를 밝혀내는 작업을 시작하여, 연구 범위와 폭을 꾸준히 넓혀왔다. 『폭력과 성스러움』(1972), 『희생양 Le bouc émissaire』(1982) 등의 저서부터는 인류학, 신화, 종교학 쪽으로 관심을 돌려 '희생양'과 구원의 개념을 분석하는 데 주력한다. 『나는 사탄이 번개처럼 떨어지는 것을 본다 Je vois Satan tomber comme l'éclair』(1999)는 신화의 폭력과 성경의 폭력을 비교하면서 희생양 메커니즘의 양상을 분석한다.

김진식

서울대학교 불문과를 졸업하고 같은 학교 대학원에서 박사학위를 취득하였다. 옮긴 책으로는 『폭력과 성스러움』(공역) 『희생양』 『카뮈 1 · 2』 등이 있다. 현재 울산대학교 프랑스어 프랑스학과에 재직 중이다.

우리 시대의 고전 15
나는 사탄이 번개처럼 떨어지는 것을 본다

제1판 제 1쇄 2004년 5월 14일
제1판 제12쇄 2025년 8월 25일

지은이 르네 지라르
옮긴이 김진식
펴낸이 이광호
펴낸곳 ㈜**문학과지성사**
등록번호 제1993-000098호
주소 04034 서울 마포구 잔다리로7길 18(서교동 377-20)
전화 02)338-7224
팩스 02)323-4180(편집) 02)338-7221(영업)
전자우편 moonji@moonji.com
홈페이지 www.moonji.com

ISBN 89-320-1503-1

차 례

머리말 7

1부 • 성서의 폭력 이해
1. 스캔들은 일어나기 마련이다 19
2. 모방 폭력의 사이클 34
3. 사탄 50

2부 • 신화의 수수께끼
4. 아폴로니우스의 기적 69
5. 신화 85
6. 희생 96
7. 초석적 살해 110
8. 권능과 권세 125

3부 • 십자가의 승리
9. 『구약 성서』의 특징 135
10. 복음서의 특징 156
11. 십자가의 승리 174
12. 속죄양 194
13. 희생양에 대한 오늘날의 근심 203
14. 니체의 이중 유산 214

맺음말 228
옮긴이의 말 243
찾아보기 251

나는 사탄이 번개처럼 떨어지는 것을 본다*

---

* (옮긴이) 르네 지라르는 「누가복음」 10장 18절의 "나는 사탄이 하늘에서 번개처럼 떨어지는 것을 보았다"는 말에서 이 책의 제목을 따왔다. 그러나 이 책 전체에서 드러나고 있지만 지라르는 이 표현을 오늘날의 세계에서 사탄이 창궐하고 있는 것을 보고 있다는 의미로 쓰고 있다. 이런 의미에서 '보았다'는 과거형보다는 '본다'라는 현재형이 더 적절할 듯하다

일러두기

1. 이 책의 원본은 René Girard, *Je vois Satan tomber comme l'éclair*, Éditions Grasset & Fasquelle, 1999이다.
2. 옮긴이 주일 경우 주 앞에 (옮긴이)로 표시했다.
3. 이 책에 인용된 성경 구절은 『공동번역 성서』(대한성서공회, 1986)를 주로 참고하였으며, 문맥에 맞지 않을 경우에는 프랑스어 판 『예루살렘 성서 *La Biblia de Jerusalem*』 (Cerf, 1994)와 『관주 성경전서』(대한성서공회, 1986, 59판)의 해당 대목을 비교하여 원저자의 의도에 가깝게 옮기려고 했다.
4. 이 책에서는 '성경' 혹은 '성서'의 경우에 낫표를 사용하지 않았으며 『신약 (성서)』와 『구약 (성서)』에는 겹낫표를, 「요한복음」「마태복음」과 같은 경우에는 낫표를 사용하여 표시하였다.
5. 성경 속 등장인물의 이름은 외래어 표기법 대신, 위에서 언급한 성경의 표현을 따랐다.

머리말

지구 전체에 걸쳐서 종교의 힘이 약해지고 있다. 속도는 느리지만 이런 경향은 이미 돌이킬 수 없는 것 같다. 현대에 들어서 생존을 위협받고 있는 생명체 종에다가 종교도 넣어야 할 것이다. 힘이 약한 종교는 이미 오래 전에 사라졌고 강한 종교라고 해도 사정이 나은 것은 아니다. 불굴의 의지를 자랑하는 이슬람교나 힌두교도 사정은 마찬가지다.

지역에 따라서는 이 위기가 너무 잠재적이어서 위기가 있다는 것을 부정할 수도 있을 것이다. 하지만 이런 상태는 오래가지 않을 것이다. 도처에서 나타나는 종교의 위기는 가속화되고 있지만 그 속도는 종교에 따라 조금씩 다른 것 같다. 종교의 위기는 오래된 기독교 국가에서부터 시작하였고 가장 심한 나라도 기독교 국가들이다.

수 세기 전부터 기독교의 소멸을 예견한 현자들이 있었는데, 그중에는 종말이 도래했다고 단언한 사람들도 있었다. 그들의 근엄한 말에 의하면, 우리는 인류 역사의 '기독교 이후 시대'에 접어들었다는 것이다.

현재의 상황에 대해 다른 해석을 내놓고 있는 학자들도 물론 있다. 틈날 때마다 '종교의 부활'을 예언하고 있는 그들은 근본주의라는 허수아비를 흔들어대고 있다. 하지만 이런 선동에 동조하는 사람은 이제 얼마 되지 않는다. 갈수록 심해지는 종교적 무관심에 대한 절망적인 반응이 이런 예언이라 할 수 있다.

종교의 위기는 물론 우리 시대의 기본적인 상황이다. 종교 위기의 기원을 찾으려면 대발견의 시대, 즉 지구 최초의 통일 시대로 거슬러 올라가야 할 것이다. 더 올라가면 아마 인간 지성이 '비교'를 행하게 된 모든 것에까지 거슬러 올라가야 할 것이다.

도처에서 행해지고 있는 원시적인 비교 만능주의(比較萬能主義)는 종교에까지 파고들고 있다. 그러나 분명한 것은 가장 비타협적인 종교가 이런 비교 만능주의에 가장 취약한 종교라는 점이다. 그중에서도 특히 2천 년 전 예루살렘에서 있었던 한 유대인 청년의 죽음을 인류의 구원으로 삼고 있는 종교야말로 이런 비교 만능주의에 가장 취약한 종교일 것이다. 기독교에 있어서 예수 그리스도는 유일한 속죄자다. "하늘 아래에서 우리에게 구원을 줄 수 있는 사람들에게 주어진 다른 이름은 없다"(「사도행전」, 4:12).

현대의 종교 시장에서 기독교는 고된 시련을 겪고 있다. 갈수록 호기심도 많아지고 또 그만큼 의심도 많아진 독자들은 4, 5세기 동안 탐험가들과 인류학자들로부터 고대 신앙에 대한 이야기를 많이 전해 들었다. 그런데 이 이야기는 그들을 어리둥절하게 만들었다. 고대 신앙이 낯설어서가 아니라 자신들의 신앙과 너무나 유사했기 때문이다.

이미 로마 시대의 이교도들은 예수 그리스도의 죽음과 부활에서 오시리스, 아티스, 아도니스, 호르무즈, 디오니소스와 소위 '죽음과 부활'의 신화에 나오는 주인공들과 같은 '뮤토스muthos'[1]를 보곤 했다.

종종 집단적으로 행해지는 희생양 처형은 지구상의 여러 곳에서 벌어지고 있는데, 이런 이야기는 매번 그 희생양이 되살아나서 신격화되고 당당하게 재등장하는 것으로 이어진다.

모든 고대 신앙의 제의는 원래의 희생양을 대신하는 인간 혹은

---

1 (옮긴이) '신화mythe'의 어원이 되는 그리스어. 진실된 언술을 지칭하는 것으로 예컨대, 엠페도클레스는 스승의 온전히 참된 말을 '뮤토이'라고 칭하고 있다. 뮤토스와 로고스(이성)는 사람에 따라 서로 바꿔 쓰이는 등 거의 동의어로 쓰였다.

동물 희생물을 처형하고 애초에 있었던 건국 신화를 재현하면서 기념하는데, 그 신화는 원래 희생양의 죽음과 부활과 화려한 재등장을 이야기한다. 대개의 희생 제의는 공동의 회식(會食)으로 끝이 난다. 이때 회식에 사용된 음식물은 항상 방금 전에 처형된 사람이나 동물 희생물이다. 제의의 식인 풍습은 '서구 제국주의의 산물'이 아니라, 고대 종교의 근본 요소였다.

스페인 정복자들의 격렬한 성격은 논외로 하더라도, 아스텍인들의 희생 제의를 목격한 그들이 과연 무엇을 느꼈을지 우리는 쉽게 짐작할 수 있을 것이다. 그들은 아스텍의 희생 제의에서 기독교에 대한 악마적인 패러디를 보았던 것이다.

반(反)기독교의 비교(比較)학자들은 기독교의 성찬식을 항상 식인 풍습의 만찬에 비교했다. 그런데 복음서의 말씀은 이런 비교를 거부하기는커녕 "나의 살을 먹지 않고 나의 피를 마시지 않으면 너희는 영생을 얻지 못할 것이다"라고 말하고 있다. 이 말을 전하고 있는 「요한복음」에 따르면, 이 말에 놀란 몇 명의 제자는 멀리 도망을 갔을 정도다(6:48~66).

1929년에 화이트헤드는 "오래된 부족 종교의 거친 신앙과 기독교가 완벽하게 분리되지 못한 것"을 애석해했다.

루돌프 불트만이라는 거신교 신학자는, 복음서는 모든 '죽음/부활의 신화'와 너무나 흡사하여 같은 뿌리에서 나온 것일 수밖에 없다고, 솔직하게 말하곤 했다. 그래도 그는 '자동차와 전기의 시대에' 현대인이 당연히 믿을 수 없다고 여기고 있는 그 모든 것을 제외한, 순전히 '실존적인' 기독교에 전적으로 매달려서, 이 모든 것에도 불구하고 기독교인이고자 하였다.

신화 속에서 기독교의 핵심 사상을 도출해내기 위해서, 불트만은 그가 'Entmythologisierung' 혹은 비신화화라고 부른 외과 수술을 단행한다. 그는 자신이 믿는 신앙 안에서 신화를 연상시킬 수 있는 것은 가차 없이 제거해버렸다. 그는 이 수술이 객관적이고 공정하고 엄격하다고 여겼다. 실제로, 그는 자동차와 전기뿐 아니라 신화에게도 기독교 계시에 대한 진정한 거부권을 부여하였던 것이다.

복음서에서 희생물 신화의 죽음/부활을 가장 많이 연상시키는 것은 바로 예수 그리스도의 죽음과 부활이다. 부활절 아침의 신화를 제거한다는 것은 곧 기독교를 없애는 것과 같다. 바울의 다음 말을 들으면 더욱 그러한 것 같다. "그리스도께서 부활하지 않으면 너희의 믿음도 헛것이니라……"(「고린도 전서」, 15:17).

*

과거 인류학자들의 비교 만능주의는 그 열정이 대단했지만 인상주의의 수준을 넘지 못했다. 식민주의 시대에는 열광적으로 유사점을 찾던 이들의 연구는 정치적인 형편이나 지적 분위기가 변하자 차이점에 대한 찬미로 바뀌었는데, 이 찬미 또한 열광적이었다. 이런 변화는 대단한 것 같지만 사실 그리 중요하지는 않다. 초원에 돋아난 수많은 싹을 두고 우리는 싹들이 모두 닮았다고 말할 수도 있고 모두 다르다고 말할 수도 있다. 하지만 이것은 결국 같은 것이다.[2]

'다원주의' '다문화주의'를 비롯한 오늘날의 상대주의의 변형들은 옛날의 비교 만능주의 인류학자들에게 근본적으로는 동의하고 있지만 과거에 대한 극단적인 부정 그 자체를 의미 없게 만들고 있다. 별다른 수고를 들이지 않고서도, 우리는 모든 문화와 종교의 '독창성'과 '창조성'에 감동할 수 있다.

과거와 마찬가지로 오늘날에도 대부분의 사람들은 기독교와 신화의 동화를 돌이킬 수 없는 과정으로 보고 있다. 이 과정은 지금도 존중받고 있는 유일한 지식인 과학의 후원을 받고 있기 때문이다. 이들은 복음서에 들어 있는 신화적인 성격이 아직은 과학적으로 설명되지 않았지만 언젠가는 그렇게 될 것이라고 보고 있다.

---

[2] 이 글의 주제와 현대의 '차별화주의'의 관계에 대해서는 Andrew McKenna, *Violence and Difference*, Univ. of Illinois Press, 1992 참조.

그런데 이 모든 것들은 과연 정말 확실한 것일까?

이런 것들은 확실하지 않다. 그뿐만 아니라 확실하지 않다는 것이 확실하다. 기독교의 성경 텍스트와 신화 텍스트를 동일시하는 것이 왜 잘못인지 우리는 그 이유를 쉽게 지적할 수 있을 것이다. 유대 기독교 성격의 분명한 차이점도 입증해낼 수 있는데, 이 책의 핵심도 이를 입증해 보이는 데에 있다.

'입증'이라는 말을 듣고 다들 펄쩍 뛸지 모르겠다. 특히 다른 종교인들보다 기독교인들이 더 펄쩍 뛸 것이다. 어떠한 경우에도 그들 신앙의 교리가 입증의 대상이 될 수 없다고 굳게 믿고 있기 때문이다.

하지만 여기서는 종교적 신앙에 대해 말하지 않았다. 내가 하고자 하는 입증은 적어도 직접적으로는 기독교 교리와 무관한 것이다. 나의 연구는 순전히 인간적인 사건들에 관한 것이고, 신학이 아니라 '종교적인 것의 인류학'에 관한 것이다. 다시 말하면 소박한 양식에 기초한 것으로 겸백한 사실에만 의지하는 것이다.

우선 오래된 '비교 연구 방법,' 그게 아니면 '비교'라는 개념을 다시 살펴보는 것부터 시작해보자. 과거의 연구가 실패로 돌아갔던 이유는 비교 원칙이 무능해서가 아니다. 그것은 19세기에서 20세기로 넘어올 때 반기독교적인 인류학자들이 그랬던 것처럼 이 원칙을 한 방향으로만 사용했기 때문이다.

기독교에 적의를 갖고 있던 이 학자들은 전적으로 신화에만 의지하였다. 이들에게 있어 신화는 기지(既知)의 것이고 복음서는 미지(未知)의 것이었다. 그들은 언제나, 미지의 것으로 여기던 복음서에서 기지의 것인 신화 쪽으로, 다시 말해 한 방향으로만 환원시키려고 애썼다. 그래서 그들 기독교인들이 이성을 옳게 사용하였다면 그들 신앙의 신화적인 성격을 인정하였을 것이라고 주장하곤 했다.

이 방법은 신화에 대한 완벽한 이해를 전제로 하는 것이다. 하지만 이 인류학자들은 사실 신화를 완벽하게 이해하지 못하였다. 신화적이라는 말이 정확히 무엇을 의미하는지도 규명해내지 못했을 정도였다.

우리도 이들과 같은 진퇴양난에 빠지지 않으려면, 이들이 취한 방향을 바꾸어서 즉 성서와 복음서에서부터 출발해야 할 것이다. 유대 기독교의 전통을 유리하게 배려하여 그것의 차이점이 이미 입증되었다고 간주하지 않으면서, 오히려 신화와 성서의 유사점을 명확히 밝혀내는 작업부터 해야 할 것이다.

우선 이 책의 1부를 차지할 기독교의 성경 텍스트에 대한 분석(1~3장)과 2부의 신화에 대한 분석(4~8장)을 통해서, 우리는 이 모든 비교 뒤에는 분위기만 있는 게 아니라 텍스트를 벗어난 현실이 있다는 것을 밝혀낼 것이다. 여기에는 언어학자들의 말처럼 '지시체 référent'가 있는데, 이것은 항상 거의 같은 것을 지칭하고 있다. 똑같은 집단 행위로서, 사회적 위기가 절정에 달한 고대 사회에서 그때마다 어김없이 행해지던 만장일치적인 모방 폭력의 물결이 그것이다. 그 폭력이 진정으로 만장일치적이면 그때마다 폭력은 위기를 종식시키면서 하나의 희생물에 반대하는 사회를 다시 하나로 묶어준다. 그러나 이 희생물은 폭력과는 진정 아무런 관련도 없다. 이처럼 폭력과는 관련이 없는 유형의 희생물을 두고 우리는 흔히 '희생양'이라 부른다.

우리는 유대 기독교의 텍스트와 신화 텍스트의 유사성을 과소평가하지 않을 것이다. 아니 오히려 이 유사성은 옛 인류학자들의 생각보다 더하다는 것을 보여줄 것이다. 고대 신화의 중심을 이루는 폭력 이야기는 성서의 많은 이야기, 특히 그리스도의 죽음 이야기와 아주 비슷하다.

신화에는 일종의 자연 발생적인 폭행인 집단 폭행 이야기가 아주 자주 등장한다. 그런데 성서에서도 만약 빌라도가 위협적인 민중의 소요를 피하려고 예수에게 '합법적인' 십자가형을 명하지 않았더라면 그리스도는 돌 세례라는 집단 폭행을 당했을 것이다.

나는 신화와 성서에 나오는 폭력은 모두 실제로 일어난 사건으로 보아야 한다고 생각한다. 그런데 이런 실제 사건이 모든 문화권에서 되풀이해서 일어나고 있다. 이는 어떤 유형의 갈등이 인간 사회에 보편적으로 존재하고 있기 때문일 것이다. 이 갈등은 바로 모방적 경쟁 관계인데 이를 두고 예수는 '스캔들'이라 부른다.

원시 사회에서 이 모방 사이클은 그 속도가 다르지만 끊임없이 되풀이해서 나타났다고 나는 생각한다. 이것은 정말 대단한 결과를 낳았다. 이를 이해하기 위해서는 필히 복음서를 읽어볼 필요가 있다. 모방 사이클이 알기 쉽게 묘사되어 있고 그 속성이 설명되어 있는 곳은 복음서뿐이기 때문이다.

그러나 불행하게도 사회학자들이나 신학자들이 자유로운 검토 정신을 충분히 갖지 못한 탓인지 복음서에 들어 있는 이 과정, 즉 하나의 희생물에 반대하는 모방의 물결이 갖고 있는 인류학적인 중요성을 지금까지 짐작조차 하지 못하고 있다. 사회학자들은 복음서에는 눈길도 주지 않았기 때문이고, 신학자들은 항상 인간에 대한 어떤 철학적인 시각에 호감을 갖고 있었기 때문이다.

지금까지는 기독교 반대 세력들만이 예수의 십자가형에서도 많은 신화에 등장하는 사건이 일어나고 있음을 알아보았다. 이들은 이를 자신들의 주장을 뒷받침하는 근거로 보았다. 그러나 어떤 사건이 신화와 기독교에 똑같이 등장한다고 해서 기독교를 신화적으로 이해해야 한다고 주장하는 것은 아니다. 일단 사건의 내막을 이해하고 나면, 그 전에는 밝혀지지 않았던 (니체에 의해 부분적으로 밝혀진 것을 제외하면) 신화와 기독교가 결정적으로 구분되는 부분을 알게 될 것이다.

같은 사건이 등장하고 있다는 이 유사성에 대해 기독교와 신화는 과연 어떻게 생각하고 있을까? 이 둘은 이런 유사성에 대해 비슷하게 해석하고 있다고 생각할 수 있다. 그러나 이 둘의 생각은 완전히 다르다. 다시 말해, 이 유사성에 대한 성경의 해석은 신화의 해석과는 정말 근본적으로, 그리고 아주 결정적으로 다르다.

신화의 해석은 집단 폭력의 희생물을 죄인으로 표현하고 있는데, 이 해석은 완전히 잘못이고, 환상이며 그러므로 거짓이다. 반면에 성경의 해석은 이 희생물을 무고한 존재로 표현하고 있는데, 이 해석은 본질적으로 정확하고, 믿을 만하며 그러므로 참이다.

일반적으로 신화적 해석은 직접 해석하기 어렵고 너무 환상적이어서 판독하기도 어렵다. 그래서 신화를 만드는 사회는 이 해석의 형태를 변형시킬 수밖에 없었다. 이런 사회는 모두 잘못 생각하고 있다. 왜냐하면 이 사회는 폭력에 전염되어 과도하게 모방에 빠져들어 있기 때문에 그들의 희생물이 죄가 있다고, 그래서 그로 인해 자신들이 다시 화해한다고 믿기 때문이다. 그리고 바로 이 화해로 인해 희생물은 최종적으로 찾아온 평화를 가져다준 존재로 떠받들어져서 신격화된다.

신화적 해석이 난해한 이유는 그 사회 자체가 자신에게 일어난 일을 이해하지 못하기 때문이다. 실제로 인류학자들도 이를 해석하지 못하고 폭력적 만장일치가 만들어낸 환상을 알지 못했는데, 그것은 무엇보다도 신화적 폭력 뒤에 있는 군중 현상을 알아보지 못했기 때문이다.

우리는 성서의 기록을 통해서만 이런 환상을 극복할 수 있다. 성서를 쓴 사람들 자신이 이런 환상을 극복하기 때문이다. 이들은 예수의 죽음뿐 아니라, 『구약』에서도 신화와 유사한 군중 현상에 대해 본질적으로 아주 정확하게 표현하고 있다. 처음에는 신화 기록자들처럼 모방 전염의 유혹을 받아 속기도 하지만 성서를 기록하는 이들은 '결국 자신의 잘못을 깨닫는다.' 모방 전염 때문에 다른 군중들처럼 정신을 못 차렸던 이 기록자들은 특이한 경험을 통해 모방 전염을 넘어서서 희생물이 무고하다는 것을 알아보게 된다. 이 모든 것은 오이디푸스 같은 신화 이야기와 요셉의 이야기(9장)나 예수 수난 이야기(10장) 같은 성서의 이야기를 면밀히 비교해 보면 분명히 밝혀질 것이다.

또 복음서를 정말 효과적으로 이용하기 위해서는 복음서에 나오는 개념에 대한 오늘날의 선입견에서 벗어날 필요가 있다. 특히 공관복음에 나타난 사탄, 혹은 「요한복음」이 말하는 악마의 개념을 제대로 이해할 필요가 있다. 복음서는 과학적이라고 자부하는 비평에 의해 부당하게 폄훼강해 그 신뢰도가 떨어진 것이 사실이다. 그런데 악마라는 인물은 신화적인 신적 존재의 발생과 갈등에 관한 기독교 사상에서 아주 중요한 역할을 하고 있는데, 여기에 폭력적 모방이 있다는 것을 알고 나면 악마의 역할을 수긍할 수 있을 것이다.

신화는 박해자에게는 죄가 없고 희생물한테 죄가 있다고 표현함으로써, 진실을 완전히 뒤바꾸고 있다. 신화는 항상 속이고 있는데, 그 이유는 신화 자신도 속고 있기 때문이다. 부활한 뒤에 엠마오에서 예수가 제자들을 밝혀주는 것과는 대조적으로, 그 무엇도 또 그 누구도 신화를 밝혀주지는 않는다.

복음서처럼 집단 폭력을 정확하게 있는 그대로 표현하는 것, 그것은 곧 신화가 그 폭력이다가 부여한 긍정적인 의미를 거부하는 일이자, 도덕적으로 유죄인 순전히 인간적인 두려움으로 집단 폭력을 바라보는 일이다. 그뿐 아니다. 이렇게 폭력을 있는 그대로 정확하게 묘사하는 행위는 사회에 유익하다는 이유 때문에 폭력을 성스럽고 숭배할 만하다고 칭송하거나, 혹은 오늘날의 과학적 연구가 신화에 대해 행하고 있는 것처럼 신화에서 폭력을 완전히 배제해버리는 신화적 환상에서 벗어나는 것이기도 하다.

유대 기독교의 전통이 주장하는 특성과 진실은 완벽할 뿐 아니라 특히 '인류학적인 면'에서 보면 자명하기까지 하다. 이 주장의 장단점을 살펴보려면 이 머리말로는 부족하고, 이에 대한 설명을 다 읽어보아야 할 것이다. 바로 이 책의 3부와 결론에서 우리는 기독교의 절대적 특성을 확인하게 될 것이다. 기독교의 특성은 신화와 완벽하게 대칭을 이루는데, 이 대칭성에도 불구하고 기독교의 특성이 잘 드러나는 것이 아니라, 오히려 이런 대칭성 때문에 기독교의 특성이 잘 드러나고 있다. 신화의 주인공이 신성시되는 이유는 폭력을 폭력적으로 '감추는 것'에서 비롯된 데에 비해서, 그리스도가 신성시되는 이유는 자신의 무죄뿐 아니라 같은 유형의 모든 '희생양'들의 무고함을 분명히 드러내는 그의 말과 그리고 특히 기꺼이 받아들인 자신의 죽음이 가진 계시의 힘 때문이다.

*

우리의 연구 자체가 종교적이지는 않지만 마지막에 가서는 종교적인 것으로 이어지게 될 것이다. 우리 연구가 정확하다면 이것의 종교적인 결과는 무한할 것이다.

그리하여 이 책은 결국 최근에 소위 기독교 '변호'라고 불리는 것 중의 하나가 될 것이다. 이런 면이 나타나면 나는 감추지도 않고 망설임도 없이 드러낼 것이다. 이 책이 행하고 있는 기독교에 대한 이 '인류학적' 옹호는, 예전의 '신의 존재에 대한 증거'니 '존재론적 논쟁'이니 하는 것들이나, 무기력하던 20세기 정신에 짧은 충격을 주었던 '실존주의의 전율'이니 하는 것과는 분명 일절 무관하다. 이런 것들은 모두 탁월하고 뛰어난 것들이었다. 하지만 기독교도의 입장에서 볼 때 이런 것들은 십자가와 무관하다는 불리한 점을 대표적으로 들 수 있다. 이것들은 특별히 기독교적이라기보다는 이신론(理神論)에 더 가까운 듯하다.

만약 불트만의 말대로 자동차나 전기보다 십자가가 신화의 수수께끼를 더 잘 해명하고, 또 현대 철학과 사회과학에 만연해 있는 환상으로부터 우리를 더 잘 벗어날 수 있게 해준다면, 우리에게 십자가는 꼭 필요할 것이다. 기독교는 한물간 것이 아니다. 아니, 총체적으로 볼 때, 기독교는 우리의 모든 것을 희생해서라도 얻을 가치가 있는 최고의 진주와 같은 것이다.

1부

성서의 폭력 이해

1. 스캔들은 일어나기 마련이다

『구약 성서』나 특히 복음서를 꼼꼼히 살펴보면 이들 텍스트에는 독창적이지만 우리에게 잘 알려지지 않은 욕망과 갈등에 관한 생각이 들어 있다는 것을 알 수 있다. 아주 오래된 것부터 말하자면 「창세기」의 원죄 이야기와 이웃에 대한 폭력을 금하고 있는 십계명의 후반부까지 올라갈 수 있을 것이다.

십계명의 6, 7, 8, 9번은 간단하고도 단순하다. 여기서 십계명은 그 정도가 심각한, 중요한 폭력을 다음과 같이 금하고 있다.

> 살인하지 말지니라.
> 간음하지 말지니라.
> 도둑질하지 말지니라.
> 너희 이웃에 대해 거짓 증언 하지 말지니라.

그런데 마지막 열번째 계명은 그 길이와 대상에 있어서 앞의 것들과 대조를 이루고 있다. 이 계명은 어떤 '행위'를 금하기보다는 어떤 '욕망'을 금하고 있다.

> 네 이웃의 집을 탐내지 말지니라. 네 이웃의 아내나 그의 남종이나 여종이나 그의 소나 그의 나귀나 무릇 네 이웃의 소유를 탐내지 말지니라. (「출애굽기」, 20:17)

오늘날의 번역이 완전히 틀리지는 않았더라도 잘못된 길로 독자들을 안내하고 있다. '탐내다'라는 동사는 여기서 범상치 않은 욕망, 무거운 범죄자들에게나 해당되는 사악한 욕망이 문제라는 것을 암시하고 있다. 하지만 '탐내다'로 번역된 이 말의 히브리어는 그냥 단순히 '욕망하다'라는 의미다. 원죄의 욕망인, 금지된 과일에 대한 이브의 욕망을 가리키는 것도 이 말이다. 십계명 중에서도 제일 긴 최고의 계명이 소수에 해당하는 지엽적인 욕망의 금지를 명한다는 것은 어딘지 자연스럽지 않은 것 같다. 이 열번째 계명은 그러므로 모든 사람들의 욕망, 간단히 말해 욕망을 문제 삼는 것이 틀림없다.

십계명이 아주 흔한 욕망을 금하고 있다면, 현대 사회가 종교적 금기에 대해 한결같이 퍼붓고 있는 비난을 받지 않아도 되는 것은 아닐까? 이 열번째 계명은 괜히 금지하고 싶은 욕망에 따른 것도 아니고, 또 현대 사상가들이 비난하는 유대 기독교의 자유에 대한 터무니없는 증오에서 나온 것도 아니지 않을까?

금기를 '쓸데없이 억압적'이라고 비난하면서 '68년 5월 사건'에 의해 유명해진 '금지를 금지한다'는 말을 황홀하게 되풀이하기 전에, 이웃의 소유에 대한 욕망이라는, 열번째 계명이 규정하고 있는 욕망에 숨은 뜻이 무엇인지 따져볼 필요가 있다. 이 욕망이 만인이 갖고 있는 아주 공통된 욕망이라면, 만약 이를 금지하는 대신에 용인하고 심지어는 장려하기까지 한다면 과연 어떤 일이 일어날까?

만약 그렇게 된다면 가족을 비롯한 모든 층위의 인간 집단 사이에는 전쟁만이 영원히 지속될 것이고, 그 결과 인간 사회는 토머스 홉스의 그 유명한 악몽인 '만인의 만인에 대한 투쟁'으로 치닫게 될 것이다.

'근대'의 선동가들이 별생각 없이 되풀이하고 있는 말처럼, 문화적 금기가 아무런 쓸모도 없다고 생각하기 위해서는, 개인의 완전한 자율성, 즉 '모든 개인 욕망의 자율성'을 전제하고 있는 가장 엄격한 개인주의에 동의해야만 할 것이다. 달리 말하자면, 인간은 날 때부터 이웃의 것을 '욕망하지 않는' 경향이 있다고 생각해야 한다는 말이다.

아이든 어른이든 두 사람이 별것도 아닌 것을 갖고 서로 다투는 것만 보아도, 이런 전제가 얼마나 잘못되었는지를 알 수 있다. 그러므로 이 열번째 계명의 기초가 되는 것은 선동가들이 생각하는 전제와는 정반대되는 전제다.

개인들은 날 때부터 이웃이 소유하고 있는 것을 욕망하는 성향이 있거나 단순히 욕망하기에, 인간 집단 가운데에는 아주 강한 경쟁적 갈등의 성향이 있다. 이 성향을 제어하지 못하면 모든 공동체의 조화, 그리고 심지어는 공동체의 생존 자체를 항상 위협할 것이다.

서로 상대방으로 인해 경쟁적 욕망이 커질수록 이 욕망은 위험해진다. 이런 갈등을 지배하는 것이 바로 에스컬레이터 법칙, 즉 '한술 더 뜨기' 법칙이라 할 수 있다. 이것은 사실 우리 생각과는 너무 상반되고 또 그 결과도 너무 수치스럽다. 그래서 여기에는 우리가 그 존재를 분명 알고 있으면서도 일부러 우리 의식에서 멀리하고, 심지어는 마치 그런 것이 없었던 듯이 행동하려는 현상이 있다. 이는 우리 모두 익히 알고 있는 아주 진부한 현상이다. 엄연한 현실을 무시하는 이런 현상은 옛날 사회에서는 찾아볼 수 없었던 것으로, 오늘날 사회가 갖고 있는 하나의 사치라 할 수 있다.

이웃의 재산에 대한 욕망을 금하는 율법을 만든 이 입법자는 실은 모든 인간 사회의 제일 중요한 문제, 즉 내적 폭력을 해결하려고 애쓰고 있는 것이다.

*

열번째 계명을 읽어보면 이 입법자가 공들여서 그 계명을 만들고 있는 지적 과정이 느껴진다. 사람들이 서로 싸우는 것을 막기 위해 입법자는 무엇보다도 사람들이 서로 가지려고 끊임없이 다투는 대상을 모두 금지시키기 위해 그 항목을 열거하기로 마음먹는다. 하지만 그는 얼마 안 가서 그 항목이 너무 많아서 일일이 다 열거할 수가 없다는 것을 눈치챈다. 그래서 도중에 그만둔다. 그는 항상 변하는 대상들에 대해 일일이 강조하기를 단념하고, 차라리 항상 존재하고 있는 이웃에게 방향을 돌린다. 우리는 언제나 '누군가의 것에 속하는 모든 것'을 욕망하는데, 그는 바로 우리 이웃이다.

우리가 욕망하는 대상들이 항상 이웃의 것이라면, 그 대상을 욕망할 만한 것으로 만든 자도 분명 그 이웃이다. 그러므로 이 금기를 표명하는 과정에서는 대상이 사라지고 그 자리에 이웃이 들어와야 한다. 그래서 더 이상 하나하나 열거하는 것이 아니라 이웃에 속한 '모든 것'을 금하는 마지막 계명에서는 실제로 이웃이 대상을 대신한다.

이 열번째 계명이 명시적으로 규정하고 있지는 않지만 살짝 내비치고 있는 것은 실은, 욕망 이해에 있어서의 '코페르니쿠스적인 혁명'이다. 사람들은 욕망이 객관적이거나 아니면 주관적이라고 생각하고 있다. 하지만 욕망은 사실 그 대상을 가치 있게 만드는 타인에 근거하고 있는데, 이 타인은 곧 가장 가까이 있는 제삼자 즉 이웃이다. 사람들 사이의 평화를 유지하기 위해서는, '이웃이 우리 욕망의 모델'이라는 분명히 확인된 이 중요한 사실에 비추어서 금기를 보아야 한다. 이것이 바로 내가 '모방 욕망'이라 부르는 것이다.

*

모방 욕망이라고 해서 언제나 갈등을 일으키는 것은 아니다. 그러나 자주 갈등을 유발시킨다. 그것은 열번째 계명이 분명히 하고 있는 그런 이유 때문이다. 내 이웃의 본보기에 따라 내가 욕망하고 있는 대상을 그 이웃은 간직하거나 자신의 미래를 위해 남겨두려

한다. 그래서 그는 남들이 그것을 앗아가도록 내버려주지 않고 싸우게 된다. 그리하여 좌절당한 나의 욕망을 단념하고 다른 대상으로 눈길을 돌리기는커녕 십중팔구 그 모델을 전보다 더 모방함으로써 스스로의 욕망을 더 강화시켜나간다.

방해는 욕망을 더 자극하는데, 특히 그 욕망을 일으킨 사람이 하는 방해는 더하다. 처음에는 방해가 그 사람에게서 비롯되지 않았다 하더라도 좀 있으면 곧 그 사람에게서 비롯된 것이 된다. 왜냐하면 이웃 욕망에 대한 모방은 경쟁심을 낳고 그 경쟁심은 또 역으로 모방을 낳기 때문이다.

경쟁자의 등장은 욕망의 정당성과 욕망 대상의 가치를 확인시켜주는 것 같다. 심지어 모방은 적대감 속에서도 강화된다. 그러나 경쟁자들은 이처럼 모방이 강화된 이유를 타인과 자기 스스로에게 숨기기 위해 가능한 모든 것을 다한다.

상호성은 진실이다. 내가 그의 욕망을 모방함으로써 나는 내 경쟁자에게 그가 욕망하는 것은 욕망할 만하고 소유한 것은 소유할 만한 합당한 이유가 있다는 인상을 준다. 결국 그의 욕망의 크기가 배가된다.

일반적으로 말해 조용한 소유는 욕망을 약화시킨다. 나의 모델에게 하나의 경쟁자를 줄 때, 말하자면 나는 그에게 그가 나에게 심어주었던 욕망을 되돌리는 꼴이 된다. 그리고 그가 내 욕망에 반대하면서 나의 욕망을 강화시키는 바로 그 순간, 내 욕망의 모습이 또 그의 욕망을 강화시킨다. 나는 나의 모델에게 또 하나의 모델을 주는 셈이다. 가령 내가 어떤 사람의 아내를 욕망한다고 하자. 그런데 정작 그 사람은 오래 살아서 자신의 아내를 더 이상 욕망하지 않을 수도 있다. 그럴 경우, 죽어 있던 그의 욕망이 살아 있는 나의 욕망과 접촉하면서 다시 되살아날 수 있는 것이다.

습관적으로 행해지는 인간관계의 나쁜 작용도 이런 욕망의 모방적 성격으로 설명될 수 있다. 오늘날의 사회과학은 갈등을 '정상적'인 현상으로 보아야 마땅함에도 불구하고 고집스럽게도 우연의 결과로 보고 있다. 그래서 그들은 갈등이 너무나 예측하기 힘들기 때문에 문화 연구의 대상이 되기 어렵다고 생각한다.

우리는 현실에서 모방 경쟁을 잘못 보고 있다. 그뿐 아니라, 우리 욕망의 크기를 찬양할 때마다 우리는 우리 욕망을 미화한다. 우리는 보들레르가 말하는 '무한한 사물들로의 확장'을 행하는 욕망에 기뻐하지만, 이 무한한 것이 사실 무엇을 감추고 있는지는 전혀 모르고 있다. 이것이 감추고 있는 것은 곧 이웃에 대한 숭배인데, 이것은 필연적으로 우리 자신에 대한 숭배와 연결되어 있다. 그런데 이웃에 대한 숭배는 자신에 대한 숭배와 사이가 좋지 않다.

우리의 이런 이중적인 숭배에서 복잡하게 뒤얽힌 갈등이 나오고, 또 이 갈등은 인간 폭력의 주된 원인이 되고 있다. 우리가 우리 자신을 찬양하려고 필사적으로 애를 쓸수록, 즉 우리 자신을 '개인주의자'로 여길수록, 우리는 더욱더 우리 이웃을 찬양하게 되는데, 이 찬양은 곧 증오로 바뀌게 된다. "너희 이웃을 너 자신처럼 사랑하라"라는 「레위기」의 유명한 구절이 모든 것을 단적으로 말해주고 있다. 즉 이웃을 너보다, '더 사랑하지도, 덜 사랑하지도 말라'는 것이다.

욕망의 경쟁 관계는 점차 가열되면서 주변으로 전파되는 속성이 있다. 그리하여 경쟁 관계는 우리만큼이나 헛되이 '무한'에 목말라 하는 제삼자들에게 전염되어간다.

인간 폭력의 주요 원인은 모방적 경쟁 관계다. 인간의 폭력은 우연한 결과도 아니고, '공격 본능'이나 '공격 충동'의 결과는 더더욱 아니다.

모방적 경쟁 관계가 심해지면서 경쟁자들은 서로 상대방의 가치를 떨어뜨릴 수도 있다. 경쟁자들은 서로의 소유물을 빼앗고, 서로의 배우자를 유혹하고, 심지어는 살인마저 마다하지 않는 지경에 이르기도 한다.

위에서 내가, 처음에 이 글을 시작하면서 인용했던 열번째 계명 앞에 나오는 금지된 네 가지 중요한 폭력들을 십계명의 순서와 반대로 열거했다는 것을 눈치챈 독자들도 있을 것이다.

십계명이 제일 마지막 계명을 '이웃의 재산을 욕망하지 말라'에 할애한 이유는 이 입법자가 명철하게, 앞선 네 계명에서 금지하고 있는 그 폭력의 원인이 바로 이 욕망에 있다는 것을 알아냈기 때문이다.

이웃의 재산을 욕망하지 않는다면 우리는 결코 살인도, 간음도, 절도도 그리고 거짓 증언도 하지 않을 것이다. 열번째 계명만 지켜지면 앞선 네 계명은 없어도 되는 동어 반복이 되고 말 것이다.

십계명은 철학 논문처럼 원인에서 시작하여 결과로 나아가는 것이 아니라 그 역순을 따르고 있다. 십계명은 우선 가장 급한 것부터 방비하는데, 바로 폭력을 멀리하기 위해 폭력적인 행위를 금하는 것이다. 그 뒤에 십계명은 폭력의 원인을 찾다가 이웃을 향하는 욕망을 발견한다. 그리하여 십계명은 곧 이 욕망을 금지시킨다. 그러나 십계명은 흔망의 대상이 두 경쟁자 중의 한 편에 의해 정당하게 소유되었을 때에만 그 욕망을 금지시킨다. 십계명이라 해서 '모든' 욕망의 경쟁 의욕을 꺾을 수는 없다.

*

고대 사회의 금기를 열번째 계명에 비추어서 생각해보면, 고대 사회는 이 계명처럼 뛰어나지는 않더라도 모방 욕망과 그 경쟁 상태를 금하려고 스스로 노력하였다는 것을 알 수 있다.

겉으로 보기에 어떤 금기가 아무리 자의적인 것처럼 보이더라도 이것은 어떤 '신경증'에서 나온 것도 아니고, 젊은 사람들이 즐기는 것을 보기 싫어하는 괴팍한 노인네의 유감에서 나온 것도 아니다. 원칙적으로 금기는 변덕이나 옹졸함과는 무관하다. 금기는 십계명의 직관과 유사한, 그러나 온갖 오해를 받기 쉬운 직관에 기초해 있다.

고대의 수많은 법, 특히 고대 아프리카 사회에는 새로 태어난 쌍둥이 모두를, 혹은 그 한쪽을 죽이는 법이 있다. 물론 어처구니없는 법이다. 하지만 '문화적 상대주의의 진실'은 전혀 보여주지 못한다. 쌍둥이를 용인하지 못한 이 문화는 생물학적으로 타고난 유사성을 모방적 경쟁 상태의 '무차별적' 결과와 혼동했기 때문이다. 경쟁 관계가 더 심화될수록, 모방자와 모델 및 장애물의 역할은 모방의 이항 대립 안에서 더 쉽게 뒤바뀔 수 있게 된다.

간단히 말하면, 적대 관계가 격화될수록 그 적대자들은 역설적이게도 점점 더 서로를 닮아간다. 그들의 대립이 예전에 그들을 갈라놓았던 실질적인 차이를 없앨수록 더 집요하게 대립한다. 선망, 질투, 증오는 이런 감정들이 대립시키는 사람들을 획일화시킨다. 그러나 오늘날 사람들은 이들 감정이 계속해서 만들고 있는 유사성과 동일성에 따라 이런 감정을 생각하려 하지 않는다. 요즘은 차이에 대한 거짓된 찬양에만 귀를 기울이는데 이런 찬양은 그 어느 때보다 현대 사회에서 가장 유행하고 있다. 이토록 차이에 대한 찬양이 많아진 이유는 실제로 차이가 많아져서가 아니라 차이가 사라졌기 때문이다.

*

열번째 계명은 어떤 혁명을 준비하면서 예고하고 있는데, 이 혁명은 실제로 복음서에 나타나 있다. 예수는 절대로 금지하는 언어로 말하지 않고 항상 모방하는 모델의 언어로 말하고 있다. 열번째 계명의 교훈을 그가 완전히 이해하고 있기 때문이다. 예수가 우리에게 자신을 모방하라고 말하는 것은 절대로 그의 나르시시즘 때문이 아니라, 우리로 하여금 모방 경쟁을 피하게 하려는 생각에서였다.

예수 그리스도를 모방한다는 것은 정확히 무엇을 모방한다는 뜻일까? 예수의 삶의 방식이나 습관을 모방한다는 뜻은 아닐 것이다. 복음서에서도 그런 이야기는 한 번도 한 적이 없기 때문이다.

토마스 아 켐피스의 유명한 『그리스도를 본받아』가 말하는 금욕 법칙을 예수는 더 이상 제시하지 않는다. 예수가 우리에게 모방하라고 권하는 것은 바로 그 자신의 '욕망'이다. 이 욕망은 또한 그가 세운 '가능한 한 하나님 아버지를 가장 많이 닮는다'는 목표로 그를 인도하는 정신이다.

예수의 욕망을 모방하라고 권하는 것은 하나의 모순처럼 보일 수도 있다. 왜냐하면 예수는 자신의 욕망, '자신에게 속한' 욕망을 가지려 하지 않았기 때문이다. 우리가 자신에 대해 주장하는 것과는 달리 그는 '자기 자신이기를' 고집하지 않는다. 그는 '자신의 욕망에만 따른다'는 것을 내세워 자랑하지도 않는다. 그의 목표는 완전한 하나님의 '이미지'가 되는 것이다. 그래서 그는 아버지를 모방하는 데에 온 힘을 바친다. 우리에게 그를 모방하라고 권하는 것은 결국 그의 모방을 모방하라고 권하는 것이다.

그래서 예수의 이 권유는 모순이 아니다. 오히려 요즈음 지도자들의 권유보다 더 합리적이다. 요즈음 지도자들은 하나같이 우리들에게 그들이 행하는 것, 아니면 적어도 그들이 행한다고 주장하는 것과는 정반대로 행하라고 권하고 있다. 이들은 모두 후학들에게 아무도 모방하지 않는 위인의 모습을 자신에게서 본받으라고 가르치고 있다. 그러나 예수는 이들과는 반대로, 자신이 행하는 것을 따라서 행하고, 자신처럼 하나님 아버지를 모방하는 사람이 되라고 우리들에게 가르치고 있다.

예수는 아버지와 자신을 왜 만인의 표본이라고 여겼을까? 그것은 아버지도 아들도 자기만을 위해서 게걸스럽게 욕망하지 않기 때문이다. 하나님은 "악한 사람에게도 착한 사람에게도 자신의 태양을 비추고 있다." 그는 사람들의 사소한 차이는 따지지 않고 햇살을 비쳐주고 있다. 그래서 그는 가을 추수 때까지 좋은 풀과 함께 잡초도 자라게 내버려둔다. 인간이 하나님의 이런 공평무사를 모방한다면 모방적 경쟁 상태라는 함정에 절대 빠지지 않을 것이다. 예수가 "구하라. 그러면 얻을 것이다"라고 말한 이유도 여기에 있다.

'법을 없애는 것이 아니라 법을 완성한다'고 말할 때의 예수는 자기 가르침의 논리적인 결과를 말하는 것이다. 법의 목적은 사람들 사이의 평화다. 예수는 어떠한 법도, 비록 그것이 금기의 형태를 띠는 법이라 하더라도, 절대 무시하지 않는다. 현대 사상가들과는 달리, 갈등을 피하기 위해서는 금기에서부터 시작해야 한다는 것을 그는 아주 잘 알고 있었던 것이다.

금기가 불편한 이유는 금기가 자기 역할을 충분히 다하지 못하기 때문이다. 사도 바울이 잘 보았듯이, 금기의 부정적인 면은 당연히 위반하고 싶어하는 우리의 모방 성향을 자극한다. 폭력을 예방하는 최선의 방법은 열번째 계명처럼 대상물이나 경쟁적인 욕망을 금하는 것이 아니라, 사람들을 모방의 경쟁 상태로 이끌지 않고 경쟁으로부터 보호해줄 수 있는 모델을 제공해주는 것이다.

우리는 흔히 참된 신을 모방한다고 믿지만 사실은 자율성과 불사신의 거짓 모델을 모방할 때가 많다. 이렇게 되면 우리는 자신을 온전히 지켜나가는 자율적인 인간이 되는 것이 아니라 오히려 끝없는 경쟁 관계에 더 깊이 빠지게 될 뿐이다. 이런 거짓 모델이 신성시되는 이유는 이런 것이 모방적 경쟁에서 승리하기 때문인데, 우리는 이 경쟁의 강렬함 때문에 이런 모방 경쟁이 무의미하다는 것을 잘 보지 못하고 있다.

입법자가 예수를 모방하라고 명령한 것은 모방 없는 세상을 향한 것이 아니라 이미 모방에 젖어 있는 사람들을 향한 것이다. 기독교를 믿지 않는 사람들은 흔히 기독교로 개종을 하기 위해서는 타고난 자율성을 포기해야 한다고 생각하고 있다. 또 예수가 그들에게서 자율성을 앗아갈지도 모른다고 생각한다. 그러나 사실은 그렇지 않다. 예수를 모방하는 그때부터 우리는 우리 자신이 오래 전부터 모방자였다는 사실을 깨닫게 된다. 다시 말해서, 예수를 모방하는 순간 우리는 그동안의 자율성에 대한 염원이 우리로 하여금 어떤 존재에게 무릎을 꿇게 하였다는 것을 깨닫는다는 말이다. 그런데 이 존재가 우리보다 더 나쁜 존재는 아니더라도, 우리가 그들을 모방할 때마다 항상 우리를 경쟁이라는 함정에 빠지게 한다는 점에서는 나쁜 모델이다.

힘 있고 명성 있는 모델을 모방하기에 우리는 곧 자율성을 얻을 수 있다고 느끼지만, 우리가 믿는 이 자율성은 사실 그 모델을 찬미하는 우리가 그 모델에게 투사하는 환상이다. 모델에 대한 찬미는 모방에서 나온 것일수록 그 모방성을 더 의식하지 못하고 있다. '거만하고' '이기적'인 사람일수록 자신을 강하게 짓밟는 모델을 더 따르는 것도 이 때문이다.

*

인간 욕망의 모방 때문에 우리를 괴롭히는 폭력이 일어난다고 해서, 모방 욕망이 나쁘다는 결론을 내려서는 안 된다. 만약 우리의 욕망이 모방적이지 않다면, 우리 욕망은 사전에 정해진 대상만 영원히 향하는 일종의 본능과 같아질 것이다. 그렇게 되면 인간은 초원의 풀만 뜯어 먹는 목장의 소처럼 더 이상 다른 욕망을 가질 수가 없게 될 것이다. 모방 욕망이 없다면 자유도 인간성도 없을 것이다. 본질적으로 말하자면, 모방 욕망은 좋은 것이다.

인간은 동물적 본능의 일부를 잃고서 소위 '욕망'이라는 것을 받아들인 존재다. 인간은 일단 자연적인 욕구가 충족되고 나면 강렬하게 욕망한다. 하지만 어떤 본능도 그들을 안내해주지 않기 때문에 자신이 무엇을 욕망하는지 정확히 알지 못한다. 우리는 모두 우리 자신의 욕망, 진정으로 우리 자신의 것인 욕망을 갖고 있지 않다. 다시 말해 욕망의 본질은 고유한 것이 아니라는 것이다. 진정으로 욕망하기 위해 우리는 주변 사람들에게 의지해서 욕망을 차용해야 한다.

욕망의 이런 차용은 빌려주는 사람도 빌리는 사람도 그 사실을 전혀 눈치채지 못할 때가 많다. 우리는 모델에게서 그가 보여주는 태도, 지식, 선입견, 선호 등도 빌리지만, 그중에서 아주 중요한 욕망의 차용은 특히 잘 인식하지 못하고 있다.

진정으로 유일하게 우리의 것인 문화는 우리가 태어난 문화가 아니라, 우리의 모방 동화력이 가장 강한 그 시절에 그 모델을 모방하는 문화다. 만약 인간 욕망이 모방적이지 않고 또 어린이들이 주변 사람을 모델로 택하지 않는다면, 인류는 언어도 없고 문화도 없을 것이다. 만약 욕망이 모방적이지 않다면 우리는 인간적인 것과도 신적인 것과도 통하지 못할 것이다. 그런데 인간적인 영역보다도 신적인 영역에서 당연히 우리의 불안은 가장 크고 모델에 대한 욕구도 가장 강렬해진다.

모방 욕망은 우리가 동물적인 상태에서 벗어날 수 있게 해준다. 이것은 우리 안에 있는 최선과 최악의 것에 대한 원인이다. 인간을 동물보다 상위의 존재로 만드는 동시에 동물 이하의 존재로 만드는 것이 바로 모방 욕망이라는 말이다. 인간의 끝없는 불화는 인간이 자유에 대한 대가라 할 수 있다.

*

모방적 경쟁 상태가 복음서에서 중요한 역할을 하고 있는데도, 왜 예수는 그것을 조심하라고 말하지 않을까? 하는 의문을 가질 수도 있다. 그러나 사실 예수는 그런 말을 하였다. 다만 우리가 모르고 있을 뿐이다. 그의 말이 우리의 환상과 일치하지 않을 때 우리의 귀에 들리지 않았던 것이다.

모방적 경쟁 상태와 그 결과를 지칭하는 말은 명사는 '스캔달론 skandalon'이며 동사는 '스캔달리젠 skandalizein'이다. 공관복음에서 예수는 이 스캔들 scandale[1]을 통해 가르침을 주고 있는데, 이

---

1 (옮긴이) 흔히 '스캔들'로 옮겨지고 있는 이 말의 원뜻은 길을 가다가 '부딪히면 넘어지는 돌'이지만, 성경에서는 흔히 '죄의 기회' 혹은 '죄의 유혹' 또는 '장애물'로 옮겨지는 등, 문맥에 따라 우리말로 달리 옮겨지고 있다(대한성서공회, 『공동번역 성서』, 1986; 『관주 성경전서』, 1986 참조). 여기서는 주로 '걸림돌', 혹은 원어 그대로 '스캔들'로 옮기기로 한다.

가르침은 그 강한 어조로나 길이로나 아주 돋보인다.

이 말의 히브리어 어원처럼 '스캔들'은 부딪쳤다가 쉽게 피할 수 있는 그런 일반적인 장애물이 아니라 거의 피할 수가 없는 기묘한 장애물이다. 스캔들은 우리를 물리칠수록 실은 우리를 더 끌어당긴다. 우리는 이전에 그 스캔들에서 상처를 많이 입었을수록 더 열정적으로 다시 그 스캔들에 빠져들어 더 큰 상처를 입는다.

이 현상에 우리가 앞서 이야기했던 모방적 경쟁자의 행동이 있다는 것을 아는 것만으로도 우리는 이 이상한 현상을 충분히 이해할 수 있다. 모방적 경쟁자들은 서로가 갈망하는 어떤 대상물을 서로가 금지함으로써 그들의 이중적인 욕망을 더 키우고 있었다. 냉혹한 경쟁 상태에서 벗어나려고 서로에게 전적으로 반대하지만 이때부터 서로가 서로에 대한 매력적인 장애물이 되어서 언제나 이 장애물에 부딪치게 된다.

모방적 경쟁 관계를 거짓으로 무한히도 만들어내는 스캔들은 선망, 질투, 원한, 증오와 같이 아주 해로운 독소를 퍼뜨린다. 그런데 이 독소는 애초의 경쟁자들뿐 아니라 이들 욕망의 강렬함에 매료된 주변 사람들에게까지 해를 끼치는 독소다.

스캔들이 절정에 이를 때 복수는 전보다 더 강렬하고 새로운 복수를 부른다. 어떠한 제동도 걸지 않고 그냥 내버려두면 사태는 필히 연쇄적인 복수로 이어지는데, 이런 복수의 연속은 폭력과 모방의 완벽한 융합이라 할 수 있다.

그리스어 '스캔달리젠'은 '다리를 절다'라는 의미의 동사에서 나왔다. 절름발이는 무엇을 닮았을까? 절름발이는 보이지도 않는 장애물을 그림자처럼 뒤따라가고 있는, 그러다가 그 장애물에 발을 헛디뎌서 비틀거리고 있는 사람과 닮았다.

"그를 통해 스캔들이 일어나는 사람에게 불행이 따를지니!" 예수는 어린이를 스캔들이라는 끔찍한 감옥으로 유인하는 어른들에게 엄중한 경고를 보내고 있다. 순진하게도 남을 쉽게 믿는 어린이의 모방일수록 스캔들에 더 쉽게 빠지는데, 그래서 어린이에게 이런 모방을 하도록 유혹한 사람은 더 죄가 많은 것이다.

스캔들은 아주 무서운 것이기 때문에 예수는 이를 경고하기 위해 평소에 잘 쓰지 않던 과장된 어조를 사용하고 있다. "너희의 손이 너희를 스캔들에 몰아넣거든 손을 자르고, 너의 눈이 너희를 스캔들에 몰아넣거든 너희 눈을 빼버려라"(「마태복음」, 18:8~9)가 그것이다.

프로이트 학파는 스캔들이라는 말에 대해 순전히 대증적(對症的) 해석을 내리고 있다. 적대적인 선입견 때문에 이들은 이 개념이 바로 그들이 '반복의 강박'이라 부르는 것에 대한 정확한 정의를 내리지 못하고 있다.

성령보다는 프로이트를 더 무서워하는 것 같은 최근의 번역자들은 『구약 성서』를 정신분석학적으로 해석하기 위해 오늘날의 교조주의가 비판하는 표현은 모두 피하려고 애쓴다. 가령 이들은 스캔들의 반복적이고 '부가적인' 차원을 잘 포착하고 있는 『구약 성서』의 뛰어난 표현인 '뜻하지 않은 장애물 pierre d'achoppement'이란 말을 무슨 뜻인지 모를 다른 표현으로 바꾸어놓고 있다.

예수가 지금 세상에 내려와 자신이 가르쳤던 내용이 제대로 알려지지 않은 것을 보더라도 그다지 놀라지는 않을 것이다. 자신의 가르침이 전달되는 방법에 대해 그는 어떤 환상도 갖고 있지 않았다. 지상의 많은 사람들은 눈에 보이지 않는 하나님에게서 나온 영광보다는 인간에게서 나온 영광을 더 선호한다. 그런데 이 인간의 영광은 도중에 수많은 스캔들을 만들어내고 있다. 인간의 영광은 흔히 군사, 정치, 경제, 스포츠, 성(性), 예술, 지성 그리고 심지어는 종교 권력과 같은 이 세상 권력으로 이루어져 있는 모방적 경쟁 관계에서 이기는 것이 그 핵심이다.

'스캔들은 일어나기 마련이다'는 말은 고대의 운명론이나 '과학적 결정론'과는 무관한 것이다. 한 개인으로서의 인간은 모방적 경쟁 관계에 빠지지 않는다. 하지만 그 구성원의 숫자가 많아지면 인간 사회는 이 경쟁 관계에서 벗어나지 못한다. 첫번째 스캔들이 일어나는 순간 이 스캔들은 다른 스캔들을 일으킨다. 그리하여 '모방 위기'는 끊임없이 번져가면서 더 악화된다.

2. 모방 폭력의 사이클

예수가 예루살렘에 들어갈 때의 이야기다. 그때까지만 해도 우호적이던 군중들이 갑자기 그에게 등을 돌리는데, 이 적대감은 쉽게 전파되면서 여러 사람에게 삽시간에 퍼져나간다. 예수의 죽음 이야기, 특히 첫 세 편의 복음서에 따르면 목격자들의 반응이 한결같다는 사실이 지배적이다. 이것은 곧 집단의 막강함, 다른 말로 '모방'의 막강한 힘이다.

복음서의 모든 주제는 예수의 죽음을 향하고 있다. 스캔들의 역할이 아주 중요하기 때문에 모든 주제들이 십자가로 수렴되는 데에서 스캔들도 예외가 될 수 없다. 위의 군중 이야기와 다음에 살펴볼 베드로의 이야기는 언뜻 보면 무관한 것 같지만 이 두 가지 강렬한 모방 사이에는 분명한 관계가 있다.

베드로는 모방 전염의 좋은 예다. 그가 예수를 사랑한다는 사실에는 의심의 여지가 없다. 그는 진지하면서도 신중한 사람이다. 하지만 예수를 적대시하는 무리 속에 빠져들게 되자 이 제자도 예수에 대한 군중들의 적대감을 모방하지 않을 수 없게 된다. 그 위에 교회가 세워진, 그래서 교회의 초석이 된 첫번째 사도인 베드로가 군중의 압력에 굴복하고 마는 마당에 보통 사람들이 그런 압력을 이겨낼 거라고 생각하기는 힘든 일이다.

예수는 베드로가 자신을 부인할 것이라고 예언하면서, 그것은 이 제자의 존재에서 일어나는 스캔들, 즉 갈등적인 모방 때문이라는 것을 분명히 밝히고 있다. 베드로가 시시각각 그를 압박하는 외부의 압력을 이겨내지 못하고, 그래서 베드로 그 자신이 모방의 꼭두각시란 것을 여러 복음서가 보여주고 있다.

베드로가 하룻밤에 예수를 세 번 부인한 원인을 찾으면서, 단순히 베드로의 '기질'이나 그의 '심리학'에서 그 원인을 찾는 사람들은 내가 보기에, 길을 잘못 들어선 것 같다. 이들은 이 장면에서 인간 베드로를 능가하는 그 무엇도 보지 못하고 있다. 그런데도 이들은 이 사도의 '초상화'를 만드는 것이 가능하다고 생각한다. 이들은 베드로가 '특별히 영향을 잘 받는 기질'을 가졌다고 단정하거나 아니면 같은 식의 다른 표현을 써가면서 이 사건의 정말 중요한 의미를 해치거나 대폭 축소해버린다.

예수의 죽음을 목격한 모든 사람들이 빠져 있던 모방에 베드로도 빠진다. 이런 점에서 베드로는 그의 이웃과 다르지 않다.

심리학적인 설명에 의지하는 것은 보이는 것만큼 결백하다고 생각되지 않는다. 모방적 해석을 거부하고서 베드로에게서 순전히 개인적인 원인을 찾을 때 우리는, 물론 무의식적으로 그렇게 생각하긴 하지만, 우리라면 베드로와는 다르게 행동하였을 것이라고, 즉 예수를 부인하지 않았을 것임을 입증하려고 애쓰는 것이나 마찬가지다.

이런 행동은 예수가 나무랐던 바리새인들의 행동과 같은 것이다. 당시 바리새인들은 자기네 조상들이 죽인 예언자들의 무덤을 세워주고 있었다. 조상들이 죽인 희생자들에 대해 대단한 애도를 표하는 의식은 이를 통해 자신을 정당화하려는 의도를 숨기고 있을 경우가 많다. 당시의 바리새인들은 "우리가 우리 조상의 시대에 살았더라면 피를 흘리는 예언자들의 대열에는 가담하지 않았을 것이다"라고 생각했던 것이다.

후손들은 자신들이 조상들보다 도덕적으로 더 우위에 있다고 여김으로써 조상들의 죄를 되풀이하고 있었던 것이다. 이 거짓 차이, 이것은 이미 오늘날 개인주의가 갖고 있는 모방적 환상이며, 사람들 사이의 관계가 모방적이고 반복적이라는 생각에 대한 최대한의 저항이다. 그런데 역설적으로 이 반복을 완성시키는 것이 바로 이 저항이다.

*

빌라도 총독 역시 모방에 지배당하고 있다. 그는 예수에게 피해를 주지 않고 그냥 지나쳤으면 했다. 빌라도의 이런 태도를 여러 복음서가 빠짐없이 표현하는 이유는 로마인들이 유대인들보다 낫다는 뜻도 아니고, 예수를 박해한 사람들에게 성적을 매기기 위한 것도 아니다. 이것은 말하자면 군중과 대립하는 것이 두려워서 군중 속에서 길을 잃고 마는 국가 권력의 패러독스를 강조하기 위한 것이며, 모방의 무소불위를 다시 한 번 더 보여주기 위한 것이다.

빌라도가 예수를 군중에게 넘겨준 것은 군중들이 반란을 일으킬지도 모른다는 두려움 때문이다. 이를 두고 사람들은 빌라도의 뛰어난 '정치적 수완'이라고 말하는데, 물론 옳은 말이다. 그런데 정치적 수완은 왜 거의 언제나 군중의 집단 모방에 대한 굴복으로 나타나고 있을까?

예수 옆에서 같이 십자가형을 받던 두 명의 도둑도 이 전면적인 모방에서 예외가 아니다. 그들도 군중들을 모방하여 그들을 따라 큰 소리로 고함을 친다. 이 세상에서 가장 많은 모욕을 받고 그래서 누구보다 기죽어 있을 두 사람이 마치 이 세상의 왕인 양 행동하는 것이다. 이들은 늑대와 같이 크게 고함을 치고 있다. 자신들도 십자가형을 받고 있지만 그럴수록 자기보다 더 무거운 형벌을 받는 예수의 십자가형에 더 가담하고 싶어한다.

인류학적인 관점에서 볼 때, 십자가는 한마디로, 위기에 서로 맹렬하게 부딪치던 수많은 모방 갈등과 스캔들이 예수에게만 반대하기로 합의를 보는 순간이다. 처음에는 공동체를 나누고 분리하고 해체하던 모방이 이제는 사람들을 결합시키는 모방으로 변한다. 이때 사람들은 모두 스캔들에 빠져서 단 하나의 희생양에게 반대하는데, 이 순간 희생양은 모든 이의 스캔들로 역할이 격상되어 있다.

복음서는 우리가 모방의 이 엄청난 힘에 관심을 갖게 하려고 노력하고 있다. 그러나 이런 노력은 기독교 반대자들뿐 아니라 기독교 신자들에게도 통하지 않는다. 나와 레이문트 슈바거가 제안한 해석이 심한 반대에 부딪힌 것도 이런 점 때문이다.[2] 『잘못된 것의 즐거움』[3]에서 제임스 앨리슨은 모방적 인류학[4]을 '초월적'이라 부르고 있다. 이런 명명은 복음서에서 이미 밝혀놓은 것을 우리 모두 쉽게 인식하지 못하고 있다는 것을 암시하고 있다.

기존의 신학 이론 때문에 모방적 인류학을 거부해야 할까? 그리하여 사람들이 예수에 반대해서 결합하는 것을, 사람들이 지불할 능력이 없는 자기 아들의 몸값을 미리 깎아주려고 사람들로 하여금 자기 아들에게 반대하도록 부추기는, 『일리아스』에 나오는 신들과 같은 하나님 아버지의 작품으로 보아야 한단 말인가?

그러나 복음서에는, 예수에 반대하여 사람들이 결합하도록 만든 것이 하나님이라고 암시하는 대목은 나오지 않는다. 그런 게 아니라도 나는 모방만으로 충분히 설명할 수 있다고 생각한다. 예수 수난의 책임자는 사람들 자신들이다. 사람들은 모방의 물결이 닥쳐왔을 때, 정확히 말하면 폭주하는 모방의 사정권 안으로 그들이 들어섰을 때 모든 이에게 영향을 끼치는 그 강렬한 전염을 거역할 능력이 없다. 이를 설명하려고 초자연이니 하는 말을 굳이 들먹일 필요는 없다. 사회를 해체시키는 '만인에 대한 만인의 반대'에서 사회를 모으고 통일시키는 '일인에 대한 만인의 반대'로 변화시키는 것은 예수의 경우에만 국한된 것이 아니다. 그런 예는 무수히 많다.

---

2 Raymund Schwager, *Brauchen wir einen Sündenbock*, Munich: Kösel, 1978.
3 James Alison, *The Joy of Being Wrong*, New York: Crossroad, 1998.
4 (옮긴이) '모방적 인류학 anthropologie mimétique'이라는 표현은 '르네 지라르의 모방이론에 입각한 인류학'이라는 의미다.

*

　사회를 나누고 분리하던 모방이 하나의 희생양에 반대하면서 사회를 결합시키고 통일시키는 모방으로 왜, 그리고 어떻게 갑자기 바뀌는 것일까? 이를 이해하기 위해서는 모방 갈등이 변모해가는 변화 양태를 살펴볼 필요가 있다. 욕구 불만이 어떤 단계를 넘어서면 서로 대립하던 자들은 서로 다투던 그 대상으로부터는 더 이상 만족을 얻지 못한다. 살아 있는 장애물 즉 스캔들에 의해 서로 흥분해 있는 그들은 이제부터는 서로가 서로에 대한 스캔들이 된다. 이리하여 모방의 '짝패'를 이룬 그들은 자신들이 다투던 애초의 대상은 잊어버리고 가슴에는 분노만 가득한 채 서로가 서로를 반대하게 된다. 이때부터 이들 각자가 맹렬히 뒤쫓는 것은 바로 모방의 경쟁자다.
　이런 식의 경쟁 관계는 인간관계의 상호성을 파괴하는 것이 아니라 오히려 더 완벽하게 만든다. 물론 이 상호성은 평화적 교류의 상호성이 아니라 복수의 상호성이다. 대립하는 사람들이 자신을 상대방과 차별화하려고 애를 쓰면 쓸수록 이들은 더 똑같은 존재가 된다. 동일성은 똑같다는 사실에 대한 증오 속에서 완성된다. 로물루스와 레무스같이 신화에 나오는 쌍둥이나 형제-적이 보여주는 것이 바로 절정에 달한 순간이다. 이것을 나는 '짝패' 대결이라 부르고 있다.
　대립자들은 처음에는 갈등하면서도 고정된 위치를 차지하고 있기 때문에 어느 정도 안정이 유지된다. 그러나 대립이 계속될수록 한층 더해지는 스캔들의 작용에 의해 이 대립자들은 더 이상 차이가 없는 하나의 '군중'으로 변하게 된다. 이렇게 동질적인 집단 안에서 모방 본능은 더 이상의 장애물 없이 급속도로 확산된다. 이런 식의 변화는 정말 기이한 표변과 뜻밖의 재편성을 유발한다.
　처음에 스캔들은 증오로 서로 영원히 분리된 상태의 똑같은 대립자에게 완전히 고정되어서 아주 단단해 보인다. 그러다가 이 과정이 좀더 진행되면 대체 작용과 대립자들의 교환이 일어난다. 스캔들은 '기회주의적'이 되어, 자기보다 모방적 매력이 더 큰 다른 스캔들에 쉽게 이끌린다. 요컨대, 스캔들에 빠진 사람은 떨어질 수 없을 것처럼 보이던 애초의 적에서 떨어져 나와 옆에 있는 다른 스캔들로 빠져든다.

어떤 스캔들이 가진 매력의 크기는 그로 인해 죄를 지은 사람들의 숫자와 그 사람들의 덕성에 따라 좌우된다. 작은 스캔들은 더 큰 스캔들에 뒤섞이는 경향이 있다. 그리고 그 더 큰 스캔들끼리는 서로 전염되는데, 결국에는 강한 것이 약한 것들을 흡수하게 된다. 스캔들에도 모방적 경쟁이 있는데 이 경쟁은 가장 강한 스캔들 하나만 남는 순간까지 계속된다. 단 한 명의 개인에 대해 공동체 전체가 동원되는 때가 바로 이 순간이다.

예수 수난에서 이 한 명의 개인이 바로 예수다. 예수가 모든 이의 희생양인 자신을 지칭할 때나, 자신을 반대하는 사람들을 지칭할 때 스캔들이란 어휘를 사용하는 것도 이 때문이다. 그는 "내가 스캔들의 원인이 아닌 사람들은 행복하여라!"라고 외친다. 기독교 역사에는 예수를 스캔들의 대체물로 보는 경향, 즉 스스로 박해자 무리에 빠져 거기 한데 어울리는 경향이 있는 것 같다. 따라서 사도 바울에게 있어 십자가는 대표적인 스캔들이다. 여기서 우리는 두 개의 가지가 교차하는 전통적인 십자가의 상징이 스캔들의 이런 내적 모순을 잘 드러낸다는 것을 알 수 있다.

이 일반 법칙에서는 제자들도 예외가 아니다. 예수가 모든 사람들의 스캔들이 될 때 그 정도는 각기 다르지만 제자들도 사람들이 예수에 대해 갖고 있는 적대감에 영향을 받는다. 수난을 당하기 직전에 예수가 제자들에게 실수를 조심하라고 하면서, 또 아마도 개인적이고도 집단적인 자신들의 모방의 비열함을 깨닫고 제자들이 느낄 양심의 가책을 감싸주기 위한 말을 할 때, "너희들은 모두 나에 의해 스캔들을 받을 것이다"라며 스캔들이라는 단어를 사용하고 있는 것도 바로 이런 의미에서다.

이 구절은 단순히 제자들이 예수의 수난 때문에 고통받고 슬퍼할 것이라는 뜻만은 아니다. 예수가 너무나 진부해 보이는 이야기를 할 때는 그것을 그대로 받아들여서는 안 되는데, 여기서도 우리는 '스캔들'이라는 말에다가 모방적인 의미를 강하게 부여해야 한다. 예수는 제자들에게 군중들을 사로잡고 있는 그 전염에 그들도 다 넘어갈 것이라고, 그래서 '박해자의 편에서' 예수 수난에 다소간은 참여하게 될 것이라고 경고하는 것이다.

개인들 사이의 스캔들은 집단적 폭력의 큰 강에서 다시 만나는 작은 개울물과 같다. 그래서 우리는 따로따로 존재하던 모든 스캔들을 하나의 희생양을 향하는 단 하나의 스캔들로 묶어내는 것을 두고 '모방의 회오리'라 부를 수 있을 것이다.[5] 여왕벌 주위에 벌떼들이 모여드는 것처럼 모든 스캔들이 하나의 희생양에 달라붙는 것과 같다고 할 수 있다.

스캔들을 한데 모으는 힘은 모방의 강한 전염이다. 스캔들이라는 말은 아주 다른 것을 가리키는 느낌을 주지만, 실은 하나의 똑같은 모방 과정의 여러 순간들을 지적하고 있을 뿐이다.

개인적 스캔들이 참을 수 없을 지경으로 심해질수록, 그 스캔들에 휘말린 사람은 그것을 더 큰 스캔들에 파묻어서 소멸시키려고 한다. 이런 현상은 소위 정치적 박해나 혹은 오늘날처럼 세계화된 세상을 휩쓰는 강한 스캔들에서 잘 볼 수 있다.

아주 매혹적인 스캔들이 자신에게 다가오면 스캔들에 빠진 사람들은 그것을 '이용하고' 그 주위를 맴돌고 싶은 마음에 자기도 모르게 빠져든다.

따로 존재하던 여러 스캔들을 단 하나의 스캔들로 모으는 것은

---

5 (옮긴이) emballement mimétique: 모방이 갈수록 커져가는 상승효과를 지칭한다. 이 책을 영어로 옮긴 제임스 윌리엄스James G. Williams는 '갈수록 커져만 가는 눈덩이'에 비유해서 'mimetic snowballing'이라 옮기고 있는데, 참으로 적절한 표현인 것 같다. 하지만 우리말로 '모방의 눈덩이'로 옮기는 것도 어색하여 그냥 '모방의 회오리' 혹은 문맥에 맞추어서 '모방 회오리'로 옮기기로 한다.

모방 욕망과 그 경쟁 상태와 함께 시작하는 과정의 절정이다. 이 경쟁 관계가 많아지면 '만인의 만인에 대한' 폭력인 모방 위기가 만들어진다. 만약 '만인의 만인에 대한' 이 폭력이 마침내 공동체의 통일성을 다시 이루는 '만인의 일인에 대한' 폭력으로 자동적으로 변하지 않는다면, 공동체는 소멸하고 말 것이다.

*

모방 회오리의 희생양은 모방 그 자체에 의해 선택된다. 사정이 달랐다면 군중들이 선택하였을지도 모르는 다른 희생양을 '대신하여' 하나의 희생양이 선택된다. 이런 대체 작용은 널리 퍼져 있는 소문이나 분위기를 이용하여 자연발생적으로, 그러나 보이지 않게 행해지고 있다. (뒤에서 다시 살펴보겠지만, 예수의 경우에는 같은 유형의 다른 희생양들처럼 '우연한 희생양'으로 보이지 않도록 하는 다른 요소들이 작용하고 있다.)

노련한 행정관인 빌라도는 자기가 해결해야 할 그 사건에서 대체의 역할을 알고 있었다. 성경도 이것을 알고 있었기에 유명한 바라바의 이야기를 들려준다.

준법을 중시해야 하는 로마의 입장을 고려할 때 빌라도는 예수를 풀어주어서는, 다시 말해 군중들에게 넘겨주어서는 안 되었다. 하지만 빌라도는 이 군중들의 소요 또한 희생양이 없이는 잦아들지 않으리란 것도 알고 있었다. 그래서 그는 군중들에게 하나의 보상책을 내놓는데, 예수 대신에 바라바를 죽이라고 제안한 것이다.

빌라도가 보기에 바라바는 이미 법적으로 유죄 판결을 받았다는 유리한 상황에 있었다. 그의 처형은 법적으로 아무런 하자도 없었다. 빌라도의 최대 관심은 무고한 사람의 희생을 막자는 것이 아니었다. 그의 관심은 오로지 로마 제국에서 획득한 행정관으로서의 자신의 명성에 먹물을 끼얹을지도 모를 이 군중들의 소요를 최소한으로 줄이자는 것이었다.

바라바를 받아들이라는 빌라도의 제안을 유대 군중들이 거부했다고 해서, 복음서가 예수에 대해 끝없는 증오심을 갖고 있다고 해서 유대인들을 비난한다는 뜻은 전혀 아니다. 유대 군중들이 예수에 대해 결정적으로 적대감을 나타낸 것은 바로 예수 수난의 절정기의 일일 뿐이었지, 그전에는 오랫동안 예수에 대해 우호적인 입장을 나타내거나 혹은 판단을 유보한 채 망설이고 있었다. 이런 다양한 태도야말로 모방에 사로잡힌 군중들이 보여주는 전형적인 태도다. 한 사회 내에서 일단 만장일치가 이루어지고 나면 군중들은 그 과정에서 생겨난 희생양에만 집착하지 그 대신 다른 희생양을 받아들이는 것을 원치 않는다. 대체의 순간이 지나가고 만장일치적인 폭력의 순간이 온 것이다. 빌라도도 이를 알았던 것이다. 군중들이 바라바를 거부한다는 말을 전해 듣자 지체 없이 예수를 그들에게 넘겨주는 빌라도의 행동이 이를 말해준다.

*

십자가형에 들어 있는 전형적인, 심지어는 진부하기까지 한, 이런 사실을 알게 되면, 예수에 관한 여러 주제 중의 하나인 예수의 죽음과 이전 예언자들의 박해 사이에도 유사점이 있다는 것을 알 수 있다.

요즘에도 많은 사람들은, 복음서가 예수의 죽음과 예언자들의 죽음을 비교하는 것은 유대 민족을 비난하기 위해서라고 생각하고 있다. 이는 중세에 유행하던 반유대주의의 생각이었다. 왜냐하면 이런 생각은, 기독교의 반유대주의가 그러하듯이 예수 수난의 참 의미와 거기에 들어 있는 무한한 계시를 이해하지 못한 데서 나온 것이기 때문이다. 기독교의 영향력이 세상 널리 파고들지 않았던 천 년 전에 저지른 이런 실수는, 오늘날에 이런 실수를 행하는 것보다는 용서를 받을 여지가 더 많을 것이다.

반유대주의 해석은 복음의 실제 의도를 간파하지 못하고 있었다. 예수나 예언자들 같은 예외적인 인물에 대해 군중들이 증오한 것은 민속이나 종교적인 소속 관계 때문이 아니라 분명 이 모방 때문이었다.

복음은 유대인뿐 아니라 모든 사회에 증오의 모방 과정이 있다는 것을 암시하고 있다. 모든 '예외적인' 인물들처럼 다른 사람들과 다른 예언자는 여러 가지 이유로 이 증오의 모방 과정의 전형적인 희생양이 되고 있다. 절름발이, 불구자, 빈털터리, 불우한 사람들, 정신 지체자뿐 아니라 예수나 유대의 예언자들 그리고 오늘날에는 위대한 예술가나 사상가들처럼 정신적으로 크나큰 영감을 소유한 사람들까지 모두 희생양이 될 수 있다. 사람에게는 자신이 생각하는 정상적인 상태나 허용 한계를 벗어나는 사람들을 이런저런 평계로 거부하는 경향이 있다.

예수 수난과 예언자들이 당한 폭력을 비교해보면 실제로 항상 집단적인 직접 폭력이거나 아니면 집단적 영감을 받은 폭력임을 확인할 수 있다. 예수가 말하는 예언자들과의 '유사성'은 완전히 사실인데, 이 유사성이 『구약 성서』에 나오는 폭력에만 있는 것이 아님을 우리는 곧 알게 될 것이다. 신화에도 같은 유형의 희생양이 나오기 때문이다.

그러므로 우리는 자신의 죽음과 예언자의 죽음이 유사하다고 말하는 예수의 발언을 아주 구체적으로 해석해야 한다. 예수의 수난을 『구약 성서』에 나오는 유대의 예언자들이 당하는 폭력 이야기만이 아니라 『신약 성서』에서 '마지막 예언자'로 보고 있는 세례 요한의 죽음과도 비교해봄으로써 우리가 제안하는 이 사실적인 해석을 확인해보기로 하자.

*

예언자인 세례 요한에게는 예수의 말씀을 '증언하기' 위해 자신의 끔찍한 죽음이 예수의 죽음과 '닮아야 할' 의무가 있었다. 그러므로 그의 죽음에는 모방의 회오리와 함께 예수 수난에 존재하는 다른 특징들도 있어야 하는데, 아닌 게 아니라 세례 요한의 죽음에는 예수 죽음에 나타나던 특징이 그대로 들어 있다. 세례 요한의 죽음 이야기가 담긴 가장 오래된 복음서인 「마가복음」과 「마태복음」을 보자.

예수의 십자가형과 마찬가지로 세례 요한의 죽음도 직접적인 집단 폭력이 아니라 집단의 영향을 받은 폭력에 의해 행해지는 것으로 나타나 있다. 이 두 살인에는 사형을 명령할 수 있는 자격이 있는 유일한 절대자, 개인적으로는 그 희생양을 구해주고 싶어하지만 결국에는 어쩔 수 없이 사형을 명하고 마는 절대자가 다 같이 나오고 있다. 예수의 경우에는 빌라도 총독이고 세례 요한의 경우에는 헤로데 왕이 그 절대자다. 두 경우에서 절대자가 자신의 욕망을 단념하고 희생양의 사형을 명한 이유는 폭력에 휩싸인 군중을 거스르지 않기 위해, 즉 모방적인 이유 때문이다. 빌라도가 십자가형을 요청하는 군중의 요구를 감히 거역하지 못했던 것처럼, 헤로데 왕 또한 요한의 머리를 요구하는 내빈들의 청을 감히 거역하지 못한다.

둘 다 모방 위기에서 비롯된 것이다. 세례 요한의 경우 그것은 헤로데 왕과 헤로디아의 결혼의 위기다. 요한은 헤로데 왕이 자기 동생의 아내였던 여자와 결혼하는 것을 비난한다. 그래서 헤로디아가 요한에게 복수하려 하지만 헤로데 왕이 그를 보호해준다. 왕이 어쩔 수 없이 자신의 청을 듣도록 하기 위해 헤로디아는 헤로데 왕의 생일 축하연에 모인 손님들이 요한을 반대하도록 선동한다.

손님들의 모방을 자극하여 이들을 피를 좋아하는 사냥개떼로 만들기 위해 헤로디아는 춤을 이용한다. 알다시피 춤은 그리스인들이 어떤 희생양에 반대하도록 희생 제의 가담자들을 선동하기에 아주 효과적이라고 보았던 가장 모방적인 예술이다. 헤로디아는 자신의 딸에게 춤을 추게 한 다음 자신의 조종을 받은 딸의 요청에 따라 내빈들 모두가 헤로데 왕에게 요한의 머리를 요구하게 한다.

세례 요한의 이 이야기와 예수 수난 사이에는 대단한 유사성이 있지만, 그렇다고 이를 표절이라고 보기는 힘들다. 두 이야기는 서로의 복사판이 아니기 때문이다. 그 디테일은 아주 다르다. 이들을 비슷하게 만드는 것은 이들의 내적 모방인데 이 모방은 둘 다 아주 강하게 그리고 독특하게 표현되어 있다.

그러므로 인류학적인 측면에서 보면, 예수 수난은 독특하다기보다는 아주 전형적이다. 이것은 복음 인류학의 주요 테마인, 인간 사회를 진정시켜서 일시적이지만 다시 안정을 정착시키는 희생양 메커니즘을 잘 보여주고 있다.

*

우리는 복음에 나오는 예수의 죽음과 세례 요한의 죽음에서 희생양 만장일치 메커니즘의 절정에서 일어나는 질서 회복과 무질서의 순환 과정을 발견할 수 있다. 내가 '메커니즘'이라는 용어를 쓰고 있는 이유는 이 과정의 무의식적인 성격, 그리고 거기에 참여하고 있는 사람들이 제대로 알지 못하고 심지어는 의식도 하지 못하고 있는 듯한 그 결과들의 무의식적인 성격을 나타내기 위해서이다.

이 메커니즘은 성서의 다른 구절에서도 나타나고 있다. 희생양 과정에 관한 가장 흥미로운 구절은 복음에서 예수의 삶과 죽음을 비교하는 구절과 '여호와의 종' 혹은 '고통스런 종'이라고 불리는 사람의 삶과 죽음을 이야기하는 구절이다. 흔히 두번째 이사야 혹은 제2의 이사야라고 불리는 다른 사람의 것이라는, 40장 이후의 「이사야서」가 말하는 것이 바로 위대한 예언자인 이 종이다. 이 예언자의 삶과 죽음을 이야기하는 구절들은 전체를 독립된 네 부분으로 나눌 수 있을 정도로 그 주변 구절들과는 완연히 차이가 난다. 이 구절은 '여호와의 종'에 관한 노래, 네 편의 위대한 시를 연상시킨다.

두번째 「이사야서」의 첫 장인 40장의 서두는 어떤 점에서 보자면 이 노래에 들어가지 않는 듯 보이지만 분명 이와 관련이 있는 듯하다.

> 광야에서 외치는 소리 가로되
> 너희는 광야에서 여호와의 길을 예비하라.
> 사막에서 우리 하나님의 대로를 평탄케 하라.
> 골짜기마다 돋우며 산마다, 작은 산마다 낮아지며
> 고르지 않은 곳이 평탄케 되며 험한 곳이 평지가 될 것이오.
> 여호와의 영광이 나타나고 모든 육체가 그것을 함께 보리라.
> 이것이 여호와의 말씀이란 것을. (「이사야서」, 40:3~5)

산과 골이 이렇게 평탄하게 다듬어지는 것을 두고 오늘날의 성서 해설자들은 이 구절이 페르시아 키루스 대왕의 길, 즉 유대인들이 예루살렘으로 돌아가는 길을 만든다는 암시라고 보고 있다.

이 설명이 합리적인 것은 분명하지만 다소 밋밋한 것 같다. 이 구절은 평탄하게 만드는 것을 말하고 있지만 이를 평범하게 말하지 않는다는 것 또한 분명하다. 아주 대단한 사건을 말하고 있기 때문에 비록 큰길이라 하더라도 하나의 길을 만드는 것으로 이 구절을 한정하는 것은 이 '왕 중의 왕'에게는 너무 평범하고 다소 옹색한 것 같다.

바빌론에 유폐되어 있던 유대인들이 그 유명한 키루스 왕의 칙령에 의해 해방되어 되돌아간다는 것이 두번째 「이사야서」에 나오는 테마 중의 하나임이 분명하다. 하지만 이 되돌아간다는 테마에는 특히 방금 이야기한 여호와의 종 테마와 같은 다른 테마들이 섞여 있다.

위의 구절은 계획적인 토목 공사보다는 지리적인 침식 작용을 연상시킨다. 나는 이것이 모방 위기를 보여주는 표현임을 알아채야 한다고 생각한다. 그런데 이 모방 위기의 특징은 알다시피 차이의 소멸과 함께 모든 개인들이 '짝패'로 변하는 것인데, 이 짝패들이 영원히 대치하면 문화 자체가 파괴되고 만다. 문제의 이 구절은 이런 짝패의 과정을 산간 지역에서의 산의 함몰과 골짜기의 메움으로 표현하고 있다. 바위가 모래로 변하는 것처럼 사람들도 무정형의 군중으로 변한다. 그런데 이 군중은 '사막에서 외치는 목소리'를 이해하지 못한다. 그러면서도 그들은 모든 표면에 남아 있으면서 위대함과 진실을 거절하기 위하여, 기꺼이 높은 곳을 허물고 깊은 곳을 모래로 메운다.

산과 골을 평지로 만드는 작업은 쉬운 일이 아니다. 하지만 이것이 준비하는 여호와의 등장이라는 커다란 보상 때문에, 표면을 똑같이 만드는 이 대단한 승리가 이루어지기를 이 예언자는 진심으로 빌고 있는 것이다.

여호와의 영광이 나타나고 모든 육체가 그것을 함께 보리라.
이것이 여호와의 말씀이란 것을.

여호와의 등장에 관한 이 예언은 12장 뒤에 가서 집단 살해, 즉 고통받는 종의 살해에서 실현되는데, 이로 인해 위기는 사라진다. 선량한 이 종은 다른 사람들에게 친절하고 또 다른 사람들을 사랑함에도 불구하고 형제들로부터 미움을 받다가 결국 네번째 노래와 마지막 노래에 가서는 그를 싫어하는 군중들의 손에 죽음을 당함으로써 진짜 폭력의 희생양이 되고 있다.

두번째 「이사야서」를 제대로 이해하려면 평지를 고르는 처음의 작업과 무차별화에서 출발하여 52장과 53장, 그리고 이 종의 끔찍한 죽음 이야기에서 끝나는 커다란 아치 모양의 선을 따라가보아야 할 것 같다. 이 아치는 결국 모방 위기의 묘사를 '고통받는 종'의 폭력이라는 그 위기의 중요한 결과와 이어주고 있다. 이 죽음은 복음서의 예수 수난과 같으며, 사람들로부터 미움을 산 위대한 예언자의 집단 살해와 같다. 복음서에서처럼 예언자의 집단 살해와 여호와의 등장은 하나의 같은 사건일 뿐이다.

위기의 구조와 두번째 「이사야서」의 위기인 집단 폭력의 구조를 알고 나면, 복음서에 나타나 있는 예수의 생애와 같이 이 모든 것이 내가 '모방 사이클'이라 부르는 것과 같음을 알게 될 것이다. 처음의 스캔들의 증가는 얼마 안 가서 극심한 위기로 이어진다. 그러다가 이 위기의 절정에 이르면 하나의 희생양에게, 즉 결국 공동체 전체에 의해 선택된 희생양에게 만장일치적인 폭력이 행해진다. 이 사건은 예전의 질서를 다시 세우거나 아니면 새로운 질서를 세운다. 그러나 이 새로운 질서 역시 언젠가는 위기에 빠지게 되어 있고 거기서 다시 또 다른 새로운 질서가 생겨나는데, 이 질서 역시 똑같은 길을 걷는다. 그 후의 과정도 이와 똑같다.

모방 사이클이 다 그런 것처럼, 이 사건의 결과는 모두 신의 발현, 여호와의 등장이다. 두번째 「이사야서」에는 위대한 예언서의 다른 특징들과 함께 모방 사이클이 나타나 있다. 다른 모방 사이클과 같이 여기에 나오는 모방 사이클도 그 역동성과 기본 구조에 있어서는 그 이전이나 이후의 것들과 유사하다.

복음서의 저자들은 모두 예수의 생애에서도 이와 같은 것을 발견하였다. 모방 위기에 대한 묘사뿐 아니라 이제 막 살펴보았던 두번째 「이사야서」의 묘사, 세례 요한의 예수에 대한 예언의 핵심적인 묘사가 그들이 쓴 복음서에 다시 나타나고 있다는 것이 그 증거다.

「이사야서」의 그 구절을 환기시키는 것은 사람들로 하여금 그 위기의 묘사와 신의 등장에 대한 예언을 떠올리게 하는 것인데, 이것은 곧 예수를 예언하는 것과 같으며 예수의 삶과 죽음은 지난날 예언자의 삶과 죽음과 '유사한 것'임을 알려준다. 이것은 또한 우리가 새로운 모방 사이클이라 부르는 것, 즉 만장일치적인 '일인에 대한 만인의' 모방 폭력에 휩싸인 무질서의 새로운 분출을 암시한다.

세례 요한은 '사막에서 외치는 소리'를 자신과 동일시하는데 그의 예언은 모두 「이사야서」 40장의 인용으로 요약될 수 있다. 그의 예언은 이런 내용이다. "우리가 한 번 더 커다란 위기에 빠지게 되면 그 위기는 하나님이 새롭게 보내신 자, 즉 예수의 집단 살해로 끝날 것이다. 이 끔찍한 죽음은 여호와에게는 장엄한 새로운 등장의 기회일 것이다."

3. 사탄

복음서에서 '모방 사이클'의 존재를 확인하기 위해서는 어떤 개념이나 존재, 더 정확히 말하면 오늘날 기독교도들에게도 멸시를 받고 있는 인물을 살펴보아야 한다. 공관복음은 그런 인물을 히브리어로 '사탄'이라 부르고 「요한복음」은 그리스어로 '악마'라고 부른다.

독일 신학자 루돌프 불트만의 영향을 받은 첨단 신학자들이 성서의 기록을 한결같이 능숙하게 '탈신비화'하고 있을 때에도 이들은 '이 세상의 통치자'를 그 대상에 넣지 않았다. 복음서에서 이 인물은 상당히 중요한 역할을 행사하는데도 불구하고 오늘날의 기독교는 그를 별로 중요하게 여기지 않고 있다.

하지만 우리의 이 연구를 통해서 복음서가 사탄을 어떻게 표현하고 있는지를 살펴보고 나면 독자들은 사탄이 지금처럼 홀대를 받아 그냥 잊혀져서는 안 된다는 것을 알게 될 것이다.

예수와 같이 사탄도 사람들이 자신을 모방하기를 바란다. 하지만 예수와는 그 방식도 이유도 다르다. 사탄은 우선 사람들을 유혹하려 한다. 유혹하는 사탄이야말로, 물론 농담 같긴 하지만, 현대인들이 다소라도 기억해주는 유일한 사탄이다.

복음서에는 사탄 역시 우리 욕망의 모델로 제시되어 있다. 사탄은 분명 그리스도보다 모방하기가 훨씬 더 쉽다. 왜냐하면 사탄은 우리에게 도덕이나 금기를 무시하고 우리 자신의 기호에 따르라고 권유하기 때문이다.

아주 사랑스럽고 아주 현대적인 이 선생의 말을 따르면 우리는 우선 '해방된' 느낌을 받는다. 그러나 이런 느낌은 오래가지 못한다. 왜냐하면 사탄의 말을 들으면 갈등적 모방으로부터 우리를 보호해주는 것을 얼마 안 가서 모두 잃어버리기 때문이다. 사탄은 우리를 기다리는 함정을 알려주기보다는 우리를 그 함정에 빠뜨린다. 사탄은 금기는 '아무 소용 없다'는 생각과 금기를 위반하는 것이 아무런 위험도 없다는 생각을 두 손 들어 환영한다.

사탄이 우리를 이끄는 길은 넓고도 평탄하며, 모방 위기를 향해 죽 뻗어 있는 고속도로라 할 수 있다. 하지만 우리와 우리의 욕망 대상 사이에는 예기치 않았던 장애물이 솟아난다. 정말 수수께끼 중의 수수께끼 같은 것은, 사탄을 멀리 떼어놓았다고 믿는 순간 사탄 혹은 사탄의 앞잡이가 우리를 가로막고 나선다는 것이다.

이것이 사탄이 행하는 많은 변신 중의 첫번째 변신이다. 처음에 '유혹자'로 나타나던 사탄은 곧 험상궂은 '적대자'로, 그리고 지금까지 한 번도 위반하지 않았던 어떤 금기보다 더 심각한 장애물로 변신한다. 사탄의 이 복잡한 변신의 비밀을 우리는 쉽게 찾아낼 수 있다. 두번째 사탄, 그것은 바로 모방의 모델이 장애물과 경쟁자로 변한 것인데, 이것이 바로 스캔들의 발생이다.

그가 우리에게 욕망하도록 가르쳐주었던 것을 그 자신이 욕망하기 때문에 우리의 모델은 우리의 욕망과 대치한다. 이리하여 금기를 위반하는 순간 그 금기보다 더 완고하고, 처음에는 나타나지 않던 장애물이 나타나는데, 이 장애물은 금기가 지켜지고 있을 때에는 보호책으로 감추어져 있던 것이다.

사탄을 스캔들과 같다고 보는 것은 나뿐만이 아니다. 예수 자신도 그렇게 보았다. 베드로를 나무라면서 예수는 '사탄아 물러가라. 너는 나의 스캔들이다'라고 말한다.

베드로는 처음으로 자신의 죽음을 예고하는 예수의 말씀에 부정적으로 대했다가 이런 꾸중을 듣는다. 예수가 지나치게 체념하고 있다고 실망한 그는 예수에게 그 자신의 욕망, 자신의 속세의 욕망을 불어넣으려고 애쓴다. 말하자면 베드로는 예수에게 자신을 욕망의 모델로 삼으라고 권했던 것이다. 이때 만약 예수가 하나님 아버지를 떠나 베드로를 따랐다면 베드로와 예수는 곧 모방적 경쟁 관계에 빠져들었을 것이고 하나님 천국을 세우는 그의 모험은 하찮은 싸움 속에서 맴돌다 사라졌을 것이다.

이렇게 되면 베드로는 스캔들을 뿌리는 자, 즉 사람들로 하여금 경쟁적인 모델을 위해 하나님을 저버리게 하는 사탄이 된다. 사탄은 스캔들이라는 씨를 뿌린 다음 모방 위기라는 혼란을 거두어들인다. 이것이 바로 사탄이 자신의 능력을 보여주는 좋은 기회다. 이 커다란 위기는 참으로 신비로운 사탄의 놀라운 능력으로 끝나는데, 바로 사탄이 자신은 물러나면서 인간 사회에 다시 질서를 심어주는 능력이다.

사탄이 물러나는 것을 잘 보여주는 구절은, 사람들이 예수가 마귀의 두목인 베엘제불로 사탄을 물리쳤다고 비난하자 예수가 하는 다음 답변이다.

> 사탄이 어떻게 사탄을 물리칠 수 있습니까? 한 나라가 갈라져 서로 싸우면 그 나라는 지탱할 수 없습니다. 또 한 가정이 갈라져 서로 싸우면 그 가정도 지탱할 수 없습니다. 사탄의 나라에 내분이 일어나 갈라지면 그 나라는 지탱하지 못하고 망하게 마련입니다. (「마가복음」, 3:23~27)

그 시대에는 악령 추방자들끼리 경쟁자가 사탄의 힘을 빌려 악령을 추방하였다고 서로 비난하는 경우가 흔한 일이었다. 많은 사람들은 그런 비난을 거의 무의식적으로 되풀이하고 있었다. 예수는 사람들로 하여금 이런 비난의 논리적 결과를 생각해보게 하고 싶었던 것이다. 사탄이 사탄을 물리친 게 사실이라면 과연 그 과정은 어떠하며, 또 그런 재주는 어떻게 가능했을까?

그런데 이 구절은 사탄이 사탄을 추방하였다는 것을 부인하지 않고 오히려 그렇게 주장하고 있다.

사탄이 자기 추방 능력을 갖고 있다는 증거는 여기서 여러 번 등장하는 사탄의 사라짐이다. 그리스도가 예언하는 사탄의 멸망은 곧 자기 추방 능력의 종말과 같다.

「마가복음」처럼 「마태복음」도 "사탄이 어떻게 그를 물리칠까?"라고, 두번째 나오는 사탄을 대명사로 바꾸어 말하고 있지만 예수는 "사탄이 사탄을 어떻게 물리칠까?"라고, 사탄의 이름을 거듭해서 부르고 있다. 「마가복음」은 이 의문문을 "만약 사탄이 사탄을 물리친다면……"이라는 조건문으로 바꾸고 있지만 그 기본 형태는 변하지 않는다.

사탄이라는 용어를 되풀이해서 쓰는 것은 대명사로 바꾸어 쓰는 것보다 훨씬 더 웅변적이다. 그렇다고 이 표현이 더 좋다는 말은 아니다. 이 표현은 단지 사탄이 무질서의 원칙인 동시에 질서의 원칙이라는 근본적인 모순을 강조하려는 의도에서 나왔을 뿐이다.

추방당한 사탄은 그 사회가 스캔들의 도가니로 변할 때까지 모방의 경쟁 관계를 부추겼던 사탄이고, 추방하는 사탄은 희생양 메커니즘이 발동될 정도로 충분히 뜨거워진 바로 그 도가니다. 자신의 왕국의 파멸을 막기 위해 사탄은 그 절정에 이른 자신의 무질서를 자신을 추방시키는 수단으로 삼는다.

이런 비범한 능력이 사탄을 '이 세상의 왕'으로 만들고 있다. 만약 사탄이 본질적으로 자신의 것이면서도 자신을 소멸시킬지도 모르는 자신의 왕국을 보호하지 못한다면, 복음서 저자들이 붙여준 '이 세상의 왕'이라는 칭호를 받을 자격이 없을 것이다. 복음서 저자들이 이런 이름을 공연히 붙여준 것이 아니다.

사탄이 단순한 파괴자였다면 그는 오래전에 자기 영역을 상실하였을 것이다. 무엇이 사탄을 이 세상 모든 왕국의 주인으로 만들었는지를 이해하려면 예수의 말을 문자 그대로 받아들여야 한다. 즉 무질서가 무질서를 물리친다는 것, 달리 말해서, 실제로 사탄이 사탄을 물리친다는 것을 그대로 받아들여야 한다는 말이다. 사탄이 자신을 없어서는 안 될 존재로 만들 수 있었고 또 여전히 그의 힘이 큰 것은 이처럼 흔치 않은 큰일을 수행하였기 때문이다.

이런 생각을 어떻게 이해해야 할까? 분리되었던 사회가 모방의 절정기에 이르러 하나의 희생양에 반대하면서 통일성을 되찾는 순간으로 되돌아가보자. 이 희생양은 모방에 빠진 모든 사람들이 그를 죄인으로 보기 때문에 후에는 최고의 스캔들이 된다.

사회 전체로 하여금 그 희생양에게 죄가 있다고 믿도록 설득하는 모방이 바로 사탄이다. 사탄이 갖고 있는 오래된 이름 중의 하나는 바로 이 설득 기술에서 나온 것이다. 「욥기」에서 사탄은 신과 민중들 앞에서 주인공을 '고발하는 자'로 나온다. 분별을 유지하고 있던 사회를 극도로 흥분한 무리로 변화시키면서 사탄은 신화를 만들어낸다. 스캔들이 유발한 모방에서 나오는 전면적인 비난에 대한 가장 큰 책임은 바로 이 사탄에게 있다. 불쌍한 희생양이 일단 이웃도 없이 완전히 고립되면 고삐 풀린 군중들로부터 그를 보호해줄 것은 아무것도 없다. 어떠한 복수도 걱정하지 않으면서 그들은 이 희생양에게 달려들 수 있다.

그를 향하는 폭력의 탐욕에 비하면 단 하나의 희생양은 너무 적지만 그 순간 사회는 오직 그 희생양을 없애기만을 원한다. 이리하여 이 희생양은 조금 전까지만 해도 온갖 스캔들 때문에 서로 다투던 수많은 사람들을 그 자신에게 반대하기 위해 하나로 뭉쳐 화합하는 군중으로 효과적으로 변화시킨다.

이 희생양 외에는 모든 사람들의 적이 없어졌기 때문에 일단 희생양을 추방하여 없애면, 군중들의 마음에서는 적개심도 사라지고 적도 없어지게 된다. 적이 하나뿐인데 그 적을 처리하였다는 것이다. 적어도 일시적으로 이 사회는 이제 더 이상 어느 누구에 대해서도 어떠한 증오도 원한도 갖지 않는데, 이리하여 이 사회는 온갖 긴장, 분리, 분열로부터 '순화'되었다고 느끼게 된다.

박해자들은 이전의 불화와 마찬가지로 그들의 갑작스런 화해도 모방의 결과라는 사실을 알지 못하고 있다. 그들은 그 희생양이 위험하고 해로운 사람이었다고, 그래서 사회에서 제거해야 할 필요가 있다고 여긴다. 이들이 희생양에 대해 갖고 있는 증오만큼 진지한 것도 없을 것이다.

그러므로 모방에서 나온 '일인에 대한 만인의 반대'나 '희생양 메커니즘'에는 혼란에 빠진 사회를 진정시키는 성향이 있다. 이 성향보다 더 빨리 혼란을 진정시킬 수 있는 것은 없을 것이다. 이런 성향은 놀랍고도 대단하지만 논리적으로 설명할 수 있는 것이다.

이 메커니즘을 사탄의 것으로 이해하는 것은 곧 '사탄이 사탄을 물리친다'는 예수의 말에는 합리적으로 설명할 수 있는 정확한 의미가 들어 있음을 이해한다는 뜻이다. 이 말의 뜻은 바로 희생양 메커니즘의 효능이다. 대사제 가야바가 "한 민족 전체가 죽지 않고 한 사람만 죽는 것이 더 낫다"고 말하면서 암시한 것이 바로 이 메커니즘이다.

그러므로 십자가형에 관한 네 가지 이야기는 희생양 메커니즘이 전개되는 장면을 우리에게 보여주고 있는 것 같다. 앞에서 말했듯이, 이 장면들은 사탄이 만들어내는 여러 현상과 비슷하다.

십자가와 사탄의 메커니즘이 하나임은, 체포되기 직전에 예수가 "사탄의 시간이 왔다"고 한 말에서 잘 드러나고 있다. 이 구절을, 단순히 그가 받을 박해의 성격을 암시하는 수사학적 표현이라고 보면 안 된다. 사탄 이야기가 나오는 복음서의 다른 구절들처럼 이 구절도 정확한 의미, 심지어는 '기술적'이기까지 한 의미를 갖고 있다. 이는 십자가형을 희생양 메커니즘이라고 보는 대목 중의 하나다.

십자가는 사탄이 인간에 대한 자신의 지배력을 회복하여 공고히 하는 순간들 중의 하나다. '만인에 대한 만인의 반대'를 '일인에 대한 만인의 만장일치적 반대'로 변화시킴으로써 이 세상의 통치자인 사탄은 군중들의 분노를 진정시켜 인간 사회를 지속시키는 데에 꼭 필요한 평온을 재건함으로써 자신의 왕국이 완전히 파괴되는 것을 막을 수 있다.

 이런 식으로 사탄은 틈날 때마다 즐기는, 자신의 백성들에게 무질서와 폭력과 불행의 씨앗을 뿌리는 오락을 그다지 오래 참지 않아도 되고, 언제라도 질서를 되살려냄으로써 자기 소유물이 완전히 파괴되는 것을 막을 수 있다.

 곧 그 까닭을 살펴보겠지만, 예수의 죽음으로 인해 사탄의 이런 계획은 좌절되고 만다. 하지만 이 죽음을 유발한 사람들이 기대하였던 효과는 발휘되고 있다. 우리는 복음서에서 사탄처럼 빌라도가 예수의 죽음을 통해 군중들에게서 기대했던 진정 효과를 실제로 내고 있다는 것을 확인할 수 있다. 빌라도가 수호하는 '팍스 로마나'의 입장에서는 높이 평가할 만한 것이었다. 그 박해자가 그렇게 걱정하던 소요가 예수의 십자가형 덕택에 일어나지 않았다.

 예수의 처형 광경은 체제에 위협적이던 군중들을 고대의 연극 관객이나 오늘날의 영화 관객처럼 다소곳한 구경꾼으로 변화시키고 있다. 이들은 할리우드의 공포 영화에 매료된 오늘날의 영화 관객처럼 유혈이 낭자한 장면에 혼이 빠져 있다. 아리스토텔레스가 '카타르시스적'이라고 규정한 폭력——실제적이냐 상상적인 것이냐 하는 것은 그다지 중요하지 않다——에 일단 만족한 구경꾼들은 모두 편안한 마음으로 각자의 집에 돌아가 편안한 마음으로 깊은 잠에 든다.

 '카타르시스'라는 말은 무엇보다도 먼저 희생 제의에 자주 나타나는 피가 주는 '순화 작용'을 가리킨다. 희생 제의는 예수의 죽음에 나오는 과정, 즉 사탄의 메커니즘을 의도적으로 되풀이하고 있다. 예수가 '사탄에 의한 사탄의 추방'을 생각해본 것도 바로 악령 추방을 이야기하던 중이었다.

 복음서는 인류 사회가 정기적으로 혼란에 잘 빠져들며, 이 혼란은 특정한 조건이 만족되면 '만장일치'의 군중 현상으로 해결된다는 것을 잘 보여주고 있다. 그런데 이런 해결책은 항상 인간 사회를 흐트러뜨리는 모방 욕망과 스캔들에 뿌리를 두고 있다.

모방 사이클은 욕망과 그것의 경쟁 관계에서 시작하여 스캔들의 확산과 모방 위기를 통해 계속되다가 마지막에는 "사탄이 어떻게 사탄을 추방할까"라는 예수 질문의 대답인 희생양 메커니즘으로 끝난다.

  사탄에 대한 복음서의 이런 생각은 중세의 전설과 전통적인 콩트에도 들어 있다. 여기에는 별스럽지 않으면서도 항상 기꺼이 사람들에게 선행을 베푸는 아주 멋진 사람이 등장한다. 이때 그가 바라는 것은 단지 한 사람의 영혼을 차지하는 것뿐이다. 그 멋진 사람은 때로 공주를 요구하기도 하지만 사실 그 사람이 누구인지는 크게 중요하지 않다. 아주 예쁜 공주든 그 누구든 같다는 말이다.

  그 이상한 신사는 자신이 베푼 선행에 비하면 보잘것없는 요구를 단념하는 법이 절대 없다. 그의 요구가 충족되지 않는 순간 그의 재능도 모두 사라지고 그도 함께 사라진다. 그 신사는 물론 사탄이다. 그를 물리치려면 그의 협박에 넘어가지 않기만 하면 된다. 이상의 사실은 고대 이교도 사회에서의 희생양 메커니즘이 아주 막강한 능력을 가지고 있었으며, 기독교 사회로 들어와서는 다소 은폐되고 축소되긴 했지만 이 메커니즘이 계속 행해지고 있었음을 암시한다.

*

  이 모든 것에서 우리는 모방 욕망과 거기서 비롯된 위기 그리고 새로운 모방 사이클을 시작함으로써 위기를 끝내는 군중 현상들로 이루어진 '모방 욕망의 인류학'을 볼 수 있다. 앞에서 말했듯이, 이 인류학은 「요한복음」에서도 나타나는데, 여기서는 사탄이 악마로 대체되어 있다.

  예수의 말을 전하는 글 속에 요한이 삽입한 15행쯤 되는 이 구절에서 우리는 조금 전에 공관복음에서 보았던 것을 다시 볼 수 있다. 하지만 너무나도 생략되고 또 압축되어 있어서 공관복음만큼 쉽게 이해되지는 않는다. 그가 사용하는 어휘 때문에 좀 딱딱해 보이긴 하지만 세례 요한의 주장은 공관복음의 주장과 크게 다르지 않다.

「요한복음」은 오늘날 너무 미신적이며 인과응보가 많다고 자주 비난받고 있다. 「요한복음」이 다소 신중하지 못한 것은 사실이지만 그렇다고 다른 적의가 있는 것은 아니다. 이 복음은 갈등을 일으키는 모방이 인류에게 어떤 결과를 초래하는지 새롭게 보여주고 있다.

이 구절에서 예수는, 자신들을 예수의 제자라고 여기지만 사실은 예수의 말을 잘 알아듣지 못하고 곧 그를 저버릴 사람들과 이야기하고 있다. 말하자면 예수의 말을 듣고 있는 그들은 마치 오늘날의 사람들처럼 이미 스캔들에 걸린 사람들이다.

내가 하나님께로부터 나서 여기 와 있으니 만일 하나님이 당신들의 아버지라면 당신들은 나를 사랑했을 것입니다. 나는 내 마음대로 온 것이 아니고 하나님이 보내셔서 온 것입니다. 당신들은 왜 내 말을 알아듣지 못합니까? 당신들이 내 말을 새겨들을 줄 모르기 때문이 아닙니까? 당신들은 악마의 아들들입니다. 그리고 당신들의 아비의 욕망을 채우고 있습니다. 그는 처음부터 살인자였고 진리 쪽에 서본 적이 없습니다. 그에게는 진리가 없기 때문입니다. 그가 거짓말을 할 때마다 자기의 본성을 드러냅니다. 그는 정녕 거짓말쟁이이며 거짓말의 아비이기 때문입니다. (「요한복음」, 8:42~44)

스스로를 자신의 제자라고 여기는 사람들에게 예수는 그들의 아버지가 그들의 주장처럼 아브라함도 아니고 하나님도 아니고 악마라고 말한다. 그 이유는 명백하다. 이들의 아버지가 악마이기 때문이다. 왜냐하면 이들은 하나님의 욕망이 아니라 악마의 욕망을 행하고 싶어하기 때문이다. 다시 말해 이들은 악마를 그들 욕망의

'모델'로 삼고 있다.

예수가 말하는 욕망은 이리하여 악마나 하나님에 대한 모방에 기반을 두고 있다. 그러므로 여기서는 우리가 앞에서 살펴보았던 바로 그런 의미의 모방 욕망이 문제가 되고 있다. 다시 말하지만, 아버지라는 개념은 인간 욕망이 그 자신의 대상이 없을 때에는 꼭 있어야 하는 '모델'과 같다.

하나님과 사탄은 두 개의 '원형 모델'이다. 이 둘의 차이는 앞에서 살펴본 바와 같다. 즉 하나의 모델은 탐욕이 적어서 어떤 것도 경쟁적으로 욕망하지 않기 때문에 절대로 그 추종자들이 장애물이나 경쟁자가 되지 않고, 또 다른 모델은 탐욕이 아주 많아서 그 추종자들에게 직접적으로 영향을 끼친다. 그래서 추종자들은 곧 악마와 같은 장애물로 변하고 만다. 그러므로 위 구절의 첫 부분은 욕망과, 거기서 유래하는 인류의 선택에 대한 명백한 모방적 정의라 할 수 있다.

사람들이 선택한 모델이 그리스도의 계시를 통해 갈등 없는 좋은 방향으로 그들을 인도하지 않으면 얼마 지나지 않아 그들은 이 모델 때문에 폭력적인 무차별, 즉 희생양 메커니즘에 이르게 된다. 이것이 바로 「요한복음」이 말하는 악마다. 악마의 아들들은 경쟁 욕망의 악순환에 빠져들어 자신도 모르는 사이에 모방 욕망의 노리개가 된다. 이렇게 되면 이 과정에 빠진 희생물들이 다 그러하듯이, "그들은 자신들이 무슨 일을 하는지도 모르고 있다"(「누가복음」, 23:34).

우리가 예수를 모방하지 않게 되면, 우리의 모델은 우리의 살아 있는 장애물이 되고 우리는 또 그 모델의 장애물이 될 것이다. 이리하여 우리 모두는 지옥 같은 소용돌이에 빠져버린다. 이 소용돌이는 우리를 전면적인 모방 위기로 치닫게 하고 마침내는 모방에 의한 '일인에 대한 만인의 반대'에 빠뜨린다. 이런 참혹한 결과는 갑자기 집단 살해를 암시하는 「요한복음」의 "그(악마)는 처음부터 살인자였다"는 구절을 잘 설명해주고 있다.

이런 모방 사이클을 알아채지 못한 독자가 있다면 지금도 이해하지 못할 것이다. 그런 독자들이라면 이 구절과 앞 문장 사이에서 설명할 수는 없는 자의적인 단절을 느낄 것이다. 하지만 테마의 연속성은 아주 논리적이며 모방 사이클의 여러 단계와 이 테마들도 완전히 일치한다.

「요한복음」은 모방에 의한 '일인에 대한 만인의 반대' 현상을 악마의 탓으로 돌리는데, 스캔들을 일으키는 욕망을 이미 악마의 소산으로 보았기 때문이다. 요한은 이 모든 것을 인간의 탓이라고 주장할 수도 있었다. 그리고 실제로 그는 가끔 그렇게 한다.

이런 점에서 우리는 「요한복음」의 이 구절을 모방 사이클에 대한 간략하지만 아주 완벽하고도 새로운 규정이라고 볼 수 있다. 우리와 우리 주변에서 스캔들은 날로 늘어나면서 머지않아 우리를 모방의 회오리와 희생양 메커니즘 속으로 몰아갈 것이다. 모방과 희생양 메커니즘은 우리도 모르는 사이에 만장일치적 집단 살해에 가담시킨다. 이때 우리는 이런 가담을 눈치채지 못하는데 그럴수록 악마에게 더 잘 속게 된다. 우리는 우리의 가담 사실을 스스로 의식조차 못하고 있다. 그래서 우리는 스스로가 어떤 폭력과도 무관하다고 생각하고, 그러므로 순결하다고 생각하고 있다. 이는 결국 악마에게 당하는 꼴이다.

사람들은 가끔 그들 아버지인 사탄의 욕망을 끝까지 따라가서 모방적인 '만인에 대한 일인의 반대'에 다시 빠지고 있다. 예수가 지금 이 말을 하려는 바로 그 순간, 예전에 카인으로 하여금 아벨을 박해하도록 부추겼던, 그리고 그 뒤에는 숱한 군중들로 하여금 수많은 희생양을 박해하도록 부추겼던 바로 그 메커니즘이 예수에게도 생겨나려 한다.

「요한복음」은 위와 같은 기본적인 주장을 하고 난 뒤, 이어서 악마는 "진리 쪽에 서본 적이 없다"고 주장한다. 악마가 인간의 왕이나 '아버지'가 된 이유는 그 무고한 희생양에 대한 부당한 비난 때문이다. 이 비난에는 사실이나 객관적인 근거가 전혀 없지만 폭발적인 전염에 힘입어 모두에게 신뢰를 얻는 데는 성공한다. 다시 한 번 말하지만, 『구약 성서』에서 사탄의 첫번째 의미는 「욥기」가 말하고 있듯이 재판의 공개적인 고소인이나 검사를 뜻한다.

악마는 당연히 거짓말쟁이다. 왜냐하면 이 박해자들이 희생양의 무고함을 포함해서 진실을 알고 있었다면 희생양에게 가하는 그들의 폭력에 더 이상 마음이 편치 못했을 것이기 때문이다. 희생양 메커니즘은 그것을 행하는 사람들이 그것을 모를 때에만 작동되는 법이다. 그들은 자신들이 옳다고 믿는 것이다. 사실은 속고 있으면서 말이다.

거기서 거짓을 끌어내오는 악마의 '정수'는 바로 실체가 하나도 없는 강렬한 모방일 뿐이다. 악마에게는 고정된 기초가 없으며 '존재'는 더더욱 없다. 자신이 마치 실제로 존재하는 것처럼 보이기 위해 악마는 신의 피조물에 붙어서 기생해야 한다. 이렇듯 악마는 완전히 모방적인 존재라서, 존재하지 않는다고 말해도 틀린 말이 아닐 것이다.

악마의 기만적인 폭력이 여러 세대를 두고 인간 문화 속에서 계속 영향을 주고 있기 때문에 악마는 거짓, 혹은 어떤 글에서는 '거짓말쟁이'의 아버지로 되어 있다. 이런 문화 중에서 어떤 것은 지금도, 소위 초석적(礎石的) 살해와 또 이를 재현하는 제의에 녹아들어 있다.[6]

예수와 대화하던 위의 유대인들이 그랬던 것처럼, 「요한복음」은 그것이 암시하는 양자택일을 눈치채지 못한 사람들을 유혹에 빠뜨린다. 많은 사람들이 예수를 믿는다고 여기지만 그들은 요즈음 복음서에 대해 표면적인 훈계만을 늘어놓고 있다. 이를 통해 그들은 자신들이 아직도 모방의 경쟁 상태와 그런 경쟁의 폭력적인 가속

---

[6] (옮긴이) 초석적 살해 meurtre fondateur: 이 말은 주로 국가의 건국에 나타나는 폭력처럼, 폭력으로 인해 하나의 국가 혹은 질서가 세워지는 것을 두고 지라르가 붙인 말이다. '건국적' '질서 정립의' 등으로도 옮길 수 있으나 여기서는 한 국가의 정초(定礎)를 세우는 폭력이라는 의미로, '초석적'이라고 옮기기로 한다.

화에 굴복하고 있음을 보여준다. 오래된 이 두 모델 즉, 하나님과 악마 중에서 하나를 꼭 선택해야 한다는 것을 알지 못할 때 우리는 이미 악마, 즉 갈등을 일으키는 모방을 택한 것과 같다.

요즘 사람들이 「요한복음」을 두고 도덕군자처럼 분개하는 것은 근거 없는 현상이다. 예수는 유대인들에게 진실을 말하고 있을 뿐이다. 그들은 경쟁 욕망을 선택했는데, 그것은 결국 끝에 가서는 참담한 결과를 가져오는 선택이었다. 머릿속에는 이 복음서가 반유대주의라는 것을 입증해야겠다는 생각만 가득 차 있는 사람들의 생각만큼, 예수가 유대인들에게 말을 걸었다는 사실이 중요한 것은 아니다. 예수가 하는 말의 의미에서 볼 때, 악마가 어느 누구의 아버지라는 것은 어떤 특정한 민족만을 가리킨다고 볼 수는 없다.

욕망에 대한 모방적 정의를 내린 다음 「요한복음」의 이 대목은 욕망의 결과에 대하여 극악무도한 살해라고 분명한 정의를 내리고 있다. 이 구절이 풍기는 사악한 인상은 이 구절의 내용을 완전히 이해하지 못한 데서 나온다. 이 구절에서 우리는 근거 없는 모욕을 느끼는데 이것은 종종 복음서의 메시지에 대한 적의로 가득 차 있는 우리의 무지 때문이다. 이때 우리는 기독교에다가 우리 자신의 원한을 투사하는 것이다. 여기서 예수가 말을 걸고 있는 사람은 물론 유대인들이다. 하지만 복음서가 항상 그러하듯이, 그가 진정 말을 걸고 있는 사람은 유대인만이 아니라 인류 전체다.

*

공관복음의 사탄과 「요한복음」의 악마는 모두 희생양 메커니즘 같은 갈등을 유발하는 모방을 의미한다. 이때 사탄은 모방의 전체 과정을 뜻할 수도 있고 그중의 한순간을 뜻할 수도 있다. 이 낱말이 하도 많은 것을 뜻하다 보니, 모방 사이클을 모르는 오늘날의 성경 해석가들은 이 말이 무의미하지는 않을까 생각하기도 한다.

하지만 잘못된 생각이다. 우리의 분석이 제안하는 것을 하나하나 뒤따라가면서 공관복음의 사탄과「요한복음」의 악마를 비교해보면, 이 주장이 일관성이 있다는 것을, 그리고 어떤 말이 다른 말로 바뀌어도 그 일관성에는 아무런 영향을 주지 않는다는 것을 알게 될 것이다.

복음서의 이 테마가 엉뚱하다고 해서 관심을 기울일 필요가 없는 것이 아니다. 오히려 이 테마에는 인간 갈등과 이 갈등의 폭력적 해결에서 생겨나는 사회와의 관계에 관한 대단한 정보가 담겨있다. 앞선 스캔들 분석에서 확인된 사실과 사탄에 대한 우리의 주장은 완전히 일치한다.

사탄은 자신이 유발한 혼란이 너무 커지면 스캔들이 그렇게 하는 것과 똑같이 그 혼란을 해소하는, 말하자면 스스로에 대한 일종의 해독제가 된다. 다시 말해, 사탄은 모방을 부추겨 '일인에 대한 만인의 반대'를 만들어냄으로써 그 사회에 다시 평온이 찾아들게 한다.

살인을 저지르는 포도 소작인들에 관한 유명한 우화(「마태복음」, 21:33~41)는 모방 혹은 사탄의 사이클을 분명히 보여주고 있다. 포도원 주인이 그 소작인들에게 사자(使者)를 보낼 때마다 이 소작인들은 위기를 느낀다. 그래서 이들은 그 사자를 제거하기로 만장일치로 합의함으로써 위기를 해결한다. 만장일치의 합의는 바로 모방의 용광로이고, 폭력에 의한 모든 추방은 모방 사이클의 완성이다. 이러다가 마지막으로 온 사신은 주인의 아들이었는데 앞선 사신들같이 살해되어 제거된다.

이 우화는 우리가 살펴본 십자가형의 정의를 다시 확인시켜주고 있다. 예수의 처형은 희생양 메커니즘의 수많은 예들 중의 하나다. 예수에 대한 모방 사이클이 독특한 이유는 폭력이 아니고 하나님의 아들이라는 희생양의 신분 때문인데, 물론 우리 속죄의 시각에서 볼 때 중요한 본질이 바로 여기에 있다. 하지만 예수의 죽음에 들어 있는 인류학적인 기본 구조를 너무 무시하면 그리스도 강생

(降生)의 진정한 신학을 보지 못할 수도 있다. 이 신학은 복음서에 대한 인류학적 구조 없이는 뜻이 통하지 않기 때문이다.

모방 사이클과 희생양 메커니즘의 개념은, '신학'과 복음서는 '신의 이론'이기 전에 '인간의 이론' 즉 '인류학'이라는 시몬느 베유의 생각에 구체적인 내용을 제공해주고 있다.

희생양 메커니즘의 발현은 무질서의 절정기와 일치하기 때문에, 질서를 추방하고 재건하는 사탄은 무질서를 부추기던 사탄과 진정으로 같은 존재다. 그러므로 '사탄이 사탄을 물리친다'는 예수의 말은 다른 말로 바꿀 수 없는 표현이라 할 수 있다.

지상의 통치자의 요술 자루에 들어 있는 만병통치약은 도대체 무엇일까? 그것은 아마 그가 가진 유일한 기술일 '일인에 대한 만인의 반대,' 혹은 희생양 메커니즘이라는 기술이다. 이 기술은 무질서가 절정에 달했을 때 인류 사회에 질서를 다시 만들어내는 '모방적 만장일치'다.

이 수법은 유대교와 기독교의 계시가 나오기 전까지는 항상 감추어져 있었다. 그러나 기독교의 계시가 있고 난 뒤인 지금에 와서도 사람들이 이 계시를 제대로 이해하지 못하기 때문에 이 수법은 아직도 어느 정도는 감추어져 있다고 말할 수 있다. 그래서 인류가 누리고 있는 그저 웬만한 질서는 사탄에게 신세지고 있는 것이다. 이런 점에서 인간 사회는 항상 사탄에게 빚을 지고 있으며 자력으로는 자유로울 수가 없다고 말할 수 있다.

사탄도 예수와 같이 하나님이라는 모델을 모방하고 있지만, 오만한 마음과 권력을 향한 경쟁 속에서 모방하는 점이 다르다. 하나님이 기다려준 덕택에 사탄은 인류 역사 대부분의 기간 동안 자신의 왕국을 지속시키는 데에 성공할 수 있었다. 그러나 인간 사회에 내려와서 행한 예수의 사명은 사탄의 왕국의 종말이 시작되었다는 것을 나타내고 있다. 전체 인류 역사 중에서 실제로 사탄의 왕국의 시기는 그리스도의 죽음과 부활 그 이전의 시기와 일치하는데, 이 때는 희생양 메커니즘과 거짓 신들만이 지배하던 시기였다.

『신약 성서』가 사탄을 일종의 '악의 신'으로 만들 수 있는 권한을 사탄에 부여하지 않고 그냥 그 중요성에 따른 역할만을 부여할 수 있었던 것도 사탄이 갖고 있는 모방적인 특성 때문이다.

사탄은 자신의 힘으로 무언가를 만드는 것이 아니라 항상 신의 피조물에 기생함으로써 목숨을 연장해간다. 그러고는 신을 모방하는데, 그 방법은 시샘이 많고 기괴하고도 사악해서 정직하고도 유순하게 신을 따르는 예수의 모방과는 너무나도 다르다. 거듭 말하지만 사탄은, 그 말의 경쟁적 의미에서 모방자고, 사탄의 왕국은 신의 왕국에 대한 서툰 모방이다. 사탄은 신의 모방꾼이다.

기독교 교리의 주장처럼, 사탄이 스스로 존재하기를 거부한다고 주장하는 것은, 무엇보다도 기독교가 우리에게 사탄을 '실제로 존재하는 존재'로 보도록 강요하지 않는다는 의미다. 사탄을 갈등을 일으키는 모방으로 해석함으로써 우리는 이 지상의 왕에게 전통적인 신학이 부여하기를 거부하는 인간적인 '존재'를 인정하지 않고서도 처음으로 이 지상의 왕의 중요성을 인정할 수 있게 되었다.

우리는 복음서에 나오는 모방과 희생양 현상들을 두 가지 개념을 중심으로 정리할 수 있다. 첫번째는 보편적인 원칙인 스캔들이라는 개념이고, 두번째는 요한이 악마라고 부르고 공관복음은 사탄이라 부르는 수수께끼 같은 인물이다.

앞에서 보았듯이, 공관복음에는 스캔들에 관한 예수의 말씀이 있지만 사탄에 대한 이야기는 하나도 없다. 반대로 「요한 복음」에는 스캔들에 관한 이야기는 하나도 없지만 방금 막 보았던 그 악마에 관한 이야기는 들어 있다.

스캔들과 사탄은 본질적으로 같은 것이다. 하지만 우리는 이들에서 두 가지 중요한 차이를 확인할 수 있다. 우선 이 두 개념들은 강조하는 요점이 다르다는 점이다. 스캔들에서는 집단적 현상이 나타나지만 이보다는 초기의 갈등 과정과 그로 인한 개인들의 관계가 강조되고 있다. 모방 사이클도 나타나긴 하지만 공관복음의 사탄과 「요한복음」의 악마 이야기만큼 분명히 묘사되지는 않는다.

희생양 메커니즘은 암시되고는 있지만 진정으로 거론되고 있지는 않다.

스캔들만을 출발점으로 삼아 희생양 메커니즘과 십자가의 인류학적 의미에 대한 완벽한 설명에 도달하기는 힘들다고 생각한다. 그러나 바울이 십자가를 두고 대표적인 스캔들이라 규정할 때, 바울이 행한 것이 바로 이것이다. 모방 사이클의 도움을 받지 않는다면 바울의 이 말은 여전히 완전히 이해되지 않은 채 남아 있을 것이다.

그에 비해 '사탄에 의한 사탄의 추방'으로 모방의 사이클은 완전히 닫히고 자물쇠는 잠긴다. 희생양 메커니즘이 분명하게 정의되기 때문이다.

그런데 왜 사탄은 스캔들처럼 보편적인 원칙으로 나타나지 않을까? 그것은 희생양 메커니즘의 결과로 생겨난 거짓 초월의 출현과 이 초월을 나타내는 숱한 신들을 가리키기 때문이며, 사탄은 언제나 '어떤 자(者)'이기 때문이다. 다음 장에서 이에 대해 더 자세히 살펴볼 것이다.

2부

신화의 수수께끼

Je vois Satan tomber comme l'éclair

4. 아폴로니우스의 기적

티아나의 아폴로니우스는 2세기경의 유명한 정신 지도자였다. 그는 많은 기적을 행하였는데 이교도들 사이에서 그의 기적은 예수의 기적보다 더 뛰어난 것으로 통했다. 그중에서 우리의 눈길을 끄는 것은 에페소스라는 도시에 퍼져 있던 페스트를 치유한 기적일 것이다. 이에 관한 기록이 하나 남아 있는데, 3세기경의 그리스 작가인 필로스트라토스가 남긴 『티아나의 아폴로니우스의 생애』라는 글이다.[1]

에페소스 사람들은 페스트에 대해 어떻게 손을 써야 할지 모르고 있었다. 온갖 대비책을 강구해보았지만 백방이 무효였다. 그래서 그들은 아폴로니우스에게 부탁을 한다. 곧장 그들에게 달려가 사정을 살펴본 아폴로니우스는 그들의 병이 당장 나을 것이라고 말한다.

"힘내십시오. 바로 오늘 안으로 이 병을 퇴치하겠습니다." 이렇게 말한 그는 사람들을 모두 극장으로 데리고 갔는데 거기에는 수호신의 그림이 세워져 있었다. 또 거기에는 거지 한 명이 있었는데 넝마를 걸친 그는 빵 부스러기가 들어 있는 주머니를 하나 들고서 장님처럼 눈을 깜박이고 있어 괜지 혐오감을 주었다. 거지 주위에 둘러

---

[1] Flavius Philostratus, *The Life of Apollonius of Tyana, the Epistles of Apollonius and the Treatise by Eusebius* 그리고 F. C. Conybeare의 영어판(Cambridge, Mass.: Havard University Press, 1912), Loeb Classical Library, livre 4, chap. 10.

서 있는 에페소스 사람들에게 아폴로니우스가 이렇게 말했다. "돌을 들어 모든 신의 적인 저 녀석에게 던지시오." 아무 영문도 모르던 사람들은 대체 무엇을 하려는 것이냐고 반문했다. 자신들에게 자선을 간청하는, 누가 보아도 분명히 애처로운 그 사람을 죽인다는 생각에 그들은 분노를 금할 수가 없었던 것이다. 그러나 아폴로니우스는 굽히지 않고 거지에게서 물러서지 말고 계속 돌을 던지라고 그들을 몰아붙였다.

몇 사람이 먼저 거지에게 돌을 던지기 시작하자 그때까지 장님처럼 두 눈을 깜박거리기만 하던 그 거지가 갑자기 이글거리는 두 눈을 부릅뜨고 날카롭게 쳐다보았다. 그제야 에페소스 사람들은 그 거지가 실은 악마란 사실을 눈치채고서 자발적으로 돌을 던지기 시작했는데 얼마나 많은 돌을 던졌던지 거지 시체 주변에 커다란 돌무더기가 만들어질 정도였다.

잠시 뒤 아폴로니우스는 돌무더기를 헤치고 그들이 죽인 것을 확인시켰다. 돌을 들어내자 그들은 그 시체가 거지가 아니란 것을 알게 되었다. 그 자리에는 몰로스 개와 닮은, 그러나 어미 사자만큼이나 커다란 짐승 하나가 있었다. 돌을 맞아서 곤죽이 된 그 짐승은 광견병 걸린 개처럼 거품을 토한 채 쓰러져 있었다. 사람들은 악령을 쫓아낸 바로 그 자리에다가 수호신 헤라클레스의 흉상을 세워주었다.[2]

이보다 더 끔찍한 기적도 없을 것 같다. 만약 이 글을 쓴 사람이 기독교인이었다면 그는 아마 다른 종교를 중상하려 했다는 비방을 들었을 것이다. 그러나 필로스트라토스는 대대로 내려오던 조상의 종교를 지키기로 결심한 맹렬한 이교도다. 그는 거지 살해가 자기가 믿는 그 종교 신도들의 모럴을 고양시켜 기독교에 대한 저항력을 강화시킬 수 있을 것이라고 보았다. 공공 여론의 차원에서 볼

---

[2] 이 글에 대해 관심을 갖도록 알려준 사람은 에두아르도 곤잘레스 교수다. 그에게 감사드린다.

때 그의 계산은 틀리지 않다. 4세기경 줄리앙 라포스타가 이교도를 구하려는 마지막 시도로서 이 책을 다시 소개한 적이 있을 정도로 이 책은 큰 성공을 거두었다.

*

필로스트라토스의 이 이야기의 결론이 비록 환상적으로 끝나고 있긴 하지만, 구체적인 사실이 너무나도 많아서 순전히 만들어낸 이야기라는 느낌은 전혀 들지 않는다.

여기서 기적은 강한 모방 전염을 일으켜서 마침내는 도시의 모든 사람들이 그 불쌍한 거지에게 돌을 던지게 하는 것으로 되어 있다. 에페소스 사람들이 처음에 약간 망설였다는 대목은 어두운 이 이야기의 유일하게 밝은 빛이지만 아폴로니우스는 온갖 조처를 강구하여 이 빛을 끄는 데 성공한다. 희생양에게 맹렬히 돌을 던지기 시작한 에페소스 사람들은 마침내 아폴로니우스가 보도록 요구했던 것을 그 희생양에게서 보았다. 다시 말해 이들은 그 거지를 병의 원인, 도시가 치유되려면 반드시 몰아내야 할 '페스트의 악령'으로 본다는 말이다.

일단 투석(投石)을 시작한 에페소스 사람들의 행동을 두고 우리는 요즈음 많이 쓰이는, 너무 정확하기 때문에 너무 심한 표현일지도 모를, '분풀이'라는 표현을 쓸 수 있을 것이다. 에페소스 사람들은 지도자의 말을 따를수록 더 신경질적인 무리로 변하는데, 그럴수록 그들은 그 불쌍한 거지를 통해 자신의 욕구를 만족시키는 데 더 성공한다.

여기서 또 다른 오래된 표현이 생각난다. 첫번째 표현만큼이나 흉한 표현으로, 종교 비교 연구의 전성기에 비유로 자주 사용되었던 '고정농양(固定膿瘍)'[3]이라는 표현이다.

---

3 (옮긴이) 치료술에서 나온 용어. 몸을 정화하기 위해 인위적으로 어느 한 곳의 상처가 곪도록 하는 치료법.

아폴로니우스는 에페소스 사람들 사이에서 일으킨 강렬한 전염이 하나의 대상을 향하도록 유도한다. 그는 그런 식으로 약간의 시간이 걸려야 생겨나고 이 지도자가 지목한 희생양에게 돌을 던질 때에만 만족을 느끼는 사람들의 폭력 욕구를 충족시켜준다. 이리하여 일단 자신들의 욕구가 충족되었다고 느끼면, 바꾸어 말해서 일단 고정농양이 그 역할을 하고 나면, 에페소스 사람들은 돌림병에서 치유되었다는 것을 알게 된다.

또 다른 비유가 생각난다. 세번째 표현은 오늘날의 표현이 아니고 아리스토텔레스가 비극이 관객에게 미치는 영향을 이야기하면서 사용하였던 '카타르시스' 혹은 '순화'라는 고대의 표현이다. 이 것은 무엇보다도 희생 제의나 제물 처형이 참여한 사람들에게 끼치는 영향을 의미한다.

아폴로니우스의 기적에는 정확히 말해서 '종교적인' 계시가 가득 차 있다. 그러나 이 기적을 상상의 산물이라고 생각하는 한 우리는 그 계시를 보지 못할 것이다. 사람을 돌로 쳐서 죽이는 투석형은 우리가 알고 있는 그리스 사회와 전혀 무관하고 엉뚱한 것이 아니다. 여기서 거지에게 돌을 던지는 것은 고대 그리스의 오래된 종교적 관습인 '파르마코스(속죄양)' 희생 제의를 연상시킨다. 이 것은 예컨대 에페소스의 거지와 유사한 개인을 집단이 진짜로 살해하는 제의다. 이에 대해서는 뒤에 다시 살펴보기로 하자.

아폴로니우스의 명성은 터무니없는 것이 아니라서 더욱더 불길하다. 거지에게 돌을 던진 것이 기적으로 통하는 이유는 에페소스 사람들의 고통을 끝내주었기 때문이다. 하지만 그가 물리치려 한 것은 페스트가 아니었던가? 그래서 독자들은 이런 질문을 할 것이다. "아무리 만장일치로 그랬다 하더라도 거지 한 명을 죽였다고 어떻게 페스트라는 전염병을 치유할 수 있을까?"

그 시대는 '페스트'라는 말이 정확히 의학적인 의미가 아닌 다른 의미로 사용되던 세상이었다. 이 말에는 거의 언제나 사회적인 차원이 들어 있었다. 르네상스에 이르기까지 '진짜' 전염병이 창궐하는 곳이면 어디에서나 그 전염병이 사회관계를 교란시켰다. 그래서 역으로 관계가 교란되는 곳이면 어디에나 전염병이 돈다고 생각할 수 있었다. 두 가지 '페스트' 모두 전염성이 강해서 이런 혼동은 더 쉽게 일어난다.

만약 아폴로니우스가 페스트에 세균학적으로 접근하였다면 거지를 돌로 쳐 죽인 것은 이 '전염병'에 아무런 영향을 주지 못했을 것이다. 이 능란한 지도자는 이미 모든 소식을 알고 있었을 것이다. 도시가 내격인 긴장에 사로잡혀 있고 이 긴장 상태를 이른바 '희생양'에게 전가시킬 수 있다는 것도 알고 있었던 것이다. 이 네 번째 비유는 실제 반대자를 대신하는 무고한 대체 희생양을 지칭한다. 『티아나의 아폴로니우스의 생애』에는 이 기적을 이야기하는 구절 바로 앞에 우리의 추측을 확인시켜주는 구절이 나온다.

*

복음서는 우리에게 집단 폭력의 원동력이 바로 모방적인 경쟁관계라는 것을 가르쳐주고 있다. 에페소스의 거지에게 돌을 던지는 것이 예수의 죽음과 같은 범주에 속한다면, 필로스트라토스의 이야기에는 예수의 죽음에 나오는 모든 것이 나오거나 아니면 적어도 복음서와의 유사성을 입증할 수 있는 징표가 있어야 할 것이다.

실제로 그런 징표들이 있다. 기적을 일으키는 대목의 바로 직전 아폴로니우스는 제자들과 함께 어느 항구에 있었다. 항구를 떠나는 범선의 모습을 보고 그는 사회의 질서와 무질서에 대한 놀랄 만한 생각을 하게 된다. 아폴로니우스는 뱃사람들 사회에서 성공과 실패가 그들의 관계에 달려 있는 하나의 공동체를 보았던 것이다.

이 공동체의 한 구성원이라도 자기 임무를 게을리 하면 여행의 결과는 안 좋게 될 것이다. 모든 사람들 자신이 폭풍우를 구현하고 있다. 반대로 이들이 건전한 경쟁으로 활기를 띠고서 각자의 임무를 완수하면서 단지 효능만을 겨룬다면 이들은 배의 안전을 보장해 줄 것이다. 날씨는 좋을 것이고 항해는 순조로울 것이다. 스스로를 자제하면 선원들은 바다를 평정하는 신 포세이돈이 그들을 지켜주듯이 좋은 결과를 얻을 것이다.[4]

요컨대 경쟁에도 좋은 경쟁과 나쁜 경쟁이 있다는 것이다. "각자의 임무를 완수하면서 효능만을 겨루는" 사람들의 건전한 경쟁이 있고, "스스로를 자제하지 못하는" 사람들의 나쁜 경쟁도 있다. 제동 장치가 없는 경쟁은 사회의 원활한 발전에 도움을 주기는커녕 오히려 그 사회를 약화시킨다. 완전히 경쟁에 빠져 있는 사람들은 '폭풍 같다.'

사회를 파괴하는 것은 외부의 적이 아니다. 사회를 통합시키지 않고 분리시키는 것은 바로 무제한의 야망과 과도한 경쟁이다. 필로스트라토스는 모방 갈등을, 예수가 스캔들 이야기에서 하고 있는 것처럼, 길게 강조해서 설명하지 않는다. 하지만 그도 똑같은 유형의 갈등에 대해 아주 능숙하게 말하고 있는 것만은 분명하다.

앞에서 우리는 에페소스의 페스트는 세균성 질병이 아닐 것이라고 보았다. 여기서의 페스트는 모방에 의한 경쟁 상태, 스캔들의 교차, '만인의 만인에 대한' 투쟁이다. 이것은 악마처럼 지혜로운 아폴로니우스가 선택한 희생양 덕분에 화해로운 '일인에 대한 만인의 반대'로 '기적적으로' 변하게 된다. 에페소스 사람들이 고통받고 있는 병의 정체를 파악한 지도자가 한 불쌍한 사람을 향하여 폭력을 행사하도록 부추긴 것이다. 물론 이 폭력은 일반적인 희생제의나 2세기경 에페소스의 극장에서 펼쳐졌던 비극 공연보다 훨씬 더 나은 '카타르시스' 효과를 기대하고 행한 것이다.

모방적 경쟁 관계를 피하는 것을 기적의 도입으로 보는 시각은,

---

[4] Flavius Philostratus, *The Life of Apollonius of Tyana*, chap. 9, p. 300.

이 두 구절이 붙어서 나오는 것을 보더라도 더욱 그럴듯한 것 같다. 이제 막 살펴본 구절은 이 장 앞부분에서 길게 인용했던 투석 이야기 바로 앞에 나온다.

투석은 예수의 죽음과 똑같지만 폭력이란 점에서 보면 완전히 만장일치적이고 또 공동체도 그들이 '페스트라는 전염병'에서 곧 벗어났다고 믿기 때문에 예수의 죽음보다 더 효과적인 희생양 메커니즘이라 볼 수 있다.

*

위대한 종교 사학자이자, 콘스탄티누스의 친구이자 동학이던 카이사레아의 유세비우스는 『티아나의 아폴로니우스의 생애』가 기독교에 피해를 입혔다고 보고 이 책에 대한 비판의 글을 썼는데, 오늘날의 학자들은 그가 무슨 의도로 이런 글을 썼는지 이해하지 못하고 있다. 유세비우스는 우선 아폴로니우스의 기적에는 특이한 것이 하나도 없다고 보여주려 한다. 그는 우리의 기대와 달리 기괴한 투석에 대해 전혀 비난하지 않는다. 그리고 아폴로니우스의 지지자들처럼 기적에 가담한 사람들 사이의 모방적 경쟁 상태로 쟁점을 몰고 간다. 그의 글은, 예수가 왜 자신의 기적으로부터 우리의 관심을 돌리려고 애썼는지 그 까닭을 짐작할 수 있게 해준다.

유세비우스가 아폴로니우스와 예수의 본질적인 차이에 대해서 정식으로 거론한 적은 한 번도 없다. 투석에 관해 보자면 예수는 아폴로니우스와 정반대다. 거지에게 돌을 던지도록 선동하기는커녕 예수는 오히려 그런 행동을 막기 위해 모든 것을 다한다. 유세비우스의 말에는 오늘날 독자들의 눈에 확 띄는 말이 정말 하나도 없다. 이런 점에 착안하면서 이 두 위대한 영적 지도자를 비교하려면, 아폴로니우스가 꾸민 '기적'을 예수가 간음한 여자에게 돌 던지는 것을 막았던 이야기와 비교해보아야 할 것이다. 알다시피 간음한 여자 이야기에는 기적 같은 것은 하나도 들어 있지 않다.

그때에 율법학자들과 바리새파 사람들이 간음하다 잡힌 한 여자를 데리고 와서 앞에 세우고 "선생님, 이 여자가 간음하다가 현장에서 잡혔습니다. 우리의 모세 법에서는 이런 죄를 범한 여자는 돌로 쳐 죽이라고 하였는데 선생님 생각은 어떻습니까?" 하고 물었다. 그들은 예수께 올가미를 씌워 고발할 구실을 찾으려고 이런 말을 하였던 것이다. 그러나 예수께서는 몸을 굽혀 손가락으로 땅바닥에 무엇인가 쓰고 계셨다. 그들이 하도 대답을 재촉하므로 예수께서는 고개를 드시고 "너희 중에 누구든지 죄 없는 사람이 먼저 저 여자에게 첫번째 돌을 던져라" 하시고 다시 몸을 굽혀 계속해서 땅바닥에 무엇인가 쓰셨다. 그들은 이 말씀을 듣자 나이 많은 사람부터 하나하나 가버리고 마침내 예수 앞에는 그 한가운데 서 있던 여자만이 남아 있었다. 예수께서 고개를 드시고 그 여자에게 "그들은 다 어디 있느냐? 너의 죄를 묻던 사람은 아무도 없느냐?" 하고 물으셨다. "아무도 없습니다, 주님." 그 여자가 이렇게 대답하자 예수께서는 "나도 네 죄를 묻지 않겠다. 어서 돌아가라. 그리고 이제부터 다시는 죄를 짓지 말라" 하고 말씀하셨다. (「요한복음」, 8:3~11)

처음에 돌을 던지는 것을 꺼려하던 에페소스 사람들이 평온한 마음씨를 갖고 있었던 것과는 달리 간음한 여인을 예수에게 끌고 온 사람들은 아주 호전적인 분위기에 휩싸여 있다. 이 두 이야기에서 모든 사건은, 필로스트라토스의 기록에서는 전혀 분명하지 않지만, '첫번째 돌'이라는 예수의 말이 분명한 의미를 드러내주는 문제를 중심으로 진행되고 있다.

에페소스 사람들 중 어느 누구도 감히 먼저 돌을 던지지 못했기 때문에, 아폴로니우스의 '기적'에서 이 지도자의 주요 근심거리는 바로 이 첫번째 돌이었던 것이다. 겉으로 드러나지는 않았지만 우리는 이 근심을 쉽게 감지할 수 있을 것이다. 아폴로니우스는 이 근심을 결국 자기가 원하는 방향으로 해결하지만 그러기 위해서

착한 악마처럼 스스로 동분서주해야만 했다. 예수도 눈앞의 문제를 해결하긴 하지만 그 방향은 아폴로니우스와는 정반대다. 즉 예수는 폭력에 반대하는 쪽으로 자신의 힘을 행사한다.

간음한 여인을 데리고 온 사람들에게 한 유일한 말인 "너희 중에 누구든지 죄 없는 사람이 먼저 저 여자에게 첫번째 돌을 던져라"라는 말에서 예수는 첫번째 돌을 분명히 언급하고 있다. 게다가 이 말을 가장 나중에 함으로써 더 강조하고 있다. 이는 또한 그들의 기억 속에 가능한 한 오랫동안 메아리를 남기기 위한 것 같다. 자신의 회의주의에 대해 항상 회의하면서도 자부심을 느끼고 있는 오늘날의 독자들은 첫번째 돌이라는 말을 두고 순전히 수사학적인 효과를 노렸다고 생각한다. 널리 알려진 표현이라는 것이다. 돌을 던진다는 것이 바로 첫번째 돌을 던진다는 뜻이며, 그래서 사람들이 많이 쓰는 표현 중의 하나라는 식이다.

이것이 정말로 단순한 '언어 효과'일까? 우리가 읽고 있는 것은 하나의 기록이다. 첫번째 돌이 널리 알려진 표현이 된 것은, 돌에 맞아 죽었을지도 모를 간음한 여자를 구해낸 바로 이 이야기가 있고 난 뒤의 일임을 잊어서는 안 된다. 오늘날 기독교 국가의 모든 언어에서 이 말이 되풀이되어 쓰이고 있는 첫번째 이유는 「요한복음」의 이 구절 때문이며, 두번째 이유는 위의 두 이야기의 비교에서 확인되었던 이 말의 대단한 적절성 때문이다.

아폴로니우스가 에페소스 사람들에게 돌을 던지라고 명령했을 때 의로운 그들은 이를 거부하였다. 이를 두고 필로스트라토스는 소박하게도 이들이 아폴로니우스의 권고를 거부한 사실과 함께 이 거부가 옳았다는 근거까지 제시한다. 에페소스 사람들은 아무리 보기 흉하고 보잘것없는 사람이라 할지라도 자신들과 닮은 사람을 차마 냉혹하게 죽일 수는 없다고 생각한다는 것이다.

에페소스인들의 거부가 옳았다는 주장을 뒷받침하는 근거는 예수의 말에서도 찾아볼 수 있다. 이 근거는 예수가 하는, 문제의 그 말의 끝 부분이 아니라 이번에는 "너희 중에 누구든지 죄 없는 사람"이라는 첫 부분에 있다. 에페소스인들은 자기들과 아무 관계도 없는 사람을 가혹하게 죽일 권리가 없다고 보았다.

아폴로니우스가 자기 목표를 달성하려면 에페소스 사람들의 관심을 돌려서 그가 요구했던 행동을 잠시 잊게 할 필요가 있었다. 그래서 돌로 쳐 죽이는 행동의 구체적인 현실을 잊어버리도록 한다. 그는 우스꽝스러운 웅변조로 그 거지가 '신들의 적'이라고 외친다. 폭력이 일어나도록 하기 위해서는 희생양으로 삼으려는 사람을 악마로 만들어야 했다. 그리하여 마침내 이 지도자는 성공한다. 그는 자신이 원하는 것, 즉 첫번째 돌을 획득한다. 일단 누군가가 첫번째 돌만 던지면 아폴로니우스는 안심할 수 있다. 게임은 이제 폭력과 거짓의 승리로 끝나도록 정해진 것 같다. 조금 전까지만 해도 거지를 동정하던 바로 그 사람들이 맹렬한 경쟁 속에서 처음의 태도와는 너무나도 다른 냉혹한 모습을 드러낸다. 그래서 우리는 놀라움과 함께 서글픔을 느끼는 것이다.

첫번째 돌은 단순한 수사가 아니다. 그것은 던지기가 더 어려운 만큼 더 결정적이다. 첫번째 돌은 왜 던지기 힘들까? '모델'이 없는 유일한 돌이기 때문이다.

예수가 위의 말을 할 때 첫번째 돌은 투석에 반대하는 마지막 장애물이었다. 예수가 그들의 관심을 첫번째 돌로 유도하고, 아주 분명히 표현한 것은 가능한 한 그 장애물을 강화시키고 또 대단하게 만들기 위해서다.

첫번째 돌을 던지려고 생각한 사람들이 그 행동에 대해 책임을 느낄수록 들고 있던 돌을 다시 놓아버릴 확률이 더 높아진다.

돌을 던지는 것처럼 단순한 행동을 하는 데에도 모방의 모델이 정말 필요할까 하고 의문을 제기할 수도 있을 것이다. 그렇다. 그런 행동에도 모델은 필요하다. 에페소스 사람들이 처음에 보여준 망설임이 그에 대한 좋은 증거다. 필로스트라토스가 첫번째 돌 던지기의 어려움을 묘사한 것은 존경하는 그의 스승에 대한 부정적인 시각에서 그랬던 것이, 분명 아니다.

아폴로니우스의 부추김으로 일단 누군가가 첫번째 돌을 던지고 나면, 첫번째 들을 모방한 두번째 돌은 더 빨리 던져진다. 그리고 세번째는 더 빨리 던져지는데 이번에는 모델이 하나가 아니라 둘이 되었기 때문이다. 그다음도 이런 식이다. 이렇기 하여 모델의 숫자가 점점 더 많아질수록 돌을 던지는 리듬도 점점 더 빨라진다.

예수가 돌에 맞아 죽는, 간음한 여인을 구해내는 것은 모방이 폭력의 방향으로 폭발하는 것을 막고 그 역의 방향, 즉 비폭력의 방향으로 돌리는 것이다. 첫번째 사람이 그 간음한 여인에게 돌을 던지는 것을 단념하면 그 뒤를 이어서 다른 사람들도 그를 본받아서 돌 던지기를 단념하게 된다. 결국 예수가 인도한 그 사람들 모두는 돌 던지기를 단념하게 된다.

두 기록은 그 정신에 있어서 아주 정반대에 처해 있지만 기묘하게 서로 닮아 있다. 기원이 서로 다르다는 사실을 염두에 둘 때 이 두 기록이 닮았다는 것은 아주 의미심장하며, 그래서 우리는 군중의 변화를 더욱더 잘 이해할 수 있다고 본다. 다시 말해, 이들의 행동을 단순한 폭력이나 비폭력으로 보아서는 안 되고 모방으로 보아야 한다는 말이다.

이제는 더 이상 제의적 성격의 돌 던지기는 없다. 그런 지금에도 예수의 말이 모두가 인정하고 있는 비유의 역할을 충분히 하고 있는데, 이런 사실은 그 폭력성은 덜하지만 지금도 여전히 과거만큼이나 강렬한 모방이 계속 존재한다는 것을 암시하고 있다. '첫번째 돌'이 가진 상징성은 지금도 쉽게 받아들여지고 있다. 그것은 돌을 던져서 사람을 처형한다는 물리적인 행동은 없지만 집단행동의 모방적 성격은 2천 년 전과 똑같이 존재하기 때문이다.

인간 문화에서 모방이 행하는 뜻밖의 거대한 역할을 암시할 때, 예수는 모방, 전염, 미메시스 등과 같이, 그런 말이 아니고는 아마 다르게 표현하지 못할 추상적인 말들을 전혀 사용하지 않는다. 예수에게는 첫번째 돌만으로도 충분한 것이었다. 이 독특한 표현 하나로도 그는 고대의 투석형뿐 아니라 고대와 현대의 모든 군중 현

상의 진면목을 표현할 수 있었다. 그래서 '첫번째 돌' 이미지가 지금도 여전히 살아 있는 것이다.[5]

아폴로니우스는 어느 누구든지 한 사람이 첫번째 돌을 던지도록 유도해야 한다. 그러나 유도하는 그의 행동이 사람들로부터 너무 많은 관심을 끌지 않도록 조심해야 했다. 그래서 그는 분명히 드러내놓고 말하지 않는다. 그가 이중적인 태도를 보이는 것도 이 때문이다. 그도 침묵을 지키는데 그 이유는, 첫번째 돌을 분명히 말하면서 가능한 한 많은 울림을 주기 위해 침묵을 지켰던 예수의 침묵과는 대칭적이면서 정반대다.

처음에는 망설이다가 나중에는 극렬해지는 에페소스 사람들의 태도 변화는 극렬한 모방의 너무나도 전형적인 경우다. 그래서 우리는 이 두 기록 모두 돌로 쳐 죽이는 형벌의 역동성, 아니 그보다는 차라리 그 형벌의 '모방성'에 잘 들어맞는 기록이라고 보지 않을 수가 없다. 집단의 폭력성이 잘 분출되도록 하기 위해서는 그들의 무의식에 힘을 실어주어야 하는데, 아폴로니우스가 바로 그렇게 한 것이다. 그리고 반대로 똑같은 폭력을 잠재우려면 그 폭력에 빛을 쬐어서 폭력의 진상을 밝혀주어야 하는데, 예수가 바로 그렇게 한 것이다.

*

수많은 명언들처럼 예수가 하는 말의 특징은 오늘날 사람들이 높이 평가하는 독창성이 아니다. 현대인들이 독창성을 얼마나 높이 평가하는가 하면, 특히 작가와 예술가들에게 지금까지 한 번도 말해지지 않은 것, 한 번도 들어보지 못한 것, 하여튼 무조건 새로운 것을 요구할 정도다. 주어진 도전에 대한 예수의 대답은 이런

---

5 「요한복음」의 이 구절에 대한 나의 해석에 대해서는 *Quand ces choses commenceront*, Paris: Arléa, 1994, pp. 179~86와 함께 Giuseppe Fornari가 번역한 이탈리아어 번역본 *La Vittima e la folla*, Treveiso: Santi Quaranta, 1998, pp. 95~132 참조.

의미에서 볼 때 독창적인 것이 아니다. 예수는 '첫번째 돌'이라는 말을 만들어낸 것이 아니라 『구약 성서』, 즉 종교적 전통에 의지한 것이다. 현실을 떠난 인간의 '창조성'이 진정한 걸작에 이른 적은 한 번도 없었다.

아무리 오래되었다 하더라도 돌로 쳐 죽이는 합법적인 형벌과 아폴로니우스가 꾸민 독단적인 살해는 전혀 다른 것이다. 형법은 아주 극악한 범죄에 대해 투석이라는 형벌을 준비했었지만 혹시 모를 무고에 대비하여 고발을 어렵게 하기 위한 장치로 고발인이 두 명 이상 되도록, 그리고 또 이 고발인들에게 첫번째 돌을 던지도록 하였다.

예수는 법을 초월하였지만 그 방향은 법과 같았다. 예수는 법 조항에 들어 있는 정신 중에서 폭력의 모방과는 가장 거리가 멀고 가장 인간적인 것에 의지하고 있다. 두 사람의 고발자에게 첫번째 돌 두 개를 던지게 하는 조항에 들어 있는 정신과도 같다.

첫번째 돌들을 일단 던지고 나면 그 공동체 사람들은 차례로 모두 돌을 던져야 한다. 고대 사회에서는 때때로 질서를 유지하는 데에 모방적 만장일치인 강력한 모방 외에는 다른 방도가 없었다. 고대의 법은 지체 없이 이것을 이용하되 가능한 한 신중하고 또 절약해서 이용하였다.

이런 점에 있어서 예수는 물론 당시 유대교의 좋은 면에 동의하면서 법의 폭력적인 부분을 뛰어넘으려 하였지만 언제나 성서의 계시와 같은 방향이었지, 반대 방향이 아니었다.

*

간음한 여인 에피소드는 예수가 폭력에 휩싸인 군중에게서 성공을 거둔 몇 안 되는 이야기 중의 하나다. 그러나 이 성공은 특히 자신이 죽을 때 군중들을 자신의 뜻대로 이끌지 못한 경우를 포함하여 그의 숱한 실패를 더 돋보이게 한다.

성서에 나오는 이 간음한 여인의 이야기에서 만약 군중들이 예수의 말을 듣지 않았다면, 그리하여 투석형이 집행되었다면, 아마 예수 역시 군중들의 돌에 맞아 죽었을지도 모른다. 집단 살해의 위험에 처한 희생양을 구하려다 실패한다는 것은 그 자신만 희생양 편에 서 있다는 것이고, 바로 자신도 희생양과 똑같은 운명에 처해 있다는 의미다. 이런 원칙은 모든 고대 사회에서 나타나는 현상이다. 복음서에 따르면, 예수가 십자가형 전에 돌에 맞아 죽는 형벌을 모면한 것이 한두 번이 아니다.

그렇다고 언제나 쉽게 위기를 모면하지는 않았다. 예수는 결국 에페소스의 거지 역할, 즉 당시 로마 제국이 가장 하층민에게 가하는 형벌을 받기에 이르렀다. 이렇듯 예수와 거지는 죽을 때나 죽기 전이나 성난 군중들을 만난다는 점에서 서로 닮았다.

앞선 간음한 여인 이야기에서 사람들이 돌로 죽여야 한다는 모세 율법을 들이대면서 예수에게 묻자 그는 그 질문에 답하기 전에 몸을 굽혀 손가락으로 땅바닥에 무엇인가 쓴다.

나는 예수가 글을 쓰려고 몸을 굽힌 것은 아니라고 생각한다. 그가 글을 쓴 것은 오히려 그가 몸을 굽혔기 때문이다. 그는 그들의 충혈된 시선을 피하기 위해서 몸을 굽혔던 것이다.

만약 예수가 그들의 시선을 그대로 되받아주었다면 흥분해 있던 그들이 예수의 시선을 있는 그대로 보지 않았을 것이다. 그들의 눈에 비친 예수의 눈길은 거울에 되비친, 그래서 그들 자신의 시선과 똑같이 화난 시선이었을 것이다. 그렇게 되면 그들은 예수의 눈길 — 그것이 아무리 평온한 눈길이라 하더라도 — 에서 바로 그들 자신의 도발과 충동을 읽어, 그들이 도리어 도전을 받았다고 느낄 것이다. 이렇게 되면 대립은 피할 수 없게 되고, 예수가 피하려던, 돌로 여인을 쳐 죽이는, 끔찍한 상황을 몰고 왔을 것이다. 그래서 예수는 조금이라도 그들을 자극할까 봐 조심하며 피했던 것이다.

아폴로니우스가 에페소스인들에게 돌을 모아서 거지 주위를 둘러싸라고 명했을 때 그 거지는 화난 군중들 앞에서 예수가 한 행동을 연상시키는 행동을 한다. 그는 자신을 위협하는 사람들에게 도전한다는 인상을 주기를 절대 원치 않는다. 우리가 보기에, 처음에는 순전히 '고의적'이었다 해도 거지가 장님처럼 보이기를 바란 것은 땅바닥에서 무언가를 쓰고 있던 예수의 행등에 해당하는 것 같다.

돌이 비 오듯이 쏟아지기 시작하면 그 거지는 앞이 안 보이는 것처럼 가장한다고 해도 일이 해결되기를 바랄 수가 없게 된다. 그의 꾀가 안 통하는 것이다. 그는 이제 빠져나갈 틈을 찾으려는 일념으로 주저하지 않고 자기 주변을 똑바로 쳐다본다.

막다른 골목에 몰린 거지의 눈에서 두려움과 함께 공격성까지 번득이는 동물의 눈빛을 본 에페소스 사람들은 이 순간 그것을 일종의 도발로 간주한다. 그리고 거지가 바로 악마임을 알아냈다고 믿은 것도 바로 이 순간이다. 물론 아폴로니우스가 만들어낸 악마지만 말이다. 이에 비해서 다음 장면은 예수가 얼마나 신중했으며 얼마나 옳았는지를 다시 한 번 느끼게 해준다.

몇 사람이 먼저 돌을 던지기 시작하자 그때까지 장님처럼 두 눈을 깜박거리만 하던 그 거지가 갑자기 이글거리는 두 눈을 부릅뜨고 날카롭게 쳐다보았다. 그제야 에페소스 사람들은 그 거지가 실은 악마란 사실을 눈치채고…….

거지가 돌에 맞아 죽는 장면은 당연히 십자가형을 떠올리게 한다. 예수는 마지막에 가서 거지의 투석형과 유사한 모방 효과에 휩쓸리고 만다. 간음한 여인의 경우에는 그 방향을 역전시킬 수 있었지만 자신의 죽음에서는 이 모방 효과를 피하지 못하였다. 이것이 바로 십자가 아래 모여든 군중의 생각이었다. 이들은 예수가 다른 사람들에게는 잘해주던 것을 자신에게는 못했다고 비웃는다. "다른 사람들은 구해내더니 정작 자신은 구하지 못하는구나!" 하고 말이다.

　십자가형은 에페소스의 투석형과 같다. 예수가 모든 희생물들과 일체가 된다는 말은 그가 간음한 여인이나 고통받는 구세주뿐 아니라 에페소스의 거지와 일체가 된다는 의미다. 예수는 불쌍한 거지나 마찬가지였다.

5. 신화

앞 장의 아폴로니우스의 기적은 모방적 경쟁의 전염을 만장일치의 폭력으로 바꾸는 경우였다. 그런데 이 만장일치의 폭력이 갖다주는 '카타르시스적인' 효과는 평화를 불러오고 에페소스인의 사회적 연대감을 더 강화시켜준다. 그래서 그들은 투석형을 초자연적인 것으로 보는데, 이런 해석을 공식적인 것으로 만들어서 더 공고히 하기 위해 헤라클레스가 개입했다고 생각한다. 투석형이 일어나던 극장에 그전부터 흉상으로 서 있던 헤라클레스는 사실 그런 역할을 가장 많이 부여받고 있던 신이었다. 시 당국은 거지에게 돌을 던진 행동을 벌주기는커녕 오히려 그것이 기적이라고 확인해주는데, 그 결과 아폴로니우스는 위인의 반열에 들게 된다.

그러나 헤라클레스는 이 사건에서 아무런 역할도 하지 않았다. 그런데도 이 사건을 공공연히 다신교 문화와 연결시키는 것은 좀 억지스러운 것 같다. 그러나 종교적인 것에 의지하는 것은 원칙적으로는 인위적이지 않다. 아폴로니우스가 꾸민 이 투석형은 성스러움을 만들어내는 고대의 여러 현상들과 유사성이 있는 것이 분명하다.

많은 신화가 아폴로니우스의 기적과 유사한 면을 갖고 있다. 그러나 신화는 불법적인 폭력이 드러나는 경우에도 그 폭력을 필로스트라토스와 같은 근대적인 리얼리즘으로, 분명히 묘사하지 않는다. 예컨대 오비디우스의 『변신 이야기』에서는 무서운 장면의 공포가 많은 환상적 요소들에 감추어져 있다. 필로스트라토스의 이야기가 묘사하는 것과 같은 의미의 두려운 장면은 정말 한 번도 '표현'되어 있지 않다.

신화는 거의 항상 극도의 무질서 상태에서 시작한다. 그런데 신화에 의하면 이런 상태는 '원래부터' 그랬던 것이 아니라, 사회나 자연이 정상에서 벗어났거나 혹은 이 세상이 다 완성되지 않아서, 즉 일종의 탈선이나 미완성 때문에 그런 혼란이 생겨나는 것으로 되어 있다.

평화를 깨뜨리는 요인으로는 에페소스의 투석형 이야기에서와 같은 정체 모를 '전염병'이 가장 많다. 물론 갈등이라는 사회적 불안이 평화를 깨뜨리기도 한다. 그런데 이 갈등은 모방에서 오는 갈등인데 이런 모방적인 성질은 '쌍둥이'나 '원수 형제'가 신화에서 중요한 역할을 차지한다는 사실을 통해서도 충분히 짐작할 수 있다. 이 갈등은 또한 괴물, 별, 산과 같이 다소 우화적인 존재들 사이에서도 일어날 수 있지만, 이런 존재들은 모방적 짝패와 같이 완전히 대칭적으로 충돌하고 있다.

신화 첫 부분에는 무질서 대신에 일종의 마비에 의한 생명 기능의 중단 현상도 나올 수 있다. 클로드 레비 스트로스는 신화 도입부의 이런 양상을 정확히 보았지만 아쉽게도 이 양상이 바로 폭력과 관련이 있다는 사실은 눈치채지 못했다.

신화 도입부에는 또 기아나 홍수나 가뭄 그리고 다른 자연 재앙 등도 올 수 있다. 요컨대 우리는 모든 신화의 첫 부분을 그 사회와 문화 체계에 전면적인 파괴의 위협을 주고 있는 위기로 요약할 수 있을 것 같다.

이 위기는 거의 언제나 폭력으로 해결되는데, 이 폭력은 집단적이지는 않더라도 집단 전체에 영향을 끼친다. 유일한 예외가 있다면 그것은 원수 관계에 있는 형제나 쌍둥이가 싸워서 한쪽이 다른 한쪽을 이기는 '결투'의 폭력이다. 여기에는 폭력에 '앞선,' 집단에 갈등을 일으키고 집단을 해체시키는 모방, 그리고 폭력 '이후' 그 폭력 덕분에 생겨나는 집단을 화해시키고 통일시키는 모방을 암시하는 대목이 항상 들어 있다. 이상의 모든 것들은 앞에서 우리가 시도했던 분석과 복음서를 통해 밝혀진 아폴로니우스의 기적, 그리고 앞의 세 장에서 분석한 모방 사이클 개념을 통해서 볼 때에만 분명히 드러난다.

위기가 절정에 달하면 만장일치의 폭력이 시작된다. 아주 오래된 수많은 신화에서는 겉으로 묘사된 것보다 훨씬 더 많은 만장일치의 폭력이 암시되어 있는 데 비해 제의는 더 분명하게 이 폭력을 드러내고 있는 것 같다. 우리 짐작대로 제의는 화해를 갖다주는 희생양 메커니즘의 만장일치적 폭력을 분명히 '재생산'하고 있다.

폭력적인 군중으로 변한 공동체 전체야말로 고대 신화의 주인공이다. 흔히 이방인에 의해 자신들이 위협을 받고 있다고 믿는 사회 구성원들은 본능적으로 그 낯선 사람을 살해한다. 고대 그리스 전성기 때 행해진 디오니소스 경배 의식이라는 음산한 의식에도 이런 폭력이 들어 있다.

공격자들은 그들의 희생양을 향해 일사불란하게 돌진한다. 맹수처럼 달려드는 이들의 행동을 두고서 문자 그대로 집단적 히스테리라 부를 수 있을 것이다. 분노와 두려움으로 힘이 커지기라도 한 양 그들은 손과 손톱, 이빨로 그 먹이를 말 그대로 잘게 찢어버리고, 때로는 그 사체를 뜯기도 한다.

이런 무시무시한 엽기적인 폭력, 이 단순한 군중 현상을 지칭할 적당한 단어가 프랑스어에는 없다. 굳이 떠올리자면 미국식 표현인 린치라는 말이 있다.

신화와 성서에는 집단 살해나 그 변형이 많이 나타나 있으며, 이런 집단 살해를 그리는 기록은 사실을 있는 그대로 묘사하고 있고, 제의는 이를 재생산하고 있다. 이상의 사실을 종합적으로 생각해볼 때, 이 폭력을 환상으로 돌리는, 다시 말해 순전히 '상징적으로만' 보는 해석은 잘못이다. 왜냐하면 이런 해석은 진실에 반대하는 어떤 체계적인 선입견에 지배받고 있는 듯하기 때문이다. 그래서 나는, 설령 신화 연구를 오랫동안 답보 상태에 머물게 하는 한이 있더라도 이런 해석에 절대 동의할 수가 없다.

고대 신화에서는 맨손으로 행하는 린치가 중요한 역할을 하고 있다. 사정이 이런데도 학자들은, 이런 신화 뒤에 에페소스의 투석형과 같이 야만적이고 즉흥적인 '실제' 폭력이 있었다는 가설, 가장 논리적이고 가장 단순한 가설을 왜 세우지 않을까?

집단 폭력으로 이어지는 모방 갈등이 실재했음에도 불구하고 신화 뒤에는 실제의 폭력이 있었다는 가설을 왜 세우지 않을까?

린치를 가한 자들이 그들의 희생양을 맨손으로 찢어버렸다는 것은 그들이 무기를 들고 있지 않았다는 뜻이다. 무기가 있었다면 무기를 사용하였을 것이다. 무기를 갖고 있지 않은 이유는 무기가 필요 없다고 생각하였기 때문이다. 그들은 아마 방문객을 환영한다는 식으로 평화로운 이유로 모였을 것이다. 그런데 갑자기 상황이 틀어졌던 것이다.

*

지금까지 살펴본 에페소스인들의 투석형, 예수의 죽음, 세례 요한의 참수형과 같은 집단 폭력들은 다소간 조작되어 있다. 신화를 살펴보면 즉흥적인 린치 또한 많다는 것을 알 수 있다. 이런 린치는 아주 왕성했던 모방을 반영하고 있음이 틀림없는데, 이 모방에 대한 법적, 제도적인 방어책은 아직 없었던 것 같다. 한군데에서 분노의 횃불이 타오르면 공포가 일어난다. 그렇게 되면 즉각적인 전염 작용으로 사회 전체가 폭력에 빠져든다.

사법 제도가 없는 사회에서 전염성이 강한 분노는 린치의 형태로 폭발하는데, 루이 제르네는 린치에서 재판의 오래된 형태를 보았다.[6] 물론 아무것도 못 보는 것보다는 낫지만 제르네는 발생 과

---

6 Louis Gernet, *Droit et institutions en Grèce antique*, Paris: Flammarion, 1982.

정을 거꾸로 생각하고 있다. 제르네가 보지 못한 것이 있는데, 고대 종교 그리고 우리가 '사법 제도'라고 브르는 것의 출발점은 모두, 자연발생적인 폭력에 의한 만장일치라는 점이다. 이 폭력적 만장일치는 평화를 복원하면서 희생양을 매개로 하여 이 평화에다가 신성한 종교적인 의미를 부여하고 있다.

희생양이 죽으면 페스트는 치유되고, 자연의 힘은 평정되고, 혼란은 가라앉고, 막혔던 것들은 다시 통하고, 중지된 것들은 계속되고, 공백은 채워지고, 무차별은 다시 차이가 나기 시작하고, 평화가 다시 찾아오면서 위기가 끝난다.

나쁜 사람이 훌륭한 선행자로 바뀌는 것은, 대부분의 신화에서 그것을 특별히 기록하지 않다는 것을 보더라도, 굉장하면서도 흔한 현상이다. 신화에서는 처음에 토템 체제를 파괴 하는 자라며 린치를 당하던 사람이 끝에 가서는 바로 그 체제를 재건하거나 새로운 체제를 만드는 경우가 흔하다. 만장일치의 폭력에 의해 악한 자가 선하게 변하는 것은 아주 경이롭지만 동시에 너무나 평범한 일이다. 그래서 대부분의 신화에서 이런 변화는 직접 언급되지 않는다. 다만 암시되어 있을 뿐이다.

신화의 끝에 가서 폭력적 만장일치가 공동체를 화해시킨다는 것과, 그리고 공동체 위기에 '책임이 있는,' 그래서 '죄가 있는' 바로 그 희생양에게서 이런 화해의 힘이 나온다는 것을 알고 나면 이 모든 것이 설명될 수 있다.

그러므로 희생양은 변화를 두 번 겪는 셈이다. 첫번째 변화는 해를 끼치는 부정적인 변화고 두번째 변화는 이로움을 주는 긍정적인 변화다.

사람들은 희생양이 사라졌다고 생각하지만 희생양은 있어야 한다. 희생양은 사회를 파괴하지만 곧 재건하기 때문이다. 희생양은 분명 불멸의 존재며 그런 의미에서 숭고한 존재다.

그러므로 우리는 신화도, 약간 변형된 방식이긴 하지만, 복음서와 에페소스인들의 투석형에 나타나는 그 과정을 반영하고 있다고 생각해야 한다.

바로 이 과정이 일반적인 신화의 특징이다. 어떤 집단이 모방에 의해 의심하던 한 개인을 살해하고 추방한 뒤에 그 사회가 평화를 되찾고 화해를 이루면 이번에는 그 개인을 숭배하기 시작한다. 그렇지만 단언하건대, 그들이 화해를 되찾은 데에는 다른 이유가 있지 않다. 바로 그들 스스로가 처음에는 자신들의 두려움을, 그러다가 일단 화해를 느낄 때에는 그들의 모든 희망을 희생양에게 투사하였기 때문이다.

이상의 것이 바로, 점점 더 악화되어, 말하자면 폭력의 절정에 달하여야만 자신을 없애는 방법을 제공해주는, 인간 집단이 가진 무질서의 역설적인 특징이다. 결과만 놓고 보면 린치는 희생양을 신성한 존재로 만들면서 평화를 가져온다. 린치가 신성한 존재의 등장으로 여겨지고, 우리가 신화라고 부르는, 린치에 대한 변형된 보고서에서 공동체가 이 린치를 회상하는 것은 바로 이런 이유 때문이다.

*

아폴로니우스의 기적 같은 투석형에 새롭게 신격화된 존재가 나타나지 않는다고 해서 그런 존재가 아예 없는 것은 아니다. 여기서는 그 거지가 초자연적인 존재인 페스트의 악령으로 통하기 때문이다.

사람들은 거지를 돌로 쳐 죽인 뒤 그 희생양을 알아보지 못한다. 아무리 늙고 가난해도 남아 있던 얼굴의 형상을 돌이 완전히 파괴해버렸기 때문이다. 이 불쌍한 사람이 악마처럼 흉악해서 돌에 맞아 죽은 것은 아니다. 오히려 그는 돌을 맞았기 때문에 흉악한 모습의 악마가 되었다. 에페소스 사람들이 하도 분노에 차서 돌을 던지다 보니 거지의 시체는 '곤죽'이 되어 있었다.

여기서 우리는 이 이야기를 전하는 사람의 망설임을 느낄 수 있다. 이 악마도 몸집은 사자만큼 큰데 사자라고 표현하지 않고 개라고 표현하고 있다. 사회의 불안에 더 책임이 있는 악마로 만들기 위해 필로스트라토스는 이 존재를 '광견병에 걸린 개처럼' 거품을 토하게 만든다. 하지만 이런 변형이 이 서글픈 진실을 감추는 데에는 거의 효력도 없고 설득력도 없고 오히려 너무나도 속이 훤히 들여다보인다. 초기 신화의 빈약한 초안 상태가 바로 이것이리라.

여기서 만장일치적 살해는 신성화될 만큼 많이 변형되지 않았다. 신성한 존재가 새롭게 나오지 않는 것은 바로 이 때문이다. 우리는 이 투석 이야기가 무엇이 부족하여 신 하나를 만들어내지 못했는지 잘 알 수 있을 것이다. 집단 폭력이라는 변형의 원동력이 더 강하였다면 그 거지는 신성화될 수 있었을 것이다.

신화에 나오는 병을 치유하는 신들은 언제나 우선 앞의 기적과 비슷한 모습으로 나타난다. 그들은 처음에는 항상 뒤에 가서 자신이 치유하는 그 질병의 원인이 되는 악령의 모습을 하고 있다.

이 신들이 결국 자신이 인간 세상에 전파시킨 질병을 치유할 수 있다는 것은 이들이 오로지 해롭고, 전염성이 강하고, 악마처럼 보이는 단계에서 이들에 가해지는 폭력이 위에서 살펴본 투석형의 효력과 유사하지만 더 강한 화해의 힘을 갖고 있기 때문이다. 아주 효력 있는 '고정농양'이 신성화되는 것이다.

전반부에 공포를 가장 많이 일으킨 희생양들이 후반부에 가서는 가장 많이 진정시키고 조화도 가장 많이 이뤄준다. 그러므로 이들은 앞에서 말했듯이 이중으로 변신하지만 에페소스의 경우는 여기에 해당되지 않는다.

오이디푸스 신화에서 아폴론 신이 하는 역할이 이중 변신의 좋은 예가 된다. 아폴론은 천인공노할 죄인, 즉 아버지를 죽이고 어머니와 잠을 잔 아들을 성안에 숨겨준 사람들에게 벌을 내리기 위해 전염병을 퍼뜨린 신으로 알려져 있다. 아폴론 역시 처음에는 '페스트의 악령'이었음에 틀림없을 것이다. 오이디푸스가 추방되자 테베는 질병에서 벗어나게 된다. 자신의 말을 잘 따른 테베인들에 대한 보상으로 아폴론은 이때부터 목표가 없어진 그 무서운 협박을 없애준다. 자신이 페스트이기 때문에 그 질병을 없애려면 아폴론 스스로 멀리 떠나가기만 하면 되었다.

오이디푸스 신화에서 아폴론이 주인공의 추방을 주도하였다면, 아폴로니우스의 기적에서는 헤라클레스가 거지에 대한 투석형을 주도하였다고 볼 수 있다.

아폴로니우스의 거지와 달리 오이디푸스는 그 자신이 다소 신격화된 인물이긴 하지만 여기서 아폴론은 여전히 없어서는 안 될 존재다. 다소 신격화된 존재이긴 하지만 오이디푸스 혼자 힘으로는 성스러운 구조를 공고히 하는 데에 충분치 못하다. 그래서 이 신화는 아폴로니우스의 '기적'과 같이 아폴론이라는 기존의 큰 신에 기대는 것이다.

아폴로니우스의 기적에서 거지를 악령으로 만든 뒤에 변형의 힘이 더 강했다면 그에 대한 신격화까지 연결될 수 있었을 것이다. 만약 그랬다면 두번째 변형은 이 끔찍한 장면을 감출 수 있었을 것이고, 우리는 필로스트라토스가 전하는 이것도 저것도 아닌, 불완전한 현상이 아닌 진짜 신화를 하나 더 가질 수 있을 것이다.

아폴로니우스의 기적은 초벌 상태의 신화다. 하지만 이 이야기가 신화 발생을 이해하는 데에 그야말로 정말 가치가 있는 이유는 바로 이처럼 밋밋하고 불완전한 상태 때문이다. 보통 신화에서는 그 기원이 아주 단단한 형태를 띠고 있어서 알아내기가 힘든 데 비해, 이 이야기는 하나의 기원을 두 번의 장면으로 해체하고 있다.

필로스트라토스의 이야기에는 첫번째 변형만 나타나고 있어서 우리에게 공포를 주는 것이다. 두번째 변형은 전혀 없다. 이 공백을 메우기 위해 이 이야기는 헤라클레스에게 구조를 요청하고 있다.

이야기의 첫 대목에는 이 신을 암시하는 구절이 들어 있다.

(아폴로니우스는) 사람들을 모두 극장으로 데리고 갔는데 거기에

는 수호신의 그림이 세워져 있었다.

그러나 이야기 마지막 구절에서는 다음과 같이 보다 분명히 이 신을 거론하고 있다.

(그 기적 때문에) 사람들은 악령을 쫓아낸 바로 그 자리에다가 수호신 헤라클레스의 흉상을 세워주었다.

헤라클레스에 관한 이 두 구절은 사건 전체를 둘러싸고 종교적인 의미를 부여하고 있다. 정확히 말하자면 진정으로 기적을 행한 자는 신이다. 영감이 뛰어난 티아나의 아폴로니우스라는 사람을 통해서 신이 스스로의 보호자 역할을 행사하기로 결심하였다는 말이다.

기적적인 투석 이야기는 완전한 신화가 아니고 신화 구조의 전반부만 있는 반쪽짜리 신화다. 이 전반부는 전체 신화에서 가장 많이 감추어져 있는 부분이다. 요즘의 많은 사람들처럼 신화를 찬양하고 싶다면 이 반쪽의 존재를 모르는 편이 더 나을 것이다. 요즘과 같은 새로운 이교도에 관한 환상을 그대로 지키려면 현대인들은 아폴로니우스의 투석 이야기와 같이 많은 것을 보여주는 기록에는 눈길을 주지 않아야 할 것이다.

필로스트라토스는 투석 이야기를 너무나도 정직하게 있는 그대로 묘사하고 있다. 그 결과 그는 자신의 의도와는 무관하고, 역설적이게도 자신도 잘 모르고 있던 투석의 과정에 대해 우리들에게 많은 것을 밝혀주고 있다. 이 작가가 특별히 잔인하다거나 같은 종교를 믿던 당시 사람들과 아주 다르다고 생각할 만한 근거는 어디에도 없다. 그는 대대로 내려오던 조상들의 종교를 믿었는데 그렇기 때문에 그 종교를 있는 그대로 보지 못했다. 그는 자기 자신은 알아차리지 못하면서도 그 내막을 분명히 보여주는데, 그의 이야기에 우리가 크게 놀라듯이 그 자신도 분명 크게 놀랐을 것이다.

그의 종교적 상상력 속에서는 위대한 판Pan 신이 완전히 죽은 것이 아니다. 이 폭력적 군중의 신이 모든 신화의 상징이 된 것은 우연이 아니다. 프랑스어의 '공포panique'라는 낱말도 그의 이름에서 나온 말이다. 필로스트라토스가 보기에 이 신은 마법의 신통력을 완전히 잃은 것은 아니었다.

*

모방 사이클에 대한 완벽한 정의를 내리면서 복음서는 왜 사탄이나 악마라는 인물, 아니 더 정확히 말하면 사람이 아닌 어떤 원칙에 의지하는 것일까? 내가 보기에 그 주된 이유는 이 과정의 진정한 주도자, 모방 사이클 구조의 주체가 거기에 사로잡혀 있으면서도 이 과정을 눈치채지 못하는 사람이 아니라 진짜 주도자는 바로 '모방 그 자체'이기 때문이다. 아니 모방 외에는 진정한 주체가 없다. 사탄이라는 이름의, 이 부재의 존재에게 붙여준 세상의 왕이라는 이름이 의미하는 것도 결국 이런 것이다.

사탄에게는 신성한 것이 하나도 없다. 하지만 사탄이라는 이름을 부를 때마다 우리는 중요한 무언가를 암시하게 된다. 그것은 우리의 관심을 많이 끌고, 그래서 우리가 3장에서 간략하게 언급한 바 있던, 고대의 이교도 신의 발생 과정이다.

사탄의 초월성이 거짓이고 종교적인 차원에서나 속세의 차원에서나 현실성이 하나도 없다고 하더라도 사탄의 효과는 부인할 수 없고 또 대단한 것이다. 사탄은 사람들 사이의 갈등 관계에서 나오고, 궁극에는 이런 관계를 만들고 없애는 무질서와 질서의 부재하는 주체다.

사탄은 가장 은밀한 힘 속에 있는 모방이고 거짓 신들의 발생인데, 기독교도 이 가운데에서 생겨난다. 사탄이라는 용어를 사용하여 모방 사이클을 이야기함으로써 복음서는 스캔들이라는 말로는 다 표현할 수 없었던 것들, 즉 기독교가 헛되고 거짓되고 환상적이라고 보는 다른 종교들이나 만장일치적 폭력이 가진 화해의 힘 등을 말하거나 암시할 수 있었다.

신을 만들어낸 것은 사람이 아니다. 사람들은 그들의 희생양을 신성화시켰을 뿐이다. 학자들이 이런 진리를 못 보는 것은 이런 진리를 표현하는 기록 뒤에 있는 진짜 폭력을 받아들이기를 거부하기 때문이다. 진실의 거부야말로 우리 시대의 첫번째 교리다. 이것은 또한 처음의 신화적 환상이 계속 전파되고 영원히 지속되는 것이다.[7]

---

7 이 장에서 거론된 모든 문제와 '모방적으로' 해석되는 신화의 예를 보기 위해서는 Richard J. Golsan, *René Girard and Myth*, New York and London: Garland Publishing, 1993 참조.

6. 희생

필로스트라토스의 뛰어난 재능 덕분에, 처음에는 희생양에 대한 연민에서 시작되었던 에페소스인들의 폭력이 너무나도 현대적으로, 있는 그대로 묘사되어 있어 우리도 그것을 피할 수가 없다. 그래서 우리가 아무리 신화에 정신을 팔아도 그 환상적인 이야기에 들어 있는 폭력적 만장일치의 역할을 눈치채지 않을 수가 없다.

고대의 성스러움은 모방의 회오리와 희생양 메커니즘에 의해 생겨났다. 희생양 덕분에 평화와 화해를 되찾은 공동체는 자기들 힘만으로는 화해를 이룰 수가 없다고 절감한다. 요컨대 다시 이룩한 화해를 자신들의 공으로 돌리기에는 자신들이 한 일이 너무 없다고 생각한다는 것이다. 이들은 자신들을 화해시킨 신을 찾는데, 처음에는 그들에게 피해를 끼쳤지만 이제는 선행을 행한 바로 그 희생양밖에 찾을 수 없었을 것이다.

아폴로니우스의 기적에서는 모방 경험이 강렬하지 않아서 두번째 변형이 일어나지 않았다. 그래서 기적을 보강하기 위해서는 전통적인 신이 필요했다. 모방 경험이 강하였다면 그 박해자들은 전염병에서 해방시킨 공을 해로운 악마와 이로운 신의 역할을 겸하는 그 희생양에게로 돌렸을 것이다.

변형의 힘이 약할 때는 두번째 변형이 먼저 사라진다. 두 번의 변형 중에서 두번째 변형이 더 일시적이고 더 약하기 때문이다. 두번째 변형은 우리의 눈을 가린다. 즉 모든 스캔들을 그 불쌍한 거지에게 투영하는 장면, 고대 종교의 전체적인 토대, 모방적 폭력과 같이 필로스트라토스가 우리에게 보여준 고약한 장면이 두번째 변형으로 감추어짐으로써 우리는 이런 것을 못 보게 된다.

필로스트라토스도 폭력에 대해서는 우리보다 예민하지 않다. 이같은 무감각은 우리에게 충격적으로 보이지만 이런 것을 이해하는 것이야말로 우리의 연구를 통해 해결해야 할 역사 문제 중의 하나가 아닐까.

*

고대의 성스러운 것 속에 들어 있는 이 같은 이중 변형으로 나는 많은 신화의 특징인 논리적 결함을 설명할 수 있다고 생각한다. 신화의 도입부에서 주인공은 문자 그대로 위험하고 해로운 존재로 등장한다. 그를 해로운 존재에서 벗어나게 하는 폭력이 행해지면 그는 신성한 구원자와 같아지는데, 신화는 주인공의 이런 신분 변화를 해명하지 않을 뿐만 아니라 심지어는 그것에 대해 별다른 언급도 하지 않는다. 신화의 결말 부분에 가면 처음의 그 해로운 존재는 정식으로 신성화되는데, 희생양으로서 적대적인 투영을 받고 있던 신화 초기에 그가 파괴했다고 여겨지던 문화를 그가 주도적으로 재건하기 때문이다.

예전 사람들은 종교적인 것을 '몽환적인 것' '환상적인 것'으로 취급하였는데, 오늘날 사람들은 '유희의 창조'라는 말로 찬양하고 있다.

사실 지구 전체에 퍼져 있는 신화는 흑사병과 같은 재앙으로 인한 엄청난 '공포' 속에서 행해졌던 집단 폭력에 대한 날조에 가깝다. 이런 현상은 중세에도 나타나곤 하지만 고대에는 모든 사회에서 다 그러했다. 이때의 희생양은 유대인, 나병환자, 이방인, 불구자와 같이 모든 종류의 주변인들이었는데 오늘날 표현으로 말하자면 사회에서 내쫓긴 자들이었다.

중세로 내려오면 신화의 변형은 필로스트라토스의 기록보다 더 약해진다. 내가 제안하고 있는 이런 '신화의 비밀 벗기기'는 누구도 이의가 없으며, 너무나 자명하여 권장 사항일 뿐 아니라 의무 사항으로까지 받아들여지고 있다.

*

우리는 지금까지의 결과를 바탕으로 신화의 발생과 그 뒤의 과정을 지금은 꺼져 있는 사화산에 비유해서 생각해볼 수 있다.

활동 중일 때 이 화산은 '진짜' 신화를 만들어내었다. 그때는 분화구에서 용암과 연기가 엄청나게 쏟아져나와 그 안에서 무슨 일이 일어나는지 들여다볼 수가 없었다.

에페소스인들의 투석은 바로 그 화산의 조금 뒤의 결과다. 화산은 아직 열기가 남아 붉은 빛이 있지만 그래도 가까이 다가갈 수 있을 정도로 식었다. 여기서 우리가 아무것도 찾아낼 수 없는 것은 아니다. 하지만 여기서 생겨나는 신화는 가장 중요한 부분이 삭제되고 또 희생양에 대한 적의를 가진 전이만으로 한정되는 등, 훼손된 신화다. 에페소스의 거지는 결코 신격화되어 칭송을 받는 존재가 못 된다. 기적을 일으킨 투석은 단지 평범한 작은 악마만을 만들어낼 뿐이다.

그러므로 나는 필로스트라토스의 이야기는, 그 의미가 직접적으로 드러나지 않는 완전 신화 변형체와 중세의 마녀 사냥과 같이 의미가 쉽게 드러나는 신화 변형체 사이에 있던, 그러나 지금은 사라진 '빠진 고리'와 같다고 생각한다. 마녀 사냥은 필로스트라토스의 이야기나 복음서에 비추어볼 때 신화와의 관련성이 쉽게 드러나고 있다. 이 '빠진 고리'는 이렇듯 신화를 이해하는 데 없어서는 안 될 중요한 고리라 할 수 있다.

두 경우 모두 가해자들이 환상에 빠져서 잘못 해석하고 있는 집단 폭력이 나온다. 우리는 마녀 사냥에서는 더 이상 그런 변형에 속지 않으면서 완전히 변형된 신화에서는 계속 속고 있다. 시간적으로 아무리 오래되었다 하더라도 역사상 존재했던 박해에 대해서 우리는 거기에 실제로 희생양이 있었고 또 그 희생양은 당연히 무고한 자들이었다는 것을 쉽게 이해할 수 있다. 이 같은 실상을 부인하는 것은 어리석은 짓일 뿐만 아니라 불가능한 일이라는 것을 우리는 잘 알고 있다. 우리는 마녀 사냥의 공범이 되기를 원치 않는다. 우리는 마녀 사냥에서 변형 과정이 작용했다는 것을 쉽게 알아본다. 왜냐하면 그런 변형 작용이 지금은 작동하지 않으며, 만약 작동하더라도 진짜 신화를 만들어내기에는 역부족인 아주 약화된 형태로만 작용하기 때문이다. 이에 비해서 신화는 이 변형 작용이 더 강하게 작용한 변형체다.

중세의 커다란 격변을 반영하는 기록들을 면밀히 검토해보면 우리는 그 속에서 모방 사이클, 위기, 판에 박힌 비난, 집단 폭력을 볼 수 있다. 가끔은 종교의 싹도 볼 수 있다. 여기서 우리는 또 신화의 주인공이나 신성한 존재들의 특징이자, 이들이 희생양으로 선택되는 조건도 볼 수 있다. 이 조건으로는 또한 그리스의 '파르마코스'의 선택 기준인 온갖 종류의 불구자, 육체적, 사회적인 결함을 들 수 있다. 아폴로니우스가 '기적을 일으키는' 투석을 위해 불쌍한 거지를 택했던 것도 바로 이 기준에 따른 것이다.

엄밀하게 말하자면 신화는 아폴로니우스의 투석이나 중세의 마녀 사냥, 혹은 예수 수난의 기록과 같은 유형에 속한다.

우리가 집단 폭력의 보고서들을 쉽게 이해하는 정도는 그 집단 폭력의 변형 정도에 반비례한다. 가장 많이 변형되는 것은 신화고 가장 적게 변형되는 것은 폭력적 만장일치, 모방의 전염, 폭력의 모방성에 대한 원인을 철저히 보여주는 예수 수난 이야기다.

요컨대 여기서 내가 말하고자 하는 것은 위엄 있는 신들의 신화와 같이 아주 고상해 보이는 신화는 에페소스의 거지나 중세의 마녀를 악마로 만든 기록들과 같은 기원에서 나왔다는 점이다.

신화와 마녀 사냥의 비유가 터무니없어 보이는 이유는 우리가 신화에 부여하는 미학적, 문화적 숭배 때문이다. 그러나 이 두 구조를 엄격하게 비교하면 지금까지의 빈축도 모두 가라앉을 것이다. 거듭 말하지만, 두 경우 모두 똑같은 사실들이 똑같은 방법으로 구성되어 있다는 것을 알 수 있다. 물론 우리가 역사 시대라고 부르는 기독교 세계에 들어와서는 아주 약화되었지만 말이다.

세월이 오래되면 오래될수록 신성한 존재에 들어 있던 해로운 면은 당연히 흐릿해지고 이로운 면이 더 많이 부각된다. 그렇지만 집단적으로 살해당한 그 희생양, 즉 애초의 악마의 흔적은 여전히 남아 있다.

위엄 있는 신들에 대해 입에 발린 상투어만 되풀이하는 한, 우리는 계속해서 신의 위엄과 고귀함만 보게 될 것이다. 일반적으로 고대 미술에서는 긍정적인 면이 이미 겉으로 드러나 있었다. 하지만 그 이면에는 언제나, 가령 제우스의 경우에도 우리가 다소 농담처럼 제우스의 '짓궂은 장난'이라 부르는 것이 있었다. 간통죄에 휘말린 미국의 대통령에게 그랬던 것처럼, 사람들은 모두 은밀히 찬동하는 미소와 함께 앞의 그 짓궂은 장난을 '용서하는 데'에 찬성하고 있다. 제우스와 그 동료들의 짓궂은 장난은 '그 신들의 위대성에 드리워져 있는 미미한 그림자'에 불과하다고 사람들은 굳게 믿고 있다.

사실 이들의 '짓궂은 장난'은 오이디푸스와 후에 신격화되는 다른 희생양들의 죄와 비슷한 죄의 흔적이다. 친부살해, 근친상간, 수간과 같은 끔찍한 죄인, 이것은 말하자면 마녀 사냥 시대의 전형적인 기소 사항으로서 희생양을 뒤쫓는 고대와 현대 군중들의 머릿속을 언제나 떠나지 않던 생각이었다. '짓궂은 장난'은 고대 신들의 본질적인 요소였다.

정말 다행스럽게도! 중세 역사가들은 마녀 사냥의 현실을 부인하지 않는다. 이들이 해석하고 있는 현상들은 그 수도 너무 많고 이해하기도 너무 쉽고 정리도 너무 잘 되어 있어서, 적어도 지금까지는 오늘날의 철학자와 신화학자들 사이에 만연된 현실 부정의 소용돌이에 빠져들 수 없었다. 역사가들은 계속해서 나병환자,

유대인, 이방인, 여자, 불구자와 같은 온갖 종류의 주변인들로 구성된, 중세의 군중들에 의해 살해당한 희생양들의 실제 존재를 주장하고 있다. 우리가 이런 '이야기'는 당연히 '상상의 산물'이고, 진실은 존재하지 않는다는 등의 핑계를 대면서 희생양의 실재를 단언할 수가 없다고 주장한다면 우리는 순진할 뿐만 아니라 죄를 짓는 것이나 마찬가지다.

중세 마녀 사냥의 희생양은 실제로 있는데, 신화의 희생양은 왜 실제로 존재하지 못할까?

신화학자들이 진실을 보지 못하는 원인은 그 자체의 어려움 때문이 아니다. 수 세기 전부터 시작하여 지금은 고대 세계 전반에까지 확장된 그리스·로마 문화에 대한 지나친 숭배 때문이다. 이제부터 해석할 수 있게 된 신화적 형식에 대하여 신화의 비밀을 벗겨내지 못하게 하는 것은 바로 반서양적인, 특히 반기독교적인 이데올로기다.

학자들이 신화에도 마녀 사냥과 같은 주제가 같은 방식으로 나타난다는 것을, 그런데도 그 주제는 해석할 수 없다고 잘못 알려져 있었다는 것을 알게 되기를, 나는 정말 초조하게 기다리고 있다. 그리고 사실 이것들은 2천 년 전부터 해독되었다. 예수 수난의 이야기가 그것이다.

내가 제안하는 해석은 엉뚱하거나 환상적인 것이 절대 아니다. 아직도 잘못 짚고 있는 집단 폭력에 대한 아주 신비적인 설명과, 예전의 박해나 예수 수난 이야기, 오늘날의 박해가 조작하고 있는 박해자들에 대한 환상을 즉각 알려주는 설명 사이에 있는, 아폴로니우스의 투석과 같은 '빠진 고리'를 이용하여 접근하는 그 순간 우리의 해석은 명백해질 것이다.

*

앞에서 살펴본 투석 이야기의 이점은, 이 이야기가 현실적인 것을 아주 단정적인 범주에 가두려는 사람들의 지나치게 엄격한 구분을 없애버린다는 점이다. 언어학적 구조주의는 필로스트라토스의 것과 같은 기록에 의지하기를 아주 조심하는데, 거기에는 그럴 만한 이유가 있다. 필로스트라토스는 우리가 뛰어넘을 수 없었으면 하는 장애물들을 너무 많이 뛰어넘고 있다. 우리의 '빠진 고리'는 언어의 불연속성 뒤에서 현실의 연속성과 그 진정한 의미를 분명히 보여준다. 진실이란 과거와 현대의 숱한 분류학자들이 만들어놓은 철통같은 칸막이에 가두어둘 수는 없는 것이다. 그런데도 요즈음 언어학적 방법은 진실 탐구를 구조주의의 장난으로 대체한다는 이유로, 정말 높이 평가받고 있다.

에페소스의 투석은 엄밀한 의미에서 신화는 아니다. 하지만 복음서의 도움을 받아서 이것은 방금 우리에게 신화와 신성의 성격과 그 발생에 관해서 기록의 연장선상에 있는 가설을 암시받을 수 있었는데, 우리가 진정으로 진실을 찾는다면 이 가설을 거부하기는 차마 힘들 것이다. 희생 제의도 마찬가지다.

에페소스의 투석은 엄밀히 말하자면 희생도 아니다. 하지만 여기에는 당시 그리스 사회에 널리 퍼져 있던 희생 제의와 아주 밀접한 관련이 있다. 이 제의는 필로스트라토스가 우리에게 들려준 이야기와 너무나 흡사하여 아폴로니우스의 '기적'을 이것으로 설명하고 싶게 만든다. 바로 파르마코스 제의다.

아폴로니우스의 거지는, 아테네와 같은 그리스의 큰 도시 국가들이 타르겔리아 축제나 디오니소스 축제 때 집단적으로 살해하기 위해, 비용을 들여서 살려두고 있던 사람들인 '파르마코이'를 연상시킨다. 그리스인들은 이 불쌍한 사람들에게 돌을 던지기 전에 가끔은 회초리로 성기를 때리기도 하면서 진짜 고문을 가하기도 하였다.

아무에게도 복수하지 않을 희생양을 찾음으로써 아폴로니우스는 혹시나 사회의 혼란을 더 악화시키지 않을까 걱정할 필요가 전혀 없다. 이것은 무시하지 못할 장점이었다. 돌 맞는 거지는 파르마코스의 고전적인 특징들을 다 갖추고 있다. 사실 이 특징들은 희생 제의에 나오는 모든 인간 희생양들의 특징과 일치한다. 복수를 피하기 위해서 그리스인들은 거주지가 없는 사람, 가족이 없는 사람, 불구자, 병자, 버려진 노인들같이 사회적으로 가치가 없는 사람들, 요컨대 우리가 『희생양』에서 '희생양 선택의 우선적인 특징'이라 부르던 것을 많이 지니고 있는 사람들을 택하였다. 문화권이 달라도 이 특징들은 거의 변하지 않는다. 희생양에 선택되는 자들의 우선적인 특징이 이처럼 하나도 변하지 않는다는 것은 인류학적인 상대주의와는 상반된다. 요즘에도 이 특징들은 소위 '배제(排除)'라 불리는 현상을 결정한다. 그러나 요즘은 이런 특징을 가진 사람들을 더 이상 살해하지 않는다. 이것은 하나의 진보임에 틀림없다. 하지만 일시적인, 그래서 제한된 진보다.

사람들은 파르마코스 제의같이 야만적인 제의를 하기에 고대 그리스 사람들이 '아주 개화되어' 있었다고 넌지시 말하곤 한다. 또 이 제의는 "일찍이 폐지되었을 것이다"라고 언제나 확실한 증거도 없이 말하고들 있다. 그러나 소크라테스나 플라톤이 죽고서 6세기나 지난 뒤의 일을 적고 있는, 앞서 살펴본 투석 이야기는 이런 멋진 낙관론을 부정하고 있다.

디오니소스 축제는 아폴로니우스의 '기적'보다 훨씬 더 가혹한 제의들로 가득 차 있다. 그렇지만 우리는 그처럼 가혹한 제의들을, 필로스트라토스의 이야기가 우리로 하여금 억지토라도 에페소스의 투석을 '보게' 하는 것을, 거의 영화와 비슷한 것을, 문자 그대로 '보지' 못하고 있다. 거지의 눈이 깜박거리고 있다든지, 주머니에는 빵 부스러기가 있다든지, 에페소스인들이 처음에는 거지에게 연민의 정을 가지고 있었다든지 하는 구체적인 디테일 덕택에 필로스트라토스의 기록은 다른 더 많은 것들을 상기시킨다.

투석 사건이 진실이긴 하지만 너무나 예외적이라서 이교도의 폭력에 관한 토론에 들어가기에 합당하지 않다고 결론짓고 싶을 수도 있을 것이다. 그러나 실상은 그렇지 않다. 물론 필로스트라토스의 이야기는 예외적이다. 하지만 그것이 있는 그대로 사실적으로 묘사한다는 점, 즉 그 리얼리즘, 그 상대적 모더니즘 때문에 예외적이다.

파르마코스 제의는 그리스 도시들을 병마에서 해방시키고 도시를 더 조화롭게 만드는 것으로, 다시 말해 아폴로니우스가 그 거지를 통해서 행한 기적 같은 것을 행한다고 여겨졌다. 희생 제의를 알고 있는 모든 문화는 위기에 처하면 교회력에 나와 있는 정상적인 제의가 아닌 특별한 제의에 의지한다. 그러므로 에페소스 거지의 투석은 즉흥적으로 나온 파르마코스 제의의 하나다.

그 시대의 다른 제의들은 동물 희생양에 대해서만 폭력을 행사했지 더 이상 인간 희생양에게는 행하지 않았다. 그런데 아폴로니우스는 거지에게 돌을 던지게 함으로써 인간 희생양에 대한 만장일치의 폭력을 다시 만들어내었다.

집단 폭력에 뿌리를 둔 연극의 재현 역시 제의의 한 종류이다. 하지만 동물 희생보다는 폭력성이 많이 제거되어 있고 문화적인 면이 더 많다. 왜냐하면 연극 재현은 적어도 간접적이나마 언제나 종교적인 것과 문화 전체의 기원에 대한 명상이며, 샌도르 굿하트가 『희생 연구』에서 잘 보여주듯이, 지식의 원천에 관한 명상이기 때문이다.[8]

그러나 비극의 목표도 여전히 희생의 목표와 같다. 이것은 사회 구성원들 사이에 항상 제의적 정화, 아리스토텔레스 식의 카타르시스를 만들어내는 것을 목표로 하기 때문이다. 그러므로 비극은 애초의 희생 제의 효과에 대한 지적인, 혹은 프로이트 식으로 '승화된' 변형체라 할 수 있다.

---

[8] Sandor Goodhart, *Sacrificing Commentary*, Baltimore: Johns Hopkins University, 1996.

　희생 제의가 다소 생명력을 가지고 있던 시대에 인류학자들이 여러 집단에게 왜 희생 제의를 그렇게 철저히 지키느냐고 물었을 때 그들은 항상 한결같은 이중의 대답을 들었다.

　주요 당사자들의 말에 의하면 희생 제의는 다음과 같은 것을 목표로 한다. 첫째는 인간에게 가르침을 주는 신들을 즐겁게 하기 위함이고, 둘째는 필요한 경우 집단 내의 질서와 평화를 굳건히 하거나 재건하기 위해서라는 것이었다.

　이들 대답 속에 만장일치라는 말이 들어 있는데도 불구하고 학자들은 이를 한 번도 진지하게 생각하지 않고 그냥 대수롭잖게 지나쳤다. 내 생각으로는 바로 이 때문에 그들이 희생 제의의 수수께끼를 풀지 못했던 것 같다. 이 수수께끼를 해결하려면 희생 제의를 행하는 사람들이 그들 나름대로의 진실을 말한다는 사실을 인정해야 한다. 그들이 행하던 의식을 제대로 설명할 때 그들은 오늘날의 어떤 학자들보다 훨씬 더 진실에 가까이 다가가 있었고, 그래서 훨씬 더 많이 알고 있었기 때문이다.

　유혈의 희생 제의는, 전혀 사실무근이 아니라 과거의 어느 때에 거기서 나온 만장일치 덕분에 공동체를 실제로 화해시킨 적이 있던 실제의 폭력을 원래의 죄인을 대신하는 희생양에게 행사함으로써 고대 사회의 내적 갈등을 없애거나 줄이려는 노력의 산물이다.

　신은 항상 희생과 연관되어 있다. 위기 시에 행해지는 집단 폭력이나, 그 폭력이 공동체를 화해시켰다는 바로 그 이유로 거기서 혜택을 받은 사람들에게 그들의 희생양이 바로 신성한 존재라고 설득하는 폭력은 같기 때문이다.

　요컨대 희생 제의의 모델 역할을 하는 것은 언제나 유효한 '희생양 메커니즘'이다. 그리고 이것은 신성하다고 여겨진다. 어떻게 손을 쓸 수도 없고, 꼬리에 꼬리를 물고 이어지는 복수의 연속이라는 돌림병과 같은 모방 위기를 이것이 실제로 없애주기 때문이다.

희생 제의가 실제 폭력에 바탕을 두고 있다는 증거는, 이들이 그 디테일에 있어서는 서로 다르지만 기본 구조의 특징은 언제나 같고, 이 제의의 원천이 바로 자연발생적으로 일어난 집단 폭력의 모델이라는 점이다. 전 지구상에 퍼져 있는 희생 제도들이 너무나 유사하기 때문에 희생 제의를 상상적이거나 정신 병리학적인 것으로 보는 견해에는 설득력이 없을 것 같다.

*

제의가 어떻게 생겨났는지를 알려면 유혈이 난무한 오랜 혼란 끝에 예기치 않았던 군중 행동의 효과 덕택에 그 혼란에서 벗어나게 된 한 공동체 구성원들의 정신 상태를 상상해보아야 한다. 혼란에서 벗어난 그들은 아마도 얼마 동안 커다란 행복감에 젖을 것이다. 이 축복받은 시간은, 그러나 애석하게도 영원하지 않다. 인간이란 존재는 항상 모방적 경쟁 관계에 다시 빠져들게 마련이기 때문이다. "스캔들은 일어나기 마련이다." 이것은 언제나 산발적으로 일어나므로 우리는 거의 주의를 기울이지 않는다. 그러면 이것은 곧 확산된다. 분명한 점은 이렇게 새로운 위기가 또다시 공동체를 위협한다는 것이다.

그렇다면 이 재앙을 어떻게 피할 것인가? 공동체는 빠질까 두려워하는 심연에서 예전에 자신들을 구해준 적이 있는, 정확히 무엇인지 모르는 그 이상한 드라마를 잊지 않고 있다. 그들에게는 자신들을 재앙에 빠뜨렸다가 뒤에는 거기서 구해낸 신비로운 희생양에 대한 기억이 많이 남아 있기 때문이다.

과거의 그 이상한 사건을 곰곰이 생각하던 그들은 사태가 그렇게 진행된 이유는 분명 그 신비로운 희생양이 그러기를 원했기 때문이라고 생각하게 된다. 아마도 그 신성한 자는 미래에 다시 생겨날 모방에 의한 혼란으로부터 추종자들을 보호하기 위해 그 사건을 다시 벌하여 효력을 새롭게 하라고 가르칠 목적으로 모든 상황을 연출하셨으리라는 데까지 그들의 생각이 이어진다. 앞에서 말했듯이, 사실 모방에 의한 혼란은 인간에게 언제든지 일어날 수 있다. 인간에게 희생을 가르쳐준 것이 신이라는 생각이 도처에서 발견되는데, 이런 생각이 옳다는 것을 입증해주는 증거를 우리는 쉽게 찾아볼 수 있다.

신성한 자, 즉 신은 아마도 자기를 따르는 자들의 행복을 위해, 그리고 자신의 행복을 위해서라도 이런 희생 제의가 영원히 되풀이되기를 바랄 것이다. 신은 제의에 의해 스스로가 공경받고 있다고 느끼거나 아니면 그 희생양을 양식으로 삼고 있기 때문인지도 모른다.

집단 폭력의 그런 효험이 과연 어디에 기초했는지는 정확히 모르지만 단순히 초자연적인 것에서만 나온 게 아닐지도 모른다고 짐작하면서 공동체는 과거에 있었던 그들의 폭력적 만장일치를 가능한 한 정확하고 완벽하게 베끼기로 마음먹는다. 확실치 않을 때는 불충분한 것보다는 좀 넘치고 넉넉한 편이 더 나은 법이다. 수많은 공동체들이 그들의 제의에 희생양 선택의 모방 과정을 작동시키는 모방 위기를 왜 넣었는지, 그 이유는 바로 이 원칙으로 설명될 수 있을 것이다.

많은 희생 제의에서 모든 것이 모방 위기의 흉내에서 시작한다. 그런데 이 흉내는 만들어냈다고 볼 수 없을 정도도 너무나 사실적이고 너무나 흡사하다. 여기서는 그 사회의 모든 하위 집단들끼리 대칭을 이루면서, 즉 '모방적으로' 대립하여 싸운다. 이들이 염두에 두는 모델은 이들이 다시 만들어내려는 바로 그것, 즉 희생양에 대한 만장일치의 폭력을 일으켰던 실제 위기임에 틀림없다.

요컨대 폭력은 스스로의 해독제를 만들어내려면 우선 더 심해지고 격렬해져야 한다. 많은 희생 제의들이 바로 이 점을 분명히 이해했다. 그래서 제의들은 필수적으로 위기를 만들어내야 한다고 생각하는데, 아마도 이 위기가 없으면 희생양 메커니즘도 가동되지 않을 것이다.

질서를 재건하려는 목적을 가진 많은 제의들이 무질서의 심화나 공동체 전체를 무질서로 내모는 희한한 장면을 연출하는 것도 이런 이유에서다. 이런 과정이 우리에게는 역설적으로 보일지 모르지만 모방의 시각에서 보면 아주 논리적이다.

처음에 무질서의 위기로 시작하는 것이 터무니없어 보이는 외형에 비해서 그 근거가 비록 합리적이더라도, 이런 장면이 모든 제의에 다 들어 있지는 않다. 제의 중에는 처음의 위기를 다시 만들어내지 않는 것들도 많다. 그 까닭을 우리는 쉽게 알 수 있다. 이 위기는 모방 폭력을 풀어놓는다. 그래서 애초의 위기를 지나치게 있는 그대로 모방하다 보면 통제력을 완전히 잃어버릴 위험 또한 크다. 이런 이유로 많은 사회에서 이런 위험을 떠안기를 거부한다. 이들이 분명히 그렇게 위험한 폭력을 보태지 않더라도 그들 사회에는 화해의 메커니즘을 일으킬 수 있는 무질서가 항상 있을 수 있다고 생각하였을 것이다.

일반적으로 말해서, 제의가 아무리 무질서하더라도 그 때문에 장시간 지속되는 강렬한 모방 위기가 생겨나는 것은 아니다. 보통 사람들은 무질서를 강하게 압축한 형식에 만족한다. 요컨대 불을 피하는 것이 아무리 급하다고 하더라도 불에 뛰어들지는 않았다는 말이다.

이렇게 하여 우리는, 지구 전역에서 희생 제의를 집행하던 사람들이 거기서 왜 대단한 효과를 볼 수 있었는지 알게 된다. 그들은 만장일치의 폭력이야말로 폭력을 증폭시키지 않고 종결짓는 유일하게 '좋은 폭력'임을 알았던 것이다. 그들은 또한 만장일치의 원동력은 가장 심한 모방인데, 이 모방이 만장일치에 이르기 전까지는 당연히 가장 위험한 폭력이라는 것도 모르지 않았다. 그 기원에서 볼 때, 이런 제의 행위가 아주 위험하다는 보편적인 생각도 여기에서 나온다. 위험을 줄이기 위해서 사람들은 가능한 한 가장 꼼꼼하고도 정확하게 그 모델을 원래대로 만들려고 애쓴다.

심리학자들과 정신분석학자들이 '신경증' '환상' 그리고 그들이 좋아하는 '콤플렉스'와 같은 용어로써 그럴듯하게 설명하도록 하는 것도 바로 이 정확성에 대한 걱정 때문이다. 대부분의 현대인들은 종교를 당연히 정신병리학적인 현상으로 보고 있다. 희생 제의 집행자들이 만들어내는 실제 효과, 즉 자연발생적으로 만장일치를 만드는 화해의 폭력을 알고 나면 이런 환상은 사라질 것이다. 희생 제의의 모델은 사실 무서운 것이다. 그러므로 희생 제의를 집행하는 사람들이 그것을 다시 만들어내기를 두려워하는 것은 당연하다.

제의가 계속되다 보면 너무 자주 반복된 나머지 희생 효과가 '떨어지는' 순간이 필연적으로 오게 마련이다. 미숙한 제의 집행관들은 자기가 행하는 희생 제의에 겁을 먹고 있지만 이런 공포도 결국 사라지고 만다. 지금 이 공포는 여자와 어린아이들처럼 사정을 잘 모르는 사람들에게 강한 인상을 주는 공포 드라마의 형태로만 남아 있다.

수많은 고고학의 이름이나 그 자료에 의하면 인류 역사 초기에는 인간 희생양이 존재했다. 시간이 흐르면서 인간 희생양이 동물로 대체되었지만 동물 희생양은 대부분 인간 희생양에 비해 그 효력이 떨어진다고 여겨졌다.

고대 그리스인들은 극단적인 위험에 처하면 다시 인간 희생양을 이용하였다.『플루타르크 영웅전』에 의하면 살라미스 전투가 있기 하루 전날 테미스토클레스 장군은 군중의 압력에 못 이겨 페르시아 포로들을 희생의 제물로 쓰도록 허락하였다. 이것이 아폴로니우스의 기적과 정말 다른 것일까?

7. 초석적 살해

그리스도의 수난과 『구약 성서』와 신화의 수많은 이야기들, 그리고 고대 제의 뒤에는 한결같이 희생양에 대한 오해에 근거한 위기 해결 과정과 '모방 사이클'이 나타나 있다. 또 기원 이야기와 건국 신화를 유심히 살펴보면 이것들도 모두 집단 전체에 의한 희생양 살해라는, 희생양의 기본적이고도 초석적인 역할을 요구하고 있음을 알 수 있다. 우리는 이런 생각을 지구 도처에서 확인할 수 있다.

수메르 신화에는 에아, 티아마트, 킹구라는 이름을 가진 희생양의 시체에서 문화 제도가 나오고 있다. 인도의 신화에서도 마찬가지인데, 푸루샤라는 최초의 희생양이 군중에 의해 조각으로 절단되면서 그 조각에서 카스트 제도가 나왔다는 것이다. 이런 신화는 이집트, 중국, 그리고 게르만족에게서도 나타나고 있다.

희생양 살해 행위에 들어 있는 창조력은 흔히 그 희생양 시체 조각의 중요성으로 구체화되어 나타난다. 희생양의 시체 조각은 제각기 하나의 제도나 씨족, 구분된 영토, 혹은 주된 양식이 되는 동물이나 식물을 만들어낸다. 또 희생양의 시체는 가끔 씨앗에 비유되기도 한다. 씨앗은 해체되어 싹을 틔우는데 이 새싹은 위기로 인해 손상을 입은 문화 체계를 복원하는 것과 같다. "밀알 하나가 땅에 떨어져 죽지 않으면 한 알 그대로 남아 있고 죽으면 많은 열매를 맺는다"(「요한복음」, 12:24). 또 가끔은 인류 창조처럼 이전에 없던 완전히 새로운 체제를 만들어내는 것과 같을 때도 있다.

살해의 초석적 역할을 말해주는 신화는 너무나 많다. 일반화시키기를 좋아하지 않는 미르치아 엘리아데 같은 신화학자도 이런 현상을 중시할 필요가 있다고 주장하고 있을 정도로 많다. 『신앙과 종교 사상의 역사』에서 엘리아데는 전지구상에 퍼져 있는 수많은 기원 설화와 건국 신화에 공통적으로 들어 있는 '창조적 살해'에 대해 이야기한다.⁹ 이것은 너무나 자주 나와서 신화학자들을 놀라게 하는 주제인데 그것은 말하자면 '통(通)신화적' 현상이라 할 수 있다. 그렇지만 엘리아데는 순전히 묘사에만 열중할 뿐 내가 아는 한, 여기에 대한 보편적인 설명은 한 번도 제시한 적이 없다. 내가 그 일을 해야 할 것 같다.

*

초석적 살해라는 주제는 신화뿐 아니라 『구약 성서』에도 나온다. 「창세기」에 나오는 카인이 아벨을 죽인 이야기가 그것이다. 이 이야기는 건국 신화는 아니지만 모든 건국 신화에 대한 성서적 해석이라 할 수 있다. 문화가 처음 생겨날 때 유혈 사태가 있었다는 것을 말해주는 이 이야기는 성서에 나오는 모방 사이클 중 첫번째 것이다.

문화를 세우기 위해 카인은 어떤 행동을 하였을까? 이런 의문을 직접 제기하지는 않지만 성서는 다음 두 가지 주제에 초점을 맞추면서 나름대로 그 대답을 암시하고 있다. 첫번째는 아벨의 살해이며 두번째는 새로운 문화의 발생을 카인의 공으로 돌린다는 것이다. 그런데 이 새로운 문화는 물론 그 살해의 직접적인 연장선에 있지만, 실은 살해에 대한 복수가 아니라 살해에서 유래한 제의의 결과다.

살해자들은 자신의 폭력에 두려움을 느끼는데, 이 두려움은 이

---

9 Mircea Eliade, *Histoire des croyances et des idées religieuses*, Paris: Payot, 1978, p. 84.

로운 것이다. 그들은 두려움을 통해 모방 행동이 전염될 수 있다는 것을 깨닫고 또 다른 재앙이 다가올 수 있다는 것도 짐작하게 된다. 카인은 자신이 동생을 죽였기 때문에 '누구든 나를 죽일 것'이라고 생각하게 된다(「창세기」, 4:14).

'누구든 나를 죽일 것이다'는 말은 그 순간 인류가 카인과 그의 부모인 아담과 이브에 국한되지 않는다는 것을 잘 보여준다. '카인'이라는 이름은 최초의 초석적 살해에 의해 만들어진 최초의 사회를 지칭한다. 잠재적인 살인자가 많고 그럴수록 이들이 살인을 하지 못하도록 막을 무엇이 필요한 이유도 바로 이 때문이다.

살인은 살인자에게 자신의 폭력을 조절해야 한다는 현명함과 신중함을 가르쳐준다. 폭력이 다소 잦아들어 평온해진 틈을 타서 신은 살인을 처벌하는 최초의 법을 공포한다. "카인을 죽이는 사람에게는 내가 일곱 곱절로 벌을 내리리라"(「창세기」, 4:15).

살인을 막는 이 첫번째 법은 바로 카인이 만든 문화다. 살인을 할 때마다 그 살인자에게는 최초의 희생양인 아벨을 염두에 두고서 일곱 배로 제물을 바치게 한다는 것이다. 이것은 대단한 보상의 성격이라기보다는 평화를 되찾게 하는 일곱 배 형벌이라는 제의적 성격이 더 강하다. 그리고 이것은 첫번째 살인이 가져다주었던 평온함에 근거한 것으로 이 살인을 기억하는 공동체 구성원 모두가 공감하는 것이었다.

살인을 처벌하는 법은 사실 살인의 되풀이라 할 수 있다. 야만적인 복수와 다른 점은 그 내재적 성질보다는 그 정신 때문이다. 이것은 또 다른 복수를 만드는 복수의 되풀이가 아니라 희생 제의적인 되풀이이자, 만장일치로 만들어진 단결의 되풀이이며, 공동체 전체가 빠짐없이 참가하는 하나의 의식이라 할 수 있다. 제의적인 되풀이와 야만적인 되풀이의 차이가 희미하고 또 불안정한 것 같지만 그래도 이 차이는 아주 중요하다. 여기에는 차후의 모든 차별화가 가득하다. 인류의 문화를 만들어내는 것이 바로 이 차이다.

마치 이 두 제도가 그전부터 존재했던 것인 양, 카인의 이야기를 희생 제의와 사형의 '혼합'으로 보아서는 안 된다. 모든 제도의 모태와 같은 이 법은 아벨의 살해가 가져다준 평온에서 나왔다. 아벨의 죽음에 들어 있는 초석적 역할에 대한 이해에 바탕을 둔 이 법은, 그러므로 아벨의 죽음의 결과라 할 수 있다. 집단적 살해는 제의적 되풀이를 통해 초석적인 것이 된다.

제의적 폭력으로 야만적 폭력을 길들이고 제한하는 것은 살인을 처벌하는 법, 즉 사형 제도에만 해당되지는 않는다. 인간 사회의 중요한 제도들 모두가 여기에 해당된다.

제임스 윌리엄스가 주장하듯이, "카인의 기호는 문화화의 기호이다. 신이 보호하는 살인자의 기호다."[10]

*

초석적 살해에 대한 생각은 복음서에서도 나타나고 있는데, 「마태복음」과 「누가복음」의 두 구절은 초석적 살해라는 생각을 전제로 한다. 이 구절들은 '세상 설립' 때부터 시작된 예수의 죽음과 비슷한 살인의 고리를 이야기하고 있다.

마태Mattew는 '세상 설립 이래 모든 예언자들의 살해'라고 이야기하는 데 비해, 누가Luke는 '의인 아벨의 피로부터'라고 시기를 더 한정하고 있다. 이들 중 가장 마지막 살인은 그 이전의 살인과 비슷한 예수의 죽음이다. 이것은 모방의 회오리와 희생양 메커니즘이라는 똑같은 구조를 갖고 있다.

누가가 아벨의 죽음을 암시하는 것은 적어도 두 가지 점에서 중요하다. 첫번째 이유는 이것이 예언자들의 죽음에 대한 복음서의 해석을 유대인들에 대한 공격이라고, 즉 '반유대주의'의 증거라고 보는, 너무나도 옹졸한 주장의 신뢰성을 단번에 무력하게 만들어 버린다는 것이다.

---

10 James Williams, *The Bilble, Violence and the Sacred*, San Francisco: Harper, 1991, p. 185.

카인과 아벨이 살던 시절에는 유대 민족이란 것이 없었고 또 아벨은 분명 집단에 의해 살해된 첫 예언자로 통하고 있기에 예언자들을 살해한 것이 유대 민족만의 일일 수가 없다. 예수가 이 이야기를 자주 언급하는 것도 자신의 동향인들을 공격하기 위해서가 아니다. 예수의 말이 언제나 그러하듯이, 인류 전체에게 해당되는 의미다.

'세상 설립 이래'라는 문맥에서 아벨을 암시하는 이 구절이 갖는 중요한 두번째 이유는, 이 구절이 「창세기」의 카인 이야기로 되돌아가서 우리가 이제 막 제시했던 생각, 즉 인류 최초의 문화는 십자가형과 비슷한 집단에 의한 첫번째 살해에 뿌리를 두고 있다는 생각을 분명히 취하고 있기 때문이다.

「마태복음」과「누가복음」에 공통으로 들어 있는 '세상 설립 이래'라는 표현이 이런 사정을 잘 말해주고 있다. 세상 설립 이래, 즉 폭력에 의해 첫 문화가 만들어진 이래 일어난 일은 언제나 십자가형과 유사한 살인이다. 이것들은 모방에 기초하고 있는데, 그 결과 모방 때문에 희생양을 제대로 알지 못해서 일어나는 초석적인 살해다.

이 두 구절은 살해가 아주 오래도록 연속되었다는 암시를 준다. 최초의 문화까지 거슬러 올라가기 때문이다. 아벨의 살해와 예수의 십자가형과 유사한 이런 유형의 살해는 인류 전체 역사에 걸쳐서 초석적 역할을 하고 있다. 복음서가 이 살해를 '카타볼레 토우 코스무($\kappa\alpha\tau\alpha\beta o\lambda\eta\ \tau o\upsilon\ \kappa o\sigma\mu o\upsilon$, 창세)' 즉 '세상 설립'과 연관시키는 것은 결코 우연이 아니다. 이리하여 마태와 누가는 살해에는 초석적인 성격이 있고 첫번째 살해와 첫번째 문화는 같은 것임을 암시한다.

「요한복음」에도「마태복음」과「누가복음」의 구절들과 같은 구절이 하나 있는데, 이것은 우리의 해석을 더 확실하게 해준다. 이 구절은 우리가 3장에서 이미 언급했던 악마에 대한 예수의 중요한 말 한가운데에 있다. 이 말은 또한 미르치아 엘리아데가 창조적 살해라고 부르던 것의 정의이기도 하다.

그(악마)는 처음부터 살인자였다.

　기원, 처음, 시작을 의미하는 '아르케 arché'라는 말이 있다. 이 말이 '무(無)로부터의 창조'를 지칭할 수는 없다. 왜냐하면 '무로부터의 창조'라는 말은 폭력과 연관되지 않은, 완전한 신의 업적을 말하기 때문이다. 이 말은 당연히 인류의 첫 문화와 관련이 있다. 그러므로 '아르케'라는 말은 공관복음에 나오는 '카타볼레 토우 코스무'와 같은 뜻을 갖고 있으면서 첫번째 문화의 설립에 연관되어 있다.
　만약 살해와 시작이 우연한 관계였다면, 그리고 이것이 단순히 지구상에 인간이 처음 존재할 때부터 사탄이 인간으로 하여금 살인을 하도록 부추겼다는 의미라면, 요한은 첫 살해에 대해 '기원'이라는 말을 사용하지 않았을 것이고, 마태와 누가도 세상 설립과 아벨의 죽음을 비교하지 않았을 것이다.
　이 세 구절, 즉 마태오 누가 그리고 「요한복음」의 구절들은 모두 같은 의미다. 이 구절은 모두 우리에게 기원과 첫번째 집단 살해 사이에는 필연적인 관계가 있음을 말해주고 있다. 살해와 기원은 하나다. 악마가 처음'부터' 살인자라면, 이 말은 곧 그 후에도 그렇다는 의미다. 어떤 문화가 나타날 때는 항상 이런 유형의 살인에서 시작한다. 그러므로 우리는 모두 예수의 죽음과 유사한, 그러므로 모두 초석적인 살해를 갖고 있다. 첫번째 살인이 첫번째 문화의 기원이라면 그 후의 살인들은 당연히 그 후 문화의 기원이 되어야 할 것이다.
　이 모든 것은 우리가 앞에서 사탄과 악마에 대해 확인했던 것, 즉 사탄은 화해시키고 단결시키는 좋은 면에서뿐만 아니라 갈등과 대립을 일으키는 나쁜 면에 있어서도 '나쁜 모방'의 화신이라는 생각과 완전히 일치한다. 사탄이나 악마가 처음에는 무질서를 부추기고 스캔들을 퍼뜨리다가 다음에는 그가 부추긴 위기가 절정에 달하면 그 무질서를 추방하면서 위기를 없애버린다. 사탄은 무고한 자를 비난하도록 부추기는 데에 항상 성공하는데, 이 희생양을 매개로 하여 사탄은 사탄을 물리친다. 사탄은 희생양 메커니즘을 지배하고 있다. 그러므로 사탄은 또한 인류 문화를 지배한다고 말할 수 있다. 인류 문화의 기원이 바로 이 살해에 있기 때문이다. 카인의 문화뿐 아니라 모든 인류 문화의 기원에는 결국 악마, 달리 말하면 나쁜 모방이 있다.

*

우리는 초석적 살해라는 개념을 어떻게 이해해야 할까? 이것이 환상적이고 터무니없이 여겨지지 않고 어떻게 현실에서 실현될 수 있을까?

알다시피 살인은 말하자면 혼란을 진정시키는 작용을 하고 있다. 물론 적법한 대상은 아니지만 희생양을 통해서 자신의 폭력 욕구를 만족시킬 때, 살해자들은 그들 불행에 책임이 있는 자를 공동체에서 제거했다고 아주 굳게 믿기 때문이다. 그러나 이런 환상만으로는 살해에 초석적인 힘이 있다는 사람들의 믿음을 완전히 설명하기에 부족하다. 이런 믿음은 우리가 이제 막 살펴보았던 것처럼 모든 초석적 신화뿐 아니라 「창세기」와, 궁극적으로는 복음서에도 공통으로 들어 있는 믿음이다.

집단 살해는 공동체의 설립뿐 아니라 그 공동체의 비교적 안정적이고 지속적인 유지를 보장하는 초석적 힘이 있다고 믿는 많은 종교의 신앙을, 일시적인 위기의 중단만으로 설명하기에는 부족한 것 같다. 그 효과가 아무리 대단하더라도 이런 살해가 갖고 있는 화해의 효과는 몇 세대를 두고 계속될 수는 없다. 그것만으로는 살해가 문화 제도를 만들 수도 없고 또 영속시킬 수도 없다.

이 문제에 대한 대답이 하나 있는데, 그것을 찾으려면 집단 살해 이후의 인류 제도들 즉 살해의 제의적 재현 중의 첫번째 제도를 살펴보아야 한다. 우리는 문화 제도와 인류 사회의 기원 문제를 제기하는 방식에 대해 의문을 제기하고자 한다.

계몽주의 시대 이래로 이 문제는 추상적인 합리주의의 용어로 규정되고 있다. 최초의 인류는 합리적이라고 간주되고 있는데, 그들은 자신들이 가졌으면 하는 제도들을 처음에는 당연히 추상적으로 그리고 순전히 이론적으로만 생각했었다. 그 뒤에 이론에서 실천으로 넘어가면서 이 최초의 인류들은 제도를 만들겠다는 의도를 실현했다. 그러므로 모든 제도에는 그것을 만들도록 인도한 '선행(先行)하는 생각'이 있어야만 하는데, 바로 이 생각이 실제의 문화를 결정한다는 것이다.

사실이 정말 이런 식이었다면 제도의 발생에 종교적인 것은 어떤 역할도 하지 않아도 되었을 것이다. 그리고 실제로 고전 민족학과 같은 합리주의에서 볼 때 종교는 어떤 역할도 하지 않았고 아무런 소용도 없다. 말하자면 종교는 쓸데없는 것이고, 표면적인 것이고, 덧붙여진 것, 달리 말하자면 '지나치게 믿는 것(미신)'이었다.

만약 그렇다면 지구 전역에 걸쳐 있는 모든 제도의 핵심에 들어 있는 아무런 소용도 없는 종교적인 것의 존재를 어떻게 설명해야 할까? 합리주의의 문턱에서 이 질문을 제기하면 여기에는 진정 논리적인 대답이 단 하나 있는데, 바로 볼테르의 대답이다. 유용한 제도에 종교적인 것이 분명 '기생하고' 있다는 것이다. 착한 백성들의 믿음을 유리하게 활용하기 위해 이것을 만든 장본인이 바로 '음흉하고 탐욕스런' 성직자들이라는 것이다.

종교적인 것에 대한 합리주의의 이 같은 배척을 이용하여 우리 시대의 단순함을 감추려는 경향이 있다. 하지만 본질적으로는 오늘날의 인류학도 이런 배척이 지배하고 있다. 인간의 제도에는 항상 제의가 들어 있는 것에 대해 의문을 제기할 때에만 이런 배척에서 진실로 벗어날 수 있을 것이다.

오늘날의 사회과학은 본질적으로 반(反)종교적이다. 만약 종교가 중요하지도 않으면서 성가시기만 한 잡초 같은 것이 아니라면, 사람들은 종교로 무엇을 할 수 있을까? 오랜 세월 동안 종교는 가변적인 다양한 제도들의 불변 요소였다. 그런데도 이런 사실을 믿지 않고, 만약 종교를 아무런 의미도 없고 쓸데없는 것이라고 간주하는 거짓 해결책을 따르면, 우리는 필히 오늘날의 반종교 세력들에게는 아주 불편할 그 역의 가능성, 즉 종교적인 것을 모든 사회 제도의 핵심, 모든 제도의 진정한 기원이자 원초적 형태, 나아가서는 인류 문화의 보편적인 토대로 보는 가능성과 직면하게 될 것이다.[11]

멋진 합리주의 시대 이래로 고대 사회를 더 많이 알게 될수록, 그리하여 많은 고대 사회에서는 계몽 시대에 인류에게 없어서는 안 될 것이라고 보았던 제도들이 실은 존재하지 않았고 대신 희생제의가 있었다는 것을 더 많이 알게 될수록 이런 생각을 피하기가 더 힘들 것이다.

제의와 관련해서 우리는 사회를 대략 다음과 같은 세 가지 유형으로 구분해볼 수 있다. 첫번째 유형은 오늘날과 같이 제의가 거의 없는 사회다.

이어서 예전에 존재했던 두번째 유형의 사회는 말하자면 제의가 모든 제도에 수반되거나 중복되어 있는 사회다. 꼭 필요하지도 않는데 제도에 제의가 덧붙여 있는 것이 이 사회다. 고대 사회 그리고 다른 의미에서 중세 사회가 이 유형에 속한다. 합리주의에 의해 보편적이라고 오해되어 종교적인 것은 기생적이라는 생각을 암시하였던 것이 바로 이 유형이다.

마지막으로 세번째 유형의 사회는 오늘날과 같은 의미의 제도는 없지만 항상 제의만 있는 '아주 오래된' 사회다. 이 사회에는 제의라는 제도만 있는 셈이다.

---

11 모든 성스러운 형태에 대한 오늘날의 연구가 보여주는 이상한 '알레르기'에 대해서는 *The Sacred Game: The Role of the Sacred in the Genesis od Modern Literary Fiction*, University Park, Pennsylvania: The Pennsylvania Univerity Press, 1994의 첫 부분에 나오는 Cesareo Bandera의 탁월한 분석을 참조.

초기 인류학자들은 고대 사회를 기원에 가장 가까운, 가장 발전이 덜 된 사회로 보고 있었다. 이들의 생각이 틀렸다고 말할 수도 있지만 그래도 이들은 나름대로의 판단력은 갖추고 있었다. 그러나 이들의 생각을 받아들이다 보면 저절로, 인류 초기에 희생은 중요한 역할을 했을 뿐만 아니라 인간에게 있어서 특별히 인간적인 모든 것, 인간을 동물과 구별시켜주는 모든 것, 엄밀한 의미에서 우리로 하여금 동물적 본능을 인간의 욕망 즉 모방 욕망으로 대체할 수 있게 해주는 모든 것의 원동력일지 모른다고 생각할 수밖에 없다. 인간이 된다는 것은 무엇보다도 모방 욕망을 취득한다는 의미다. 그리고 당연히 인간은 우선 인간화 과정과 밀접한 이런 유형의 갈등을 억압하고 조절하는 희생 제의 없이는 살 수 없는 존재다.

많은 학자들이 확인하였듯이, 제의만 있는 사회에서는 훗날 제도가 맡을 역할을 어느 시점까지는 희생 제의가 맡고 있었다. 그런데도 우리는 아직도 습관적으로 제도의 기능을 합리주의자들의 개념으로 규정하고 있다.

예를 들면 교육 제도가 있다. 고대 사회에서는 교육 제도가 없었고, 있다고 해도 소위 통과 의식이나 입문 의식이 그 역할을 하고 있었다. 젊은이들은 그 사회의 문화로 그냥 슬쩍 들어가는 것이 아니라 항상 엄숙한 절차를 통해서 들어간다. 그리고 이 일은 사회 전체의 일이다. '통과'로 불리는 이 의식들에는 종종 아주 힘든 '테스트'가 딸려 있다. 이 테스트는 당연히 대학입학자격고사와 같은 우리 사회의 '통과' 시험을 연상시킨다. 이런 유사성에 대한 연구는 너무도 많아서 진부할 정도다.

모든 의식들이 그러하듯이 통과 의식이나 입문 의식은 희생에 기반을 두고 있다. 그러므로 모든 근본적인 변화는 죽음에 근거하여 생명력을 되살릴 수 있는 유일한 과정인, 일종의 부활이다. 지원자들은, 말하자면 어린 나이에 '위기'의 첫번째 단계로 죽었다가 두번째 단계에서는 이제 성인에게 허용되는 지위를 차지할 능력을 지니고 다시 태어난다. 어떤 사회에서는 때때로 지원자 중의 한 사람이 이 의식의 테스트를 무사히 통과하지 못해 살아남지 못할 때도 있는데, 이런 경우 다른 지원자들은 이를 좋은 징조로 받아들였다. 이 죽음으로 신이 입문 의식에 들어 있는 희생의 효력을 더 강화시켰다고 보았기 때문이다.

이런 의식들이 오늘날의 교육 제도를 '대신했다'고 말하는 것은 본말의 전도다. 그 반대로 오늘날의 교육 제도는 오랫동안 이 제의와 공존하다가 이 의식을 대신하게 되었다. 의식이 먼저 있었고 교육 제도가 뒤에 생겨난 것이다.

모든 것으로 미루어 볼 때, 이 모든 영역에서 인류의 역사 전체에서 가장 먼저 있었던 것은 희생 제의다. 「레위기」에 나오는 투석형과 같은 사형 의식도 있고 죽음과 탄생 의식과 결혼 의식도 있고 사냥이나 어업을 하는 사회에는 사냥 의식과 어업 의식이 있고 농업을 주로 하는 사회에는 농경 의식이 있다.

이상의 사실들로 볼 때, 우리의 '문화적 제도'는 원래 제의적 행위에서 나왔음이 틀림없다. 오랜 세월을 지나오는 동안 제의적 행위는 많이 다듬어지면서 그 안에 들어 있던 종교적 의미가 사라졌다. 그렇게 되자 이 제의적 행위는 애초에 그것들이 해결하려던 '위기' 유형과 관련해서 규정되고 있다.

제의는 여러 번 되풀이될수록 관습으로 변한다. 관습은 인간의 이성이 만들어낸 것 같지만 실은 종교적인 것에서 나왔다. 희생 제의는 항상 해결해야 할 위기가 있는 곳에 때맞추어 있는데, 거기에는 그만 한 이유가 있다. 희생 제의는 무엇보다 만장일치의 폭력을 이용하여 그 집단에 생긴 뜻밖의 위기를 해결하는 자연 발생적인 해결책이다.

위기에는 여러 종류가 있었다. 모방에 의한 불화도 위기지만, 사람이 나고 죽는 것도 위기다. 계절이 변하는 것도 위기고 기아가 발생하는 것도, 그리고 모든 종류의 재앙도 위기다. 옳건 그르건 간에 고대인들을 불안에 떨게 하였던 많은 것들이 모두 위기였다.

이때마다 고대인들은 희생 제의에 의지하여 이런 불안을 잠재우려 했다.

*

어떤 문화권에서는 그들의 희생양을 매장할 때 왜 종종 피라미드 모양으로 돌을 높이 쌓는 것일까? 이 돌 쌓기 관습을 이해하려면 여기에서 제의적인 돌 던지기의 부산물을 볼 수 있어야 한다. 한 사람을 돌로 쳐 죽인다는 것은 그를 돌로 덮는다는 의미다. 살아 있는 사람에게 돌을 던지면 물론 그 사람은 죽지만 그 돌들은 자연스럽게 '봉분'의 원뿔 모양을 하게 된다. 그런데 우리는 이집트 민족을 비롯한 수많은 부족의 희생 제의나 장례 의식의 피라미드에서 원뿔 모양의 돌무더기가 다소 기하학적으로 변한 형태를 보게 된다. 이집트 민족의 무덤은 처음에 일부가 잘려나간 피라미드 모양이었다가 후에는 끝이 뾰족한 모양으로 변하였다. 돌을 던져 사람을 죽이던 관습이 사라지고 그 대신 시체를 돌로 덮는 관습이 널리 퍼지던 때부터 무덤이 만들어졌다.

정치권력의 제의적 기원에 대해서는 어떻게 생각할 수 있을까? 소위 성스러운 왕권을 통해서 볼 때 정치권력도 처음에는 미세한 변모였겠지만 하여튼 제의적인 희생이 변모한 것이라고 보아야 할 것 같다.

성스러운 왕을 만들려면 우선 머리가 총명하고 통솔력 있는 사람이 희생양으로 선택된다. 그를 곧바로 희생시켜서는 안 된다. 그의 희생은 우선 다른 희생과는 차별화되어야 한다. 말하자면 이 희생양을 모방의 경쟁 상태라는 끓는 물에 넣어서 약한 불로 천천히 익혀야 한다. 앞으로 희생당할 것이라는 사실이 그에게 종교적인 권위를 부여한다. 이 권위 덕택에 그는 권력을 '갖는' 것이 아니라 문자 그대로 권력을 만들어낼 수 있게 된다. 미래의 희생양이라는 지위가 불러일으키는 그에 대한 숭배는 점차 변하여서 '정치적' 권

력으로 바뀐다는 것이다.[12]

　이런 제도에 들어 있는 엄밀한 의미의 종교적 차원은 모체나 태반에 비유될 수 있다. 세월이 지나는 동안 종교적인 성격이 사라진 의식은 제의에서 벗어나 제도로 변하게 된다. 희생 제의의 반복은 어미 곰이 새끼 곰을 제대로 된 성한 곰으로 키우기 위해 쓰다듬고 핥아주는 것과 같다.

　인류의 길잡이는 추상적인 이성이 아니라 제의라 할 수 있다. 정말로 제의를 여러 번 되풀이한 결과 차츰 제도가 생겨나는데도, 제도는 '무에서' 생겨났다고 생각하는 사람들이 있다. 이것은 인간을 위해서 종교적인 것이 제도를 만들어냈다는 엄연한 사실을 모르고 하는 말이다.

　이렇게 볼 때 인간 사회란 제의를 통해 훈련을 받은 모방 과정의 산물이라 할 수 있다. 인간들은 모방에 의한 경쟁 관계를 스스로의 힘으로는 통제할 수 없다는 사실을 잘 알고 있다. 그들의 희생양에게 모방적 경쟁 관계를 제어하는 능력을 부여한 것도, 또 그 과정에서 그를 신격화시킨 것도 모두 이 때문이다. 엄격하게 실증적인 차원에서 보자면 인간은 틀렸다. 하지만 더 깊은 의미에서 보자면 인간은 옳다. 내가 보기에, 인간은 종교적인 것의 자손이다.

*

　인간의 제도는 '합리화'와 '기능화'와 같은 느린 세속화 과정의 결과임에 틀림없다. 현대 학문이 종교적인 것에 대해 깊은 적의만 갖고 있지 않았다면 이미 오래 전에 우리 제도의 이런 참된 기원을 알아낼 수 있었을 것이다.

　인간의 제도뿐 아니라 나아가서는 인류 자체도 종교적인 것에

---

12 일반적인, 특히 수단에서의 성스러운 왕권 문제에 대해서는 Simon Simonse, *Kings of Disaster*, Leiden: E. J. Brill, 1992 참조.

의해 만들어졌을 가능성을 예상해야 한다. 사실 동물적 본능에서 벗어나려면, 그리고 모방 갈등을 일으킬 위험을 안고서 욕망을 충족시키려면, 인간은 자신의 욕망을 제어해야 하는데 희생을 통해서만 그렇게 할 수 있다. '초석적 살해'와 거기서 나온 제의를 통해서 인간은 고대의 종교에서 벗어난다.

현대인들의 종교를 무시하는 경향은 역설적이게도 우선 우리에게 남아 있는, 가장 오래된 종교의 흔적이다. 인류의 온갖 제도에 작동하고 있는 내적인 요인을 감추고자 안간힘을 쓰면서, 집단 구성원들 간의 폭력을 피하려고 애쓰고, 성스러운 것과는 안전한 거리를 유지하려 하였던 것이 오래된 종교의 모습이였다.

비판자들은 종종 초석적 살해라는 나의 생각을 이상한 발명품이나 일탈로, 문화적 현실과도 인간의 이성과도 거리가 먼 한 지식인의 기막힌 착상 정도로 치부하고 있다. 하지만 우리는 『구약 성서』와 복음서를 비롯하여 모든 기원 이야기에서 이런 생각을 공통적으로 발견할 수 있다. 이 생각은 사회 기원에 관한 오늘날의 모든 주장들보다 더 그럴듯해 보인다. 그런데 이 주장들은 모두 한결같이 '사회 계약'이라는 허무맹랑한 사고의 이런저런 형태로 되돌아가고 있다.

초석적 살해가 있었다는 종교적 사상을 정당하게 고찰하여 학문적으로 인정받기 위해서는, 이 살해에다가 제의의 변화 가능성을 고려하여 오랜 기간에 걸쳐서 생겨난 제의의 여러 효과를 덧붙이기만 하면 충분할 것이다.

살인의 제의화는 다른 모든 제도의 모태가 되는 가장 기본적인 첫번째 제도이자 인류 문화 발생의 결정적인 순간이다.

우리가 오늘날의 인간이 될 수 있도록 해준 힘은 바로 협력과 조화의 정신 속에서 행하였던 숱한 희생의 되풀이였다. 희생이 좋은 결과를 많이 낳을 수 있었던 것도 모두 이런 협력과 조화의 정신 덕분이었다. 인류학에 결핍되어 있던 시간적 차원을 제공해준 이런 주장은 사회 기원에 관한 모든 종교와 일치한다.

지금의 인간이 되었을 초기의 미래 인간 피조물이 모방의 어느 단계를 지남으로써 동물적으로 폭력을 피하던 메커니즘이 붕괴되는 순간부터 인간 사회에 모방 갈등이 분출하였을 것이다. 그러나 이 메커니즘은 희생양 메커니즘, 신, 희생 제의 등을 만들어내어 인간 사회의 폭력을 진정시키고 그 폭력에게 문명화라는 긍정적인 방향의 길을 터줌으로써 재빨리 그 해독제를 만들어내었다.

우리 욕망은 모방적이기 때문에 서로 닮아서, 함께 만나면 서로에게 전염도 잘 되고 서로에게 피해만 주는 대결 구조를 이루게 된다. 그래서 우리 욕망은 스캔들이 된다. 증폭되고 집중된 스캔들은 그 사회를 위기에 빠뜨리는데 이 위기가 점점 더 격화되어서 절정에 이르면 집단 전체의 폭력이 한 사람의 희생양에게로 집중되는 '고정농양'이 일어나고, 이를 통해 폭력은 진정되고, 와해되었던 집단의 질서는 되살아난다.

위기가 절정에 달했을 때 만약 인간 집단이 이런 치유책을 스스로 만들어내지 못했다면, 다시 말해서 희생양 메커니즘이나 속죄양 메커니즘이 개입하지 않았다면, 모방 경쟁이 더 격화되면서 인간 사회는 만들어지지 못했을 것이다. 지금 우리에게는 아주 약화된 형태로만 남아 있지만, 이 메커니즘은 과거에 인간 사회를 진정으로 화해시켰을 것이며, 또 인간 사회에다가 처음에는 제의적인 질서, 후에는 제도적인 질서를 부여해줌으로써 그 사회가 일정 기간 동안 지속할 수 있고 상대적으로 안정을 유지할 수 있도록 보장해주었을 것임에 틀림없다. 그렇다. 진정, 인간 사회는 종교적인 것의 산물이다. 호모 사피엔스도 우리가 이제 막 살펴본 과정의 초기 형태의 후손임에 틀림없다.

8. 권능과 권세

앞 장에서 우리는 성서가 인간 사회의 설립과 발전을 희생양 메커니즘과 희생 제의의 효험 덕분이라고 본다는 점에서, 본질적으로 신화와 일치한다는 것을 확인할 수 있었다.

기독교는 자신을 탄생시킨 국가를 그 폭력적 기원 때문에 그다지 신뢰하지 않는다. 이런 나라들의 이름을 부르면서 『신약 성서』는 로마 제국이라든지 히로데의 4분 통치와 같은 익숙한 이름 대신에 특수한 용어인 '권능과 권세'라는 표현을 자주 사용한다.

복음서와 『신약 성서』에서 권능이란 말이 나오는 구절들을 살펴보면, 권능은 명시적이든 암묵적이든 간에 우리가 계속 이야기하는 집단 폭력과 연관되어 있으며, 또 내 생각이 옳다면 이 폭력은 그 나라의 건국 메커니즘이라는 것을 쉽게 확인할 수 있을 것이다.

「사도행전」의 앞부분에서 베드로는 예수 수난을 이야기하면서,

주님을 거슬러, 그의 그리스도를 거슬러
세상의 왕들이 들고일어나고
군주들이 함께 작당하였다. (「사도행전」, 4:26)

와 같은 시편을 인용하고 있다. 이 인용을 두고, 베드로가 예수의 십자형에 정말로 '세상의 모든 왕들'이 참여했다고 생각한다고 결론을 내려선 안 된다. 적어도 그때까지는 모든 사람들이 예수의 죽음에 별 관심을 기울이지 않는다는 것을, 베드로는 분명히 알고 있

었다. 그는 이 사건의 글자 그대로의 역사적 중요성을 과장하지는 않는다. 위의 인용문을 로마의 입장에서 보자면 분명 사소한 이 사건 너머에서 베드로가 십자가와 일반 권력 사이의 특별한 연관성을 알아냈음을 의미한다. 모든 권력은 예수의 죽음과 같은 집단 살해에 뿌리를 두기 때문이다.

모든 권력은 사탄과 똑같지는 않지만 사탄이 만든 거짓 신, 즉 초석적 살해에 의존하고 있기에 사탄의 신하들이다. 그러므로 이것은 오늘날 사람들이 그쪽으로 몰아가려 하는 순전히 개인적인 의미의 종교나 엄격하게 개인적인 신앙이 문제가 아니다. 그보다는 초석적 살해가 만들어낸 사회적 현상이 문제다.

사탄이 만들어낸 권력 체계는 물질적인 동시에 정신적이고 구체적인 현상이며, 유효한 동시에 환상적인 아주 특별한 의미에서의 종교다. 이것은 희생 제의를 통해서 폭력과 혼동으로부터 인간을 보호하는 환상으로서의 종교다. 이 체계는 환상에 근거하지만 거짓 초월을 믿는 사람이 많을수록 그 효과도 실제적이다.[13]

『신약 성서』의 저자들이 이 모호한 것을 지칭하기 위해 만들어 낸 이름이 너무나도 많다는 점은 놀라운 일이다. 권력은 때로는 '지상의 권력'으로 때로는 그 반대로 '천상의 권력'으로 불릴 뿐만 아니라, '군주' '왕위' '지배' '천상 제국의 왕' '세상의 기본' '아르콘' '왕' '세상의 왕' 등으로도 불린다.

하나의 대상이 왜 이렇게 다양하게, 왜 이렇게 다른 어휘로 표현되고 있을까? 이 어휘들을 자세히 살펴보면 두 개의 그룹으로 나뉘어 있다는 것을 곧 알 수 있다. '지상의 권력' '지상의 왕' '권세' 같은 표현은 이승에 뿌리박고 있는 권력의 지상적인 성격을 말해주고 있고, '천상 제국의 왕' '천상의 권력' 등의 표현은 그 반대로

---

13 (옮긴이) '거짓 초월'은 희생양 메커니즘의 결과를 지칭하는 하나의 방법이다. 그 희생양을 향한 스캔들의 눈덩이 효과와 같은 하나의 모델을 향한 모방 갈등의 전 과정은 제도의 설립으로 이어지는데, 이 제도는 사실 초석적 폭력의 잘못 혹은 그에 대한 환상에 기초해 있다(James G. Williams, *I See Satan Fall Like Lightning*, N. Y.: Orbis Book, Maryknoll, 2002, p. 96, 주 1 참조).

권력의 정신적, 초(超)지상적인 성격을 강조하고 있다.

물론 이 둘은 모두 같은 것을 지칭하고 있다. 천상의 권력은 지상의 권력과 다르지 않다. 그런데 왜 이렇게 두 가지로 나누어서 부를까? 혹시 『신약 성서』의 저자들은 이 말들이 무엇을 의미하는지 정확히 알지 못했던 것은 아닐까? 그렇지는 않은 것 같다. 내가 보기에는, 그 반대로 권력이 이 두 극단 사이를 끊임없이 왔다갔다 한다는 것을 이 저자들이 너무나도 잘 알고 있었기 때문인 듯하다.

이 저자들은 그들이 말하는 그것의 모호한 이중적 성격을 예민하게 의식하고 있었다. 그들이 정확히 묘사하려고 애썼던 것은, 권력에는 정신적 권력과 함께 집단 살해에 뿌리를 두고 있는 왕권 같은 물질적 권력이 있다는 권력의 결합이었다.

이런 복합적인 실체에 대해 그들은 가능한 한 빠르고도 경제적으로 이름을 붙이고 싶었을 것이다. 내가 생각하기에 그들이 그 대상을 각기 다른 이름으로 불렀던 이유는 처음에 얻은 결과에 만족하지 못했기 때문인 것 같다.

권력을 두고 '속세적'이라고 말하는 것은 곧 이 세상에 근거하고 있는 구체적인 현실을 강조하는 것이다. 이것은 본질적인 면을 강조한 것이지만 다른 면 즉 종교적인 면을 소홀히 하고 있다. 되풀이하건대 이 종교적인 것은 환상적이긴 하지만 너무나 사실적이어서 도저히 감출 수가 없다. 반면에 권력을 '초지상적'이라고 말하는 것은 예전 왕이나 요즈음의 절대 권력자들이 향유하는 초자연적인 위력을 강조하는 것이다. 오늘날에도 정부 기구를 지배하고 있는 관리들의 정신에서 권력의 초자연적인 위력을 볼 수 있다. 두 번째 표현들은 첫번째 표현들이 강조하는 것을 어쩔 수 없이 지워 버리는데, 그 역도 마찬가지다.

비현실적이지만 효력이 있는 초월성에 근거하고 있고 그러면서도 아주 현실적인 이 모순된 구성체를 과연 어떻게 한마디로 규정할 수 있을까? 권력에 많은 이름이 붙는 이유는 이 같은 내재적 이

중성이라는 구조적 모순을 인간의 언어로는 한마디로 분명히 표현할 수 없기 때문이다.

인간의 언어는 위에서 『신약 성서』가 말하던 것들을 다 소화한 적이 없었다. 그 결과 허위성에도 불구하고 거짓 초월성이 현실 세계에서 소유하고 있는 이 이중적인 권력을 묘사할 길이 없는 것이다. 『신약 성서』 저자들에게 제기된 이런 문제를 이해하지 못한 현대인들은 권력을 미신이나 완전한 마술적 사고로 보는데, 현대인들이 복음서에서 보고 싶어하는 것도 바로 이런 것들이다.

*

권력은 언제나 사탄과 연관되어 있고 사탄의 초월성에 근거하고 있고, 사탄에 의존해 있다. 그렇지만 권력이 사탄처럼 극악무도하지는 않다.

제의는 거짓 초월성과 합치거나 사탄과의 신비로운 통일을 바라는 것이 아니라 이 무서운 존재를 공동체 바깥에 멀리 격리시키려고 애쓴다.

그러므로 우리는 권력이 '나쁘다'는 이유만으로 단순히 '악마적'이라고 규정할 수 없고 또 완전히 거역해서도 안 된다. 악마적인 것은 권력이 근거하는 거짓 초월성이다. 사실 권력은 악마와 결코 낯설지 않다. 하지만 그렇다고 덮어놓고 권력을 비난할 수는 없다. 그리고 신의 왕국과는 거리가 먼 이 세상에서 권력은 질서 유지에 없어서는 안 되는 것이다. 이것이 교회의 태도를 설명해준다. 권력이 존재하는 이유는 그것에 역할이 있고 또 신이 그 권한을 주었기 때문이라고 사도 바울이 말한 바 있다. 그는 너무나 현실적이어서 권력에 대항해 싸움을 걸지 않는다. 그는 기독교도들에게 권력을 존중하고 심지어는 권력이 참된 신앙에 어긋나는 것을 요구하지 않는 한 오랫동안 공경하라고 권하고 있다.

*

　로마 제국은 하나의 권력이다. 아니 로마는 기독교가 생겨난 그 세계의 최고 권력이다. 그러므로 로마는 일종의 '린치'인 예수 수난과 비슷한 집단 살해라는 초석적 폭력에 기반을 두고 있다. 언뜻 보면 이런 주장은 터무니없어 보일 수도 있을 것이다. 이 제국의 건설은 비교적 최근의 일이고 또 너무 인위적인 일이라서 이를 '초석적 살해'처럼 아주 오래된 고대의 사건과 비교하는 것은 무리라고 생각할 수도 있을 것이다.
　하지만 로마 제국의 건국 과정을 잘 알고 있는 우리로서는 이 제국의 건국 과정이 복음서의 생각과 정말 희한하게 잘 들어맞는 것을 확인할 수밖에 없다.
　모든 로마 황제들은 여러 살인자에 의해 살해된 첫 번째 카이사르의 이름을 빌려 썼는데, 그 이름의 신성(神性)에서 나오는 희생의 힘을 통해 권위를 얻기 위해서였다. 그러므로 성스러운 왕국이 그러하듯이 이 제국도 집단 살해되어 신성화된 희생양에 근거해 있다. 여기에는 단순한 우연의 일치로 볼 수 없는 아주 인상적인 것이 있는데, 이런 사실을 잘 알고 있던 셰익스피어는 이를 우연한 것으로 보지 않았다.
　셰익스피어는 이 사건의 초석적인 의미를 과소평가하지 않았다. 그는 모방 과정을 알고 있었고 또 이것이 어떻게 해소되는지도 잘 알고 있었다. 뿐만 아니라 그는 분명 성서를 잘 이해하고 있었던 것 같다. 그는 카이사르의 신성을 오늘날의 역사가들처럼 단순한 정치 선전으로 보지 않았다. 카이사르의 살해 사건을 그의 비극 『율리우스 카이사르』의 중심에 둔 셰익스피어는 카이사르 죽음의 의미에 대해 로마 마지막 왕의 추방일 뿐이라는 오랜 생각에 맞서, 이 죽음의 제의적, 초석적 의미를 주장하고 있다.
　이를 잘 보여주는 구절 중의 하나가 카이사르가 살해되기 전날

밤 꾼 악몽을 해석하는 대목이다. 해설자는 이 사건이 새로운 나라를 세우는, 아니 그보다는 다시 나라를 세운다고 보는 것이 더 적절할 재건국의 성격을 갖고 있음을 분명히 예고하고 있다.

> 그대의 흉상에서 여러 줄기로 쏟아지는 피에 젖어
> 수많은 로마 시민들이 미소 띠고 있는 것은
> 위대한 로마가 그대의 재생의 피를 마실 것과
> 위인들이 그들의 유물과 표상을 물들이려고 밀려들 것을 뜻하는 도다. (II, 2, 85~89)

황제에 대한 경배는 애초의 초석적 살해의 원형을 되풀이하는 것이다. 이 장엄한 교리는 물론 그 뒤에 생겨난 것인데 스스로를 너무 의식하다 보니 분명 약간의 기교를 부리지 않을 수가 없었을 것이다. 하지만 이를 구상했던 사람들은 자신들이 무엇을 하고 있는지 분명히 알고 있었다. 그들의 구상은 성공하였는데, 오랜 기간 동안 지배한 로마 제국의 역사가 이를 말해주고 있다.

*

우리는 아직까지는 사회생활에 관한 가장 뛰어난 인류학 이론인 뒤르켐의 '사회적 초월' 이론과 비교해보면 권력에 관한 『신약 성서』의 생각을 더 잘 이해할 수 있을 것이다. 이 위대한 사회학자는 권력과 권세의 모순적인 구성과 비슷한, 종교적인 것과 사회적인 것이 고대 사회에 융화되어 있다는 사실을 찾아냈다.

'사회적'과 '초월'이라는 이 두 단어의 결합은 그동안 많은 비판을 받아왔다. 자연과학 지지자들은 이 말이 종교적인 것을 위해 과학을 배반했다고 보았고, 또 종교 지지자들은 이 말이 자연과학 만능주의를 위해 종교적인 것을 배반했다고 보았다.

그의 태도를 비판하기에 앞서, 우리는 그에게서 그때나 지금이나 이론가들이라는 사람들이 한결같이 갖고 있는 추상화의 태도를 극복하려고 애쓴 노력을 이해하기 위해 노력해야 할 것이다. 그는 사회 연구에서 현실적 내재성과 '초월적' 권력의 묘한 결합이 제기하는 문제를 해결하기 위해 최선을 다했다. 폭력적인 종교의 거짓 초월성은 물론 거짓에 기초해 있긴 하지만, 사회 구성원들 모두가 그것을 지키고 따르는 동안에는 현실적인 것으로 받아들여졌다.

뒤르켐의 이론에 비교하는 것이 합당하다고 해서 내 생각을 '뒤르켐적인' 것이라고 규정한다면 지나친 과장이다. 왜냐하면 뒤르켐에게는 무엇보다 모방 사이클도 없고 희생양 메커니즘도 없고 특히 우리가 지금부터 제기하려는 문제, 즉 고대 종교와 유대 기독교 사이의 뛰어넘을 수 없는 대립의 문제 같은 것이 전혀 없기 때문이다.

3부

십자가의 승리

Je vois Satan tomber comme l'éclair

9. 『구약 성서』의 특징

　요즈음의 성서 비평가들은 이제 더 이상, 복음서와 신화가 유사할 뿐만 아니라 때로는 거의 똑같아서 서로 교체도 가능하다는 것을 증명하려고 애쓰지 않는다. 그들에게는 복음서와 신화의 차이가 성가신 것이 아니라 오히려 더 편안한 것이다. 그래서 그들은 여기서 우리가 복음과 신화의 차이만을 보고 있다고 말할지도 모른다. 그러나 정작 그들은 복음과 신화의 유사점은 못 본 척하면서 말이다.
　종교 사이에 차이만 있다면 종교는 결국 아무 특성도 없는 하나의 커다란 집합체를 이루는 것과 차이가 없을 것이다.
　플로베르나 모파상의 콩트를 두고 참인지 거짓인지 말할 수 없는 것과 마찬가지로, 종교를 두고도 참인지 거짓인지를 말할 수 없을 것이다. 모두 허구의 산물인 콩트 중에서 어느 것이 다른 것보다 더 참되다고 말하는 것은 말이 안 되기 때문이다.
　현대인들은 이런 생각에 꽤 흥미를 보인다. 사람들은 차이를 아주 높이 평가하고 있는데 그것은 실제로 그래서가 아니라 겉으로만 그러할 때가 많다. 오늘날 사람들은 사실 종교를 더 이상 중요하게 생각하지 않으면서도 종교를 아주 중요하게 생각하는 듯한 표정을 짓곤 한다. 모든 종교는 남이 흉내낼 수 없는 제 나름의 방식을 갖고 있는데도 불구하고, 현대인들은 모든 종교를 똑같이 신화적인 것으로만 보고 있다. 이런 식으로 나가다가는 취향이나 색깔은 문제삼지 않고 종교 슈퍼마켓에서 그냥 자기 마음에 드는 종교를 마음대로 살 수 있게 될지도 모르겠다.

과거의 반(反)기독교 인류학자들의 생각은 현대인들의 생각보다 나았다. 기독교도들처럼 그들도 절대 진리를 믿었다. 복음서의 덧없음을 밝히려고, 그들은 복음서가 신화와 너무 닮아서 신화적일 수밖에 없다는 것을 보여주려고 애썼다.

그래서 이들은 신화와 복음서에 공통으로 들어 있는 것들을 들추어낸다. 그들은 신화와 복음서의 유사성이 너무 많고 커서 어떠한 차이점도 생겨날 여지가 없기를 바랐다. 이런 식으로 과거 인류학자들은 복음서의 신화적 성격을 입증하려 애썼다.

열의가 대단했던 이 학자들은 그러나 찾고자 했던 것을 결코 찾지 못했다. 하지만 내가 보기에 그들의 이런 열의에는 나름대로 일리가 있는 것 같다. 우리도 알다시피 신화와 복음서에는 공통점이 존재한다. 위기, 집단 살해, 그리고 마지막으로는 종교적인 성격이 발현하는 3단계의 연속인 '악마 같은' 모방 사이클이 그것이다. 과거의 인류학자들이 복음서와 신화의 닮은 점을 '모두 다' 발견하지 못한 것은 역설적이게도 바로 그들 자신의 반기독교적 정서 때문이었다. 복음서를 다시 믿을지도 모른다는 우려 때문에 그들은 분명 복음서와 일정한 거리를 유지하고 있었을 것이다. 그들은 이 책 첫 3장에 걸쳐서 우리가 그랬던 것처럼 복음서를 인용하는 것은 스스로의 명예에 먹칠을 하는 것이라고 믿었을 것이다.

복음서는 신화보다 더 투명하다. 그리고 복음서는 자기 주변에 이 투명성을 널리 퍼뜨린다. 복음서에서는 모방이 처음에는 갈등을 일으키지만 마지막에는 화해를 일으킨다고 분명히 설명하고 있기 때문이다. 복음서는 이렇게 모방 과정을 밝힘으로써 모호한 신화의 세계에다가 선명한 등불을 밝혀주고 있다. 그러나 그 반대로 신화를 이용해서 복음서를 이해할 수 있는 여지는 전혀 없다.

복음서에서 모방 사이클을 찾아냈던 우리는 처음에는 아폴로니우스의 투석형에서, 그 뒤에는 모든 신화-제의적 숭배에서 이를 쉽게 재확인할 수 있었다. 이때부터 우리는 고대 문화는 본질적으로 희생양 메커니즘과 그것의 제의적인 되풀이를 통해서 모방 사이클을 관리하는 것으로 이루어져 있음을 알게 되었다.

그러나 과거의 인류학자들은 이와는 반대 방향의 방법을 취하고 있었다. 그들은 복음서를 공격하기 위해서는 반드시 신화에 의지해야 한다고 도덕적으로 믿고 있었던 것이다. 이 순서를 바꾸는 것은 그들 스스로의 명분에 위배된다고 믿었을 것이다.

신화도 물론 복음서와 똑같은 모방 과정을 보여주고 있다. 그렇지만 그 방법은 거의 다 부분 아주 모호하고 선명하지 않기 때문에 여기에만 의지해서는 '사탄의 어둠'을 걷어낼 수가 없다.

내가 복음서에서 시작하는 이유는 내가 자의적으로 기독교를 옹호하고 이교도를 거부하기 위해서가 결코 아니다. 신화에도 모방 사이클이 있는지 찾는 이유는 기독교인들이 오래전부터 갖고 있던, 기독교의 절대적인 유일성에 대한 믿음이 더 확고해지기는커녕 그 이전보다 더 약해질 것이기 때문이다.

복음서와 신화가, 같은 유형의 모방 위기, 같은 유형의 집단 추방에 의한 위기 해결, 종교의 발생으로 인한 위기 종결, 그리고 아주 비슷한 구조를 가진 제의를 되풀이되면서 이 위기가 기억되고 있다는 이야기를 다 같이 하고 있는데도 불구하고, 기독교가 항상 주장하는 독창성과 유일성을 부여할 수 있을 차이점이 신화와 기독교 사이에 도대체 어떻게 존재할 수 있는 것일까?

물론 기독교의 희생 제의는 직접 피를 흘리는 제의가 아니다. 이제는 실제로 제물을 처형하지도 않는다. 앞의 4장에서 보았듯이, 아폴로니우스는 투석을 조장하고, 그리스도는 투석을 막던 이야기에서처럼 비폭력은 도처에 있다.

진정한 기독교인은 이런 차이에 만족하지 않을 것이다. 기독교는 아직도 신화적인 과정이 다소 완화되고 순화되었지만 본질적으로는 변한 것이 하나도 없이 보일 수도 있다. 그 뒤에 생겨난 수많은 신화적인 숭배 의식에서도 완화와 순화는 분명히 드러나는 현상이다.

표면적인 사소한 이유가 아니라 발생적인 측면에서 복음서와 신화가 왜 차이가 나는지는 아직 밝혀지지 않았다.

만약 과거의 인류학자들이 지금 이런 실상을 전해 듣는다면 분명 기뻐할 것이다. 기독교는 타 종교와 분명히 다르다고 믿고 있던 기독교인들의 기독교 유일 사상은 몇 세기 전부터 많이 약해졌다. 여기에는 인류학의 비교 연구와 기독교에 대한 신화적인 시각 등이 일조했다. 그뿐 아니라 바로 이런 이유로 어떤 기독교인들은 나의 작업을 못마땅해하고 있다. 그들은 민속학의 비교 연구에서는 기독교에 유리한 것이 하나도 나올 수 없다는 말을 믿고 있는 것이다.

*

이 문제는 아주 중요한 것이기에 이를 다시 한번 정리해보자. 복음서가 거짓된 것, 신화적인 것, 악마적인 것으로 보고 있는 종교적인 것의 발현과, 복음서가 참된 것으로 보고 있는 종교적인 것의 발현을 꼼꼼히 비교해보면 우리는 구조상의 차이를 볼 수 없을 것이다. 둘 다 모두 모방 사이클이 문제가 되고 있는데 이들은 모두 희생양과 희생양의 부활로 끝나고 있다.

기독교는 무슨 근거로 다른 종교를 악마적이라고 정의하고 또 무슨 근거로 자신을 이 정의에서 배제시키는 것일까? 지금 우리의 연구는 가능한 한 객관적이고 또 '과학적'이기를 바라고 있다. 그래서 복음서에서 보여주는 신과 사탄의 구분을 무턱대고 받아들여서는 안 된다. 이런 구분이 사실적이고 구체적인 이유를 오늘날 독자들에게 입증해 보여주지 못한다면 독자들은 이를 헛된 것으로 여기고 받아들이기를 거부할 것이다.

당분간은 신화의 신을 만들어내는 모방 사이클과, 예수의 부활로 끝나면서 예수의 신성을 확인시켜주는 모방 사이클 둘 다 동등할 듯하다.

요컨대 신과 사탄의 구분은 기독교를 유일한 것으로 만들고 싶어하고 자신들만이 신화와는 다른 진리를 담고 있다고 주장하고 싶어하는 기독교인들의 욕망이 만들어낸 환상일 수도 있다. 이것이 바로 오늘날 타 종교의 사람들뿐 아니라 복음서와 신화의 유사성을 자각하고 있는 많은 기독교인들이 기독교를 비난하는 이유 중의 하나다.

복음서에 나오는 모방 사이클은 '위기, 집단 폭력, 신의 출현'이라는 신화 사이클의 3단계를 담고 있다. 그래서 다시 말하지만, 객관적으로 말하면 복음서와 신화에는 어떤 차이도 없다. 그래서 복음서는 죽음과 부활의 신화, 근본적으로는 비슷하지만 아마도 다른 것보다 훨씬 더 세련된 신화가 아닐까, 하는 아주 소박한 의문을 품을 수 있다.

*

이 문제에 그대로 접근하는 것보다는 먼저 독실한 기독교인들이 『신약 성서』만큼이나 애착을 갖고 있는 책, 즉 이들이 『구약 성서』라고 부르는 히브리어 성서를 참조해서 두 가지 국면으로 나누어 보는 것이 좋을 것 같다. 논의를 진행하는 중에 분명히 드러날 방법상의 이유로 나는 『구약 성서』부터 살펴보고자 한다. 보기에 따라서는 먼 길을 돌아가는 것처럼 보이지만 이러는 편이 더 빨리 우리를 문제의 핵심에 이르게 할 것이다.

신화와 복음서에 공통으로 나타나던 모방 사이클이 『구약 성서』 이야기에서는 부분적으로만 나타나고 있다. 『구약 성서』에도 모방 위기와 집단 살해는 나타나고 있지만 세번째 단계, 즉 희생양이 신성하다는 것을 보여주는 희생양의 부활과 종교적인 것의 출현은 빠져 있다.

거듭 말하지만 『구약 성서』에는 모방 사이클의 첫 두 단계만 나오고 있다. 여기서 희생양이 되살아나지 않는다는 것은 아주 분명하다. '희생되는 신'도 없고 '신격화된 희생양'도 없는 것이다.

그러므로 『구약』과 신화 사이에는 지금 우리의 문제에 있어 아주 중요한 의미를 지니고 있는 '차이'가 있다. 『구약』의 일신교 신이 고대의 다신교 신과 마찬가지로 희생양 과정에서 생겨났다는 것에는 의심의 여지가 없는 듯하다.

지금부터는 『구약』에 나오는 요셉 이야기와 유명한 오이디푸스 신화를 통해, 『구약』이야기와 신화를 비교해보기로 하자. 이를 통해 지금 우리에게 제기된 중요한 문제인, 예수 그리스도라는 신격 문제를 해결하는 유용한 단서를 얻을 수 있을 것이다.

우선 우리는 이 두 기록에 위기와 집단 폭력이라는 모방 사이클의 첫 두 단계가 나타나고 있다는 것을 분명히 확인할 수 있다.

신화와 이 『구약』이야기는 다 같이 두 주인공의 '어린 시절'부터 시작하고 있다. 둘 다 이야기의 서두는 가족에게 일어난 위기로 시작하여 어린 주인공이 가족에 의해 추방됨으로써 그 위기가 해소되는 것으로 되어 있다.

신화에서는 신탁이 내려 부모와 어린아이 사이의 위기를 더 가속시키고 있다. 신탁은 오이디푸스가 언젠가 아버지를 죽이고 어머니와 같이 잘 것이라고 알려준다. 두려움에 사로잡힌 라이오스와 이오카스테는 이 아들을 죽이기로 결심한다. 오이디푸스는 우여곡절 끝에 죽음을 면하지만 가족들에 의한 추방은 면하지 못한다.

『구약』에 나오는 요셉 이야기에서 위기를 일으키는 것은 열 형제의 질투다. 오이디푸스 신화와 출발점은 다르지만 결과는 같다. 열 형제는 요셉을 죽이려 하지만 결국은 그를 이집트로 떠나는 대상(隊商)에게 노예로 팔아버린다. 결국 요셉은 우여곡절 끝에 죽음을 면하지만 가족들에 의한 추방은 면하지 못하는데, 오이디푸스의 경우와 똑같다.

두 이야기의 아주 유사한 서두 부분에서 우리는 우리가 기대하던 것, 즉 모방 위기와 희생양 메커니즘을 쉽게 확인할 수 있다. 어떤 집단이 한 구성원에 대해 만장일치로 반대하여 그를 폭력적으로 추방하는 것을 두 이야기에서 다 볼 수 있다는 말이다.

이 두 이야기에는 두번째 위기의 예가 나오는데 오이디푸스의 경우에는 새로운 추방이 뒤따르고 있다.

스핑크스의 수수께끼를 해결함으로써 오이디푸스는 괴물의 손아귀에서 자신의 목숨을 건질 뿐 아니라 그와 동시에 도시 국가 테베 전체를 구해낸다. 테베는 그에 대한 보답으로 오이디푸스를 왕으로 모신다. 하지만 이 승리가 영원하지는 않았다. 몇 년이 흐른 뒤에 당사자를 포함하여 그 누구도 모르는 사이에 신탁의 예언이 실현되었다. 오이디푸스는 자신의 아버지를 죽이고 어머니와 결혼한 것이었다. 아버지를 죽이고 어머니를 간한 이 아들을 테베 시민들이 보호하지 못하도록 하기 위해 아폴론은 페스트를 보내는데 이로 인해 오이디푸스는 한 번 더 추방을 당하게 된다.

다시 요셉 이야기로 돌아가보자. 이집트에서 곤경을 벗어나기 위해 요셉도 오이디푸스와 마찬가지로 수수께끼를 푸는 재주를 발휘한다. 그에게 주어진 문제는 꿈의 해몽이었다. 요셉은 처음에 두 궁정 대신의 꿈을 해몽하였고 다음에는 파라오의 꿈을 해몽하였는데, 일곱 마리의 살찐 암소와 일곱 마리의 야윈 암소가 나오는 유명한 꿈이다. 요셉은 자신의 뛰어난 지혜로 감옥(이를 나는 추방과 같은 것으로 본다)에서 풀려날 뿐만 아니라 이집트를 기근에서 구해낸다. 그러자 파라오는 요셉을 재상으로 임명한다. 이처럼 뛰어난 재주로 그는 승승장구하여 최정상의 자리에 오르는데, 이것도 오이디푸스와 똑같다.

처음에 추방을 당했다는 것 때문에 오이디푸스와 요셉은 다 자신들의 위업을 달성하는 바로 그 무대, 즉 오이디푸스는 테베, 요셉은 이집트에서 항상 의심을 받는 낯선 사람처럼 보인다. 이 두 주인공의 이력은 말하자면 어떤 집단 내부로 휘황찬란하게 편입하는 것과 거기에서 폭력적으로 추방당하는 것으로 교차되어 있다. 그러므로 신화와 『구약』 이야기의 수많은 본질적인 유사점들은 우리가 이미 알고 있는 테마들 중의 하나로서 신화적인 것과 『구약 성서』적인 것의 공통점 중의 하나다. 이것들은 우리가 살펴보던 기록에 모두 들어 있던 것과 똑같은, 위기와 폭력적 추방으로 되어 있는 모방 과정들이다.

신화와 이『구약』이야기는, 독자들이 생각하는 것보다 훨씬 더 가깝고 훨씬 더 닮아 있다. 그렇다면 이것들은 본질적인 면에서 전혀 상반되지 않는다는 말일까? 거의 같다고 보는 사람도 있을 것이다. 그러나 내 생각은 전혀 그렇지 않다. 이들의 공통점을 알게 됨으로써 우리는 오히려『구약 성서』와 신화 사이의 분명한 간극, 건널 수 없는 심연을 볼 수 있다고 생각한다.

신화와 이『구약 성서』이야기는 집단 폭력이 제기하는 결정적인 문제, 즉 그 정당성과 합법성의 문제에서 분명한 차이를 드러내고 있다. 신화에서 주인공의 추방은 매번 정당화되고 있지만, 이『구약』이야기에서 주인공의 추방은 전혀 그렇지 않다. 집단 폭력이 정당화되지 않았다는 말이다.

라이오스와 이오카스테가 언젠가 아버지를 죽이고 어머니와 동침할 아들을 제거한 데에는 충분하고도 당연한 이유가 있었다. 테베 사람들 역시 그들의 왕을 추방할 충분한 이유가 있었다. 오이디푸스는 실제로 신탁이 예언한 불결한 짓을 했을 뿐만 아니라 거기에 덧붙여 온 도시에 페스트를 퍼뜨렸기 때문이다.

신화 속의 희생양은 항상 잘못을 범한 자고 그를 박해한 자들은 항상 옳다. 그러나『구약』에서는 그 반대다. 요셉이 그의 형제들에게 보복을 한 것은 옳았고 그를 감옥에 가둔 이집트 사람들에게 복수를 한 것도 정당했다. 요셉이 도리어 자신을 겁탈하려 했다고 고발하였던 그 음탕한 주인마님을 거부한 것 또한 합당한 일이었다. 그 마님의 남편이자 요셉의 주인 보디발이 그를 자신의 진짜 아들처럼 여겼다는 사실을 떠올리면, 요셉에게 가해진 이 비난은 오이디푸스에게 가해졌던 비난을 연상시킨다.

바로 여기서 두 이야기는 또 만나는데, 이 합치점은 똑같은 근본적인 분기점으로 이어지고 있다. 신화의 세계와 이 세계를 연장하고 있는 현대 세계는 신화 속에서 주인공이 비난받는 것을 합당하다고 여기고 있다. 우리가 보기에 사람들은, 욕망의 차원에 지나지 않더라도, 정도의 차이는 있지만 모두 항상 잠재적인 친부살해와 근친상간의 죄인인 것 같다.

하지만 이 『구약』 이야기는 이런 유형의 비난을 진지하게 생각하기를 거부한다. 여기서 『구약』은 희생양에게 흥분한 군중들이 보여주는 특유의 강박관념을 보고 있다. 요셉은 보디발과 동침하지 않았을 뿐만 아니라 그녀가 내미는 손길을 끈질기게 영웅적으로 뿌리쳤다. 이 힘없는 외톨이인 젊은 이방인을 추방하기로 쏜살같이 몰고 간 진짜 죄인은 다름 아닌 바로 그녀고 또 그녀 뒤에 있는 이집트 군중 즉 모방 잘하는 무리들이다.

두 주인공과 이들이 귀화한 나라를 덮친 재앙의 관계가 잘 반영하여 요약해주는 것은, 이 두 이야기의 독특하지만 아주 결정적인 차이점뿐만이 아니라 여러 가지 일치점이다. 페스트 창궐에 책임이 있는 오이디푸스는 자신이 추방당하는 것 외에는 그 재앙을 해결하기 위해 어떤 일도 할 수가 없다. 요셉은 기근에 책임이 없을 뿐 아니라 뛰어난 수완으로 그 위기를 다스림으로써 이집트를 그 재앙에서 구해낸다.

이 두 이야기에서 우리는 똑같은 질문을 제기할 수 있다. 주인공들이 추방을 당할 만큼 과연 큰 죄를 지었는가 하는 것이다. 이 질문에 대해 신화는 항상 '그렇다'라고 대답하고 있고 『구약』 이야기는 그때마다 '전혀 그렇지 않다'라고 대답하고 있다. 오이디푸스의 이력은 그의 유죄를 말해주는 추방으로 끝나고, 요셉의 이력은 그의 무고함을 말해주는 승리로 끝난다.

신화와 이 『구약』 이야기가 이처럼 완전히 대조를 이루고 있다는 데서, 우리는 『구약』 이야기는 신화와는 상반되는 영감의 소산이라는 것을 감지할 수 있다. 이런 영감을 통해서 우리는 『구약』의 시각이 없었더라면 신화에서 그냥 지나쳤을 중요한 면을 볼 수 있다. 신화는 따돌림을 당하면서 압박을 받는 모든 희생양들을 언제나 비난하고 있다. 이런 신화들은 군중들이 만들어낸 것이다. 흥분한 군중들은 그들이 친부살해, 근친상간, 수간과 같이 끔찍스럽고 전형적인 범죄를 범했다고 생각하고, 그러면서도 아무런 방어 수단도 없는 이 희생양들을 추방하고 죽이고 싶어하는 성향이 자신들에게 있다는 것을 알아채지도 못하고 또 당연히 그런 성향을 비판하지 못하고 있다.

*

다음 대목에서 요셉은 형제들에게 아주 평화롭게 복수한다. 요셉 이야기는 아직 끝나지 않았지만 이것이야말로 형제들에 의해 대상들에게 팔린, 그래서 가족들에 의해 추방당한 요셉 이야기의 진정한 결론이라 할 수 있다. 이 대목은 성서가 신화의 집단 폭력과 반대라는 것을 아주 분명하게 보여주고 있다.

7년 가뭄이 시작되자 요셉의 의붓 형제 열 명도 팔레스타인에서 배고픔에 시달린다. 그래서 그들은 먹을 것을 구하러 이집트로 간다. 제상의 휘황찬란한 옷을 입은 요셉을 그들은 알아보지 못했다. 하지만 요셉은 그들을 알아보고도 모른 척하고는 아주 조심스럽게 동생 베냐민에 대해 물어보았다. 그들은 베냐민을 집에 남겨두고 왔는데, 베냐민에게 혹시 나쁜 일이 생길까 봐, 그리고 나이 드신 아버지 야곱이 크게 상심할까 봐 그렇게 했던 것이었다.

요셉은 의붓 형제 모두에게 밀을 주면서 기근이 계속되어 다시 올 때는 베냐민과 같이 오지 않으면 아무것도 주지 않을 것이라고 알려준다.

가뭄이 계속되자 열 명의 의붓 형제들이 이집트로 다시 왔는데 이번에는 베냐민과 함께였다. 이번에도 밀을 나누어준 요셉은 하인을 시켜서 비싼 잔(盞) 하나를 베냐민의 짐 꾸러미에 몰래 감춘다. 소중한 물건을 도둑맞았다고 크게 상심한 척하는 요셉은 열한 명의 형제들의 짐을 조사하게 하여 잔을 찾아내자 베냐민이라는 죄인 한 명만 체포한다고 선언하고는 나머지 열 명의 형제들은 무사히 본국으로 되돌아가도 좋다고 허락한다.

말하자면 요셉은 의리 없는 그 형제들에게, 가장 어리고 가장 약한 자를 모른 채 내팽개치고 싶어하는 유혹을 제안했던 것이다. 그런데 알다시피 이 유혹은 이들이 전에 이미 넘어간 적이 있던 유혹이었다. 형제 중 아홉은 다시 이 유혹에 넘어가려 하지만, 오로지 유다만이 이 제안을 거부하고 자신이 베냐민을 대신해서 남겠다고 나선다. 눈물을 흘리면서 형제 모두를 용서한 요셉은 그 보답으로 늙으신 아버지 야곱을 포함한 가족 모두를 이집트로 모시고 와서 환대한다.

이 마지막 일화는 신화뿐 아니라 『구약』에서도 자주 나타나고 있지만 그 결과는 반대로 나타나는 집단 폭력에 대한 깊은 성찰에서 나온 것 같다. 요셉의 마지막 승리는 단순한 '해피 엔딩'이 아니라, 폭력적 추방 문제를 드러내놓고 제기하는 것이다. 이 『구약』 이야기는 서술의 틀을 벗어나지 않으면서 폭력에 관한 성찰을 계속해나간다. 그런데 이 이야기 안에는, 물론 가끔씩은 만장일치에 의한 집단 추방 때문에 일시적으로 중단될 때도 있지만, 항상 뒤따라오는 복수가, 복수의 고리를 단번에 끊어버릴 수 있는 용서로 대체된다는 사실에서 이 성찰의 근본적인 태도가 드러나고 있다. 요셉이 형제들을 용서하기 위해서는 그들이 뉘우치고 있다는 징표를 보여줄 필요가 있는데 그것을 보여준 것이 바로 유다다.

이 『구약』 이야기는 타고난 재능 때문에 아버지 야곱으로부터 총애를 한 몸에 받는 요셉에 대한 형제들의 선망, 증오를 고발하고 있다. 요셉이 쫓겨난 진짜 원인은 모방적 경쟁 관계 때문이라고 말해야 할 것이다.

*

이야기를 내 생각과 이 『구약』 이야기에 유리하게 몰고 간다고 비난을 받을지도 모르겠다. 하지만 그런 비난은 없을 것이다. 만약 신화와 『구약』이야기가 모두 허구적인 환상의 결과, 다시 말해 포스트모더니즘 비평이 주장하는 그런 의미에서의 '이야기'라면, 오이디푸스와 요셉이라는 두 희생양이 보여주는 간극에는 아무런 의미도 없을 것이다. 그렇게 되면 이 간극은 오로지 이 두 이야기를 쓴 두 작가 즉 '불행하게 끝나는' 이야기를 선호하는 사람과 '행복하게 끝나는' 이야기를 선호하는 사람의 개인적인 기분에서 비롯되었을 것이다. 만약 그렇다면 거듭해서 말하지만 이 기록들은 붙잡을 수 없는 변신의 결과들이고 우리는 이를 고정된 하나의 테마로 파악할 수가 없을 것이다.

해체주의자를 비롯하여 언제나 의미를 죽이는 것을 즐기는 오늘날의 포스트모더니스트들은 신화와 『구약』기록은 집단 폭력 문제에 관한 상반된 견해를 나타내는 두 가지 입장에 근거한다는 우리의 생각에 아마 동의하지 않을지도 모르겠다.

만약 그들이 우리의 생각에 동의하지 않는다면 나는 요셉의 추방을 인정하지 않는 것은 우연한 결과가 아니라고 반박하고 싶다. 그것은 앞의 마지막 이야기 때문만이 아니고, 앞의 장에서 우리가 오랫동안 살펴보았던 신화와 『구약』의 공통점에 들어 있던 것이기 때문이다. 그러므로 요셉의 추방을 반대하는 태도는 분명 신화적 태도에 대한 주도면밀한 비판임에 틀림없다. 앞뒤가 너무나도 잘 들어맞기에 이를 두고 우연히 그렇게 되었다고 말할 수는 없을 것 같다. 여러 가지 수렴 현상들은 단 한 번의 결정적인 이 간극 현상이 무슨 의미를 담고 있는지 잘 말해준다. 이 『구약』이야기가 우리에게 알려주는 것은 바로 신화적인 추방에 대한 전면적인 거부다.

신화와 요셉 이야기를 비교해봄으로써 우리는, 『구약 성서』를 쓴 사람들이 오이디푸스 신화 자체는 아니라 하더라도 분명 이 신화와는 비슷한, 그러나 아마 우리는 모르고 있을 그런 신화를 비난할 의도를 분명 갖고 있었다는 것을 짐작할 수 있다. 이 『구약』이야기는 집단 폭력을 정당화하는 일반적인 신화의 경향, 즉 신화가 갖고 있는 비난과 복수의 성격과 경향을 비판하고 있다.

신화와 이 『구약』이야기의 관계를 박해자와 희생양에 대한 차이로만 생각해서도 안 되지만 그 유사성으로만 생각해서도 안 된다. 유사성의 맥락에서 차이를 생각할 때 그 참된 의미를 깨달을 수 있다.

해롭다고 판단되는 사람을 추방하는 것은, 『구약』뿐 아니라 신화에서도 아주 중요한 역할을 하고 있다. 이 점에서 신화와 『구약』이야기가 합치된다. 그렇지만 신화는 이 역할을 비판할 수 없고 또 있는 그대로의 집단 추방에 대해 이의를 제기하지 못하고 있다. 이에 비해 『구약』의 이 이야기는 이 정도의 이의 제기는 물론이고 이런 추방의 부당성을 단호하게 주장하고 있다.

오이디푸스 신화와 요셉 이야기에서 공통적으로 모방 사이클을 발견하는 것은 이 둘의 유사성을 드러내고자 하는 것만이 아니다. 이 작업을 통해 우리는 오늘날 유행하는 차이에 대한 강박에서 벗어나 『구약』의 진실'과 '신화의 거짓'이라 칭할 수 있는 것들 사이의 본질적인 간극에 관심을 집중할 수 있다.

이 진실은 이런 이야기의 지시 관계 문제나 서술의 진실 혹은 거짓의 문제를 초월한 것이다. 이 이야기를 진실로 만드는 요인은 기록 외부에 있는 어떤 여건과의 일치가 아니라, 항상 모방의 전염에서 나오고, 그래서 정당한 합리적 판단의 결과일 수가 없는 추방이기 때문에, 항상 유효할 수밖에 없는 신화의 추방에 대한 비판에 있다.[1]

『구약』의 이야기와 오이디푸스 신화 혹은 여타의 신화 이야기 사이의 간극은 사소한 것이 아니다. 오히려 이들 사이의 간극이 하도 커서 이보다 더 큰 간극이 없을 정도다. 이 간극은 자의적인 폭

---

[1] 그렇다고 우리가 요셉의 이야기를 당연히 허구적인 상상의 이야기로 본다는 말은 아니다. 우리는 단지 요셉 이야기가 그런 허구의 이야기라 하더라도 오이디푸스의 신화보다 덜 '진실적'이지는 않음을 말하고자 한 것이다.

력이 승리를 거두면서 결코 정체가 알려지지 않는 세계와, 그 반대로 같은 폭력의 정체가 드러나면서 고발을 당하다가 종국에 가서는 용서를 받는 세계 사이의 차이다. 또 이 간극은 양쪽 다 절대적인 진실과 거짓 사이의 차이다. 이를 다른 말로 표현해보면, 한쪽은 폭주하는 모방의 전염에 굴복하여 신화라는 거짓에 빠져든 세계고, 다른 한쪽은 똑같은 모방의 전염에 저항하면서 『구약』이라는 진실의 세계에 남은 것이라 말할 수 있다.

또 요셉의 이야기는 다른 종교에 대한 기독교의 환상을 거부한 것이라 할 수 있다. 이것은 이 이야기가 무엇을 지시하느냐 아니면 아무것도 지시하지 않느냐 하는 것과도 관련이 없고, 신앙 체계와도 상관이 없으며, 어떤 시대와도 관계가 없고, 언어적 혹은 문화적 맥락과도 상관없는, 인간이라면 누구나 다 해당되는 보편적인 진실을 밝혀주고 있다. 그러므로 이것은 정말 절대적인 진실이다. 하지만 이것은 이 말의 좁은 의미에서의 '종교적인' 진실이 아니다.

요셉 이야기가 혹시 자기 민족에서 떨어져서 이방인 사이에 고립된 젊은 유대인을 좋게 보는 선입견을 드러내는 것은 아닐까, 하는 의문을 제기하는 사람들이 있을 것이다. 『구약』의 이 이야기는 희생양을, 특히 그 희생양이 젊은이일 경우 전폭적으로 유리하게 배려한다고 보는 『고대 유대교』의 막스 베버와 니체의 생각을 받아들인다 하더라도, 상반된 선입견이 똑같다는 이유로 『구약』과 신화를 같은 차원에서 보아야 한다고 결론을 내릴 필요는 없을 것이다.

추방을 당해 이리저리 쫓겨다닌 유대 민족이 신화에 이의를 제기하고 또 그들 스스로가 그 대상이 되는 희생양 현상을 잘 포착하는 데 있어 다른 어떤 민족보다도 더 유리한 위치에 있는 것은 사실이다. 이들은 이방인과 낯선 사람 그리고 모든 종류의 불구자들을 향한 박해 군중들의 성향에 대해 아주 뛰어난 통찰력을 보여준다. 비싼 대가를 치르고 얻은 유대인들의 이런 이점 때문에 『구약』의 진리의 보편성이 결코 줄어들지는 않는다. 이 때문에 성서의 진리가 상대적인 것이 되지는 않는다.

'쇼비니즘'이나 '자민족 중심주의'도 마찬가지지만, 니체가 자주 언급하는 '원한'으로 요셉의 이야기를 만들어낼 수는 없다. 희생양을 추방시키는 진정한 원인은 희생양이 아니라 그들의 박해자들이다. 즉 모방의 회오리어 사로잡힌 군중, 서로를 시기하는 형제, 무리를 이룬 이집트인들, 흥분한 보디발들 때문이다.

『구약』의 이 이야기에 들어 있는 고유한 진실을 인정하는 것은 광신이나 자민족 중심주의와 같은 독단에 빠져드는 것이 아니라, 참된 객관성을 드러내는 것이다. 우리 사회에서 '신화'라는 말은 얼마 전까지만 해도 '거짓'의 동의어로 통했었다. 그러나 언제인가부터 지식인들은 『구약 성서』에 대한 신화의 권리를 복권시키기 위해 온갖 노력을 다했지만, 대중 언어에서 '신화'는 여전히 거짓을 의미하고 있다. 내가 보기에 대중 언어가 옳은 것 같다.

*

『구약 성서』에 나오는 희생양들이 모두 요셉만큼 운이 좋은 것이 아니라서, 박해자들에게서 벗어나 그 박해를 이용해 자신의 운명을 개선하는 데 모두 항상 성공하는 것은 아니다. 이들은 그냥 죽고 말 때가 많다. 이웃이 없을 뿐 아니라 모든 이들로부터 버림받은 이 희생양들은 힘센 박해자들에게 둘러싸여 있기 때문에 그냥 희생당하고 마는 것이다.

요셉 이야기는 이 희생양이 모든 적들을 물리친다는 점에서 '낙관적인' 행복한 이야기라 할 수 있다. 『구약 성서』에는 이와 달리 '비관적인' 이야기들도 많다. 그렇다고 해서 이런 이야기들이 요셉 이야기와 같은 진실을 옹호하지 않고 또 정확히 같은 방식으로 신화에 반대한다는 것을 보여주지 않는 것은 아니다.

『구약 성서』의 특징은 현실을 낙관적으로 묘사하고 악의 힘을 축소하는 데에 있지 않다. 모방에 의한 '일인에 대한 만인의' 박해 현상을 객관적으로 '해석'하고, 신화만 있는 세계의 틀 속에서 모방 전염의 역할을 잘 포착하고 있는 데에 있다.

『구약 성서』의 세계에 나오는 사람들은 대체로 신화 세계에 나오는 사람들만큼 폭력적이고 또 그 세계에는 희생양 메커니즘도 많이 들어 있다. 차이가 나는 것은 『구약 성서』, 정확히 말하면 이런 현상에 대한 『구약 성서』적인 해석이다.

*

요셉에 대해 진실인 것은 수많은 「시편」의 서술자들에 대해서도 진실이다. 나는 이 기록들이 흥분한 군중들에게 사로잡힌 신화에 나오는 전형적인 희생양에게 발언권을 주는 인류 최초의 기록이라고 생각한다. 희생양을 뒤쫓던 한 무리의 사람들이 린치를 가하려고 그의 주위를 빙 둘러서서는 함정으로 유도하면서 욕설을 퍼붓고 있다.

이 희생양들은 침묵을 지키기는커녕 장시간에 걸쳐 그 박해자들을 단호하게 비난한다. 이들의 번뇌가 얼마나 신랄하게 표현되고 있던지 「시편」에 나오는 군중들보다 더 현대적인 군중들인, 정치적으로 예절 바른 성서 해석자들을 화나게 할 정도다. 그들에게 연민을 품고 있는 오늘날의 많은 전문가들은 「시편」의 희생양들이 그들의 박해자들에게 너무 정중하지 않은지 애석해할 정도다. 정의의 기사 같은 이 전문가들의 마음을 움직인 그 유일한 폭력은 단지 린치를 당하던 순간에 희생양들이 내뱉은 언어 폭력뿐이다.

그에 비해 이 폭력의 청교도들은 박해자들이 실제로 행한 폭력을 제대로 보지 않고 마치 애당초부터 일어나지 않았다고 여기는 것 같다. 그들은 단지 기록만 폭력적이라고 말해왔는데, 여기서 그들은 중요한 것을 놓치고 있다. 그들은 기록은 현실을 담고 있지 않다는 생각에, 말 그대로 완전히 빠져 있다. 오늘날의 방법도 이런 태도를 거쳤는데, '지시 대상' 달리 말해서 이 「시편」에서 실제로 문제가 되는 것은 모두 삭제되고 은폐되고 지워졌다. 내가 보기에 「시편」의 폭력'에 망연자실한 비평가들은 완전히 잘못 생각하고 있다. 그들이 본질적인 것을 놓치고 있기 때문이다. 그들은 진지하게 다루어야 할 유일한 폭력, 즉 그 서술자들이 괴로워하는 그 폭력에 전혀 관심을 두고 있지 않다. 그들은 박해자보다는 희생자들에게 발언권을 주는 인류 역사상 아마 가장 오래된 기록일 「시편」의 특이한 독창성을 전혀 눈치도 채지 못하고 있다.

요셉 이야기와 같이 「시편」도 '신화적인' 상황을 보여주고 있다. 하지만 「시편」에서 우리는 멋진 모피 옷을 뒤집어 입는 희한한 사고를 가진 사람을 떠올린다. 이는 곧 화사함과 냉정함과 향락적 취미를 과시하는 것이 아니라 아직도 피가 뚝뚝 흐르는 동물의 껍질 벗긴 가죽을 보여주는 것과 같다. 이 모든 광경은 살아 있는 생명체를 죽이기 때문임을 알게 될 것이다.

*

「욥기」는 거대한 시편인데, 여기서 특이한 점은 신에 대한 두 가지 개념이 대치한다는 것이다. 신에 대한 이교도의 생각은 오랫동안 욥을 숭배하다가 갑자기 아무 이유도 없이 순전히 모방적인 이유로 그에게 등을 돌린 군중들의 생각이다. 이들은 욥어 대한 맹목적 숭배와 마찬가지로 집단 전체가 그에 대해 적의를 갖는다는 사실을 신의 의지로, 즉 죄가 있는 욥 스스로가 자신의 죄를 고백해야 하는, 부인할 수 없는 증거로 보고 있다. 스스로를 신이라고 생각한 군중들은 그들의 대표로 정한 세 '친구'를 통해 그에게 공포를 주고 유죄를 선고하는 평결에 대한 모방적 동의를 얻어내려고 애쓰는데, 이런 방식은 이교도의 만장일치가 되살아난 듯한 20세기의 인민재판과 같은 것이다.

이 초특급 시편은 신화 숭태에서 신과 군중이 하나였음을 웅변적으로 보여주고 있다. 제의적으로 희생양에게 린치를 가하는 것,

디오니소스 제의에서 희생물의 육신을 난자하는 것이 바로 숭배의 최초의 표현인 것도 다 이 때문이다.

「욥기」에서 가장 중요한 것은 다수를 따르는 순응주의가 아니라, 망설이고 주저하다가 결국에는 다시 제정신을 차려서 집단 전체의 모방 전염을 물리치고 박해에서 신을 구함으로써 결과적으로 신을 박해자의 신이 아니라 희생양의 신으로 만든 주인공 욥의 대담함이다. 마침내 "나는 믿는다. 나의 변호인이 살아 있음을"이라고 말할 때 욥이 행한 것이 바로 이것이다(「욥기」, 19:25).

여기서는 신화와 반대로 살인자가 아니라 희생양이 옳은 자로 나타나고 있다. 희생양들은 무고한 자들이다. 그러므로 무고한 희생양들을 괴롭힌 박해자들이 유죄다.

『구약 성서』는 모방 폭력에 대해 회의를 나타낸다. 하지만 거역하기 힘들 뿐 아니라 너무나도 대중적이던 신화적 환상이 그 사회에 혼란을 가져올지도 모르는 모든 지식으로부터 고대 사회를 보호하던 예전의 정신세계에서는 이런 회의가 생겨날 가능성이 전혀 없었다.

신화가 진실을 기만하였는데 『구약 성서』가 그것을 '복원'했다고 말해서는 안 된다. 『구약 성서』가 이를 표현하기 전에 인간에게 이미 이 진실이 있었다는 인상을 주어서도 안 된다. 전혀 그렇지 않다. 『구약 성서』 이전에는 신화만 있었을 뿐이다. 그러므로 『구약 성서』가 나오기 전에는 사회 구성원 전체로부터 처단을 받은 희생양의 유죄에 대해 어느 누구도 의심할 수가 없었다.

유죄인 희생양과 무죄인 박해자가 무죄인 희생양과 유죄인 박해자로 뒤바뀌는 것이야말로 『구약 성서』의 대표적인 관점이다. 이것은 날것과 구운 것, 딱딱한 것과 물렁한 것, 달콤한 것과 짠 것 등, 구조주의 인류학이 즐겨 사용하던 단순하고 귀엽긴 하지만 별 의미는 없는 이원론적 교체가 아니다. 이것이 제기하는 것은 항상 경쟁적인 모방에 방해받는 인간관계에 관한 결정적인 문제이다.[2]

일단 『구약 성서』에 들어 있는 모방의 회오리와 그 결과에 대한 비판을 깨닫고 나면 어마뉘엘 레비나스가 자주 인용하는 "어떤 사람을 벌하는 데에 모든 사람들이 동의한다면 그를 풀어주어라. 그는 무고한 자임에 틀림없다"는 『탈무드』 구절 깊은 곳에 『구약 성서』적 요소가 들어 있다는 것을 이해하게 될 것이다. 인간 집단의 만장일치에는 진실이 들어 있을 경우가 드물다. 그것은 대부분 압제적인 모방 현상의 하나이며, 그런 의미에서 독재 국가의 만장일치 선거와 유사하다.

*

요셉의 이야기에 나오는, 파라오의 후광에 둘러싸인 예전의 희생양을 다시 만난 열 명의 형제들에게서 우리는 신화의 박해자가 그들의 희생양을 신격화하던 논리를 찾아볼 수 있다

요셉을 내쫓던 순간 열 명의 형제들은 그를 악마로 만들고 싶었을 것이고, 다시 만났을 때에는 신격화하고 싶었을 것이다. 요셉이 가까이 모시고 있는 파라오는 무엇보다도 살아 있는 신이었다.

그러나 이 열 명의 형제들은 우상화의 유혹을 이겨낸다. 유대인이던 그들은 인간의 창조물을 신격화하지 않는다. 신화의 주인공들은 항상 엄격하고 장중한 무언가를 갖고 있다. 그들은 처음에는 악마로 변했다가 뒤에 가서는 신격화된다. 그런데 여기서 요셉은 인간으로 되어 있다. 그는 격렬한 광채에 싸여 있는데 이런 것을 신화에서는 생각하기 힘들다. 이것은 '문학적 재능'의 문제가 아니다. 이 기록의 핵심은 우상화를 단념했다는 데에 있다.

희생양의 신격화를 거부하는 것은 『구약 성서』가 담고 있는 무엇보다 중요한 다른 계시와 밀접한 관계에 있다. 그 신격화는 바로

---

2 이런 생각과 인문학의 관계에 대해서는 François Lagarde, *René Girard ou la christianisation des sciences humaines*, New York: Peter Lang, 1994와 Lucien Scubla, *Lire Lévi-Strauss*, Paris: Odile Jacob, 1998 참조.

신이 더 이상 희생양이 되지 않는다는 것이다. 인류 역사상 처음으로 신과 집단 폭력이 멀어진 것이다.

『구약 성서』는 성스러운 폭력에 기반을 둔 신들을 거부한다. 『구약』의 기록이나 역사책에도 성스러운 폭력이 나오긴 하지만 미래가 없는 유적들일 뿐이다.

집단 모방에 대한 비판은 결국 신을 만들어내는 메커니즘에 대한 비판이다. 희생양 메커니즘은 순전히 인간적인 우상 숭배다. 그렇다고 신이 사라졌다거나 약해졌다는 말은 아니다. 『구약 성서』의 의미는 무엇보다도 더 이상 폭력의 집단 숭배의 대상이 아닌 신을 찾아낸 것이다.

폭력과 헤어졌다고 신이 약해진 것은 아니다. 신은 인간 사회에서 일어나는 일과는 상관없이 권위를 독점하고 있었던 예전의 유일신인 여호와보다 더 큰 권위를 획득한다. 이 유일신은 인간의 폭력을 꾸짖고 그들의 희생양을 불쌍히 여겨서 애초의 희생 제의를 동물 처형으로 대신하고 뒤에 가서는 그 동물 희생마저 거부한다.

희생양 메커니즘을 드러냄으로써 『구약 성서』는 다신교가 투사하는 세상의 유형이 무엇이었는지를 우리에게 알려주고 있다. 이 세상은 지금의 세상보다 적어도 외면상으로는 더 조화로웠을 것이다. 조화에 균열이 일어나면 결국 희생양 메커니즘이 일어나고 또 희생양이 희생양으로 보이지 않도록 하는 새로운 신이 나타날 것이기 때문이다.

오늘날 우리들에게 고대 신들의 숫자가 아주 많다는 것은, 즐거운 환상 혹은 무상의 창조물 — 요즘 유행하는 말로 '유희의' 창조라고 부를 수도 있을 것이다 — 처럼 보이면서, 엄격할 뿐 아니라 전혀 유희적이지도 않은 오늘날의 일신교가 심술궂게도 우리에게서 이런 유희의 창조물을 앗아가는 것처럼 보일지 모른다. 그러나 실은 고대 이교도 신들은 유희적이기는커녕 음침했다. 오늘날의 우리 시대는 니체의 말에 많은 신뢰를 보내기 전에 "디오니소스, 그것은 곧 하데스와 같다"는, 우리의 뇌리를 때리는 헤라클레이토스의 말을 곰곰이 되씹어보아야 한다고 생각한다. 말하자면 디오니소스는 지옥과 같고, 사탄과 같고, 죽음과 같고, 린치와 같다는 말이다. 이것은 가장 파괴적인 것에 들어 있는 폭력적 모방이다.

10. 복음서의 특징

지금까지의 이야기를 정리해보기로 하자. 신화에서는 거역하기 힘든 전염으로 인해, 공동체 전체가 그들의 희생양을 처음에는 죄가 있는 것으로, 후에는 신성한 존재로 믿게 된다. 신성한 존재는 이처럼 박해의 잘못된 만장일치에 뿌리박고 있다.

그러나 이처럼 희생양과 신이 한데 뒤섞이는 현상은 『구약 성서』에 오면 완전히 사라지고 그 대신 희생양과 신이 완전히 분리된다. 거듭 말하지만, 유대교는 희생양에서 신성을 벗겨내고 신성에서 희생양을 벗겨내고 있다. 이 같은 혁명의 원인이자 결과는 바로 일신론이다.

이와는 달리 복음서에서는 모방 사이클의 첫 두 단계뿐 아니라 『구약 성서』가 단호하게 거부하던 집단 희생양의 신격화도 나타난다. 기독교가 신화와 얼마나 닮았던지 다시 신화의 세계로 되돌아가는 것은 아닌가 하는 의혹이 생겨날 정도다.

예수는 집단 희생양의 하나다. 그런데 기독교인들은 예수를 신 그 자체로 보고 있다. 예수의 이 같은 신격화 현상은 신화의 신격화 말고 어디서 그 원인을 찾을 수 있을까?

인류 역사 이래 신들은 십중팔구 희생양 메커니즘에 뿌리를 두고 있다. 유대교는 신격화하고 싶은 수많은 유혹을 이겨냈다. 하지만 신화에 비한 『구약 성서』의 독창성이 예수의 신격화에 의해 모두 사라지는 것 같다.

유일신에 대한 기독교의 믿음은 '사태를 해결하기는커녕' 더 복잡하게 만들고 있다. 『구약』에 나오는 여호와의 신격과 예수의 신격, 그리고 「요한복음」이 속죄의 과정에서 하나의 역할을 한다고 분명히 언급하는 신의 정신(성령), 이 셋을 조화시키기 위해 전세계 주교들이 모인 가톨릭 공의회의 신학은 유일신의 '삼위일체'라는 개념을 만들어냈다.

유대교에게 이 삼위일체 개념은 은근히 다신교로의 복귀처럼 보인다. 스스로를 '엄격한 일신론자'라고 믿는 이슬람교도들이 보기에는 기독교도들이야말로 정말 완벽한 일신론자라고 표명하고 있다.

바깥에서 기독교를 바로 본 사람들에게서 나타나는 반응은 모두 이와 유사하다. 예수 그리스도의 신성을 주장하는 이 종교는, 철학적, 과학적, 혹은 종교적인 관점에서 이 종교를 연구하고 있는 사람들에게 이 종교는, 물론 여러 가지 영향을 받아 변형되었을 수도 있지만 본질적으로는 죽음과 부활에 관한 오래된 신화와 별다를 것이 없는 하나의 신화일 뿐이라는 인상을 강하게 심어주고 있다.

유대교와 이슬람교는 기독교 교리에 항상 불신을 제기하고 있었는데, 요즈음에는 많은 기독교인들도 이 불신에 동참하기 시작하고 있다. 그들이 보기에 십자가는 너무 낯설고 너무 시대착오적이어서 진지하게 받아들일 수가 없다는 것이다. 오래전에 사라진 유형인 십자가형에 의해 2천 년 전에 죽은 한 유대인 청년이 어떻게 전지전능한 신의 화신이라고 믿을 수 있느냐는 것이다.

서양에서는 수 세기 전부터 탈기독교화 과정이 진행되고 있는데, 그 속도도 점점 더 빨라지고 있다. 교회를 냉대하는 것은 이제 더 이상 개인들만의 문제가 아니라 사제를 필두로 한 교회 전체의 문제가 되고 있다. 무슨 말인가 하면, 타종교에 대해 더 '친절하고' 더 '너그럽기' 때문에 교리에 얽매이는 것보다 '더 기독교적'이라고 주장하는 일종의 상대주의인 '다원주의' 진영에, 사제를 비롯한 교회 전체가 투항하고 있다는 말이다.

　'엄격한' 일신교의 시각에서 보면 기독교는 이리하여, 신화로 되돌아간 듯한 느낌을 준다. 기독교에서는 한 번 더, 희생양과 신이 만나고 있는 것이다.

　그러나 인류학적인 시각에서 보면, 우리는 복음서에는 본질적으로 『구약』을 압도하는 구석이 있다는 것을 확인할 수 있다. 복음서에서 희생양과 박해자의 관계는 신화에 나오는 희생양과 박해자의 관계보다는 요셉의 이야기에서 확인하였던 『구약』에 나오는 희생양과 박해자의 관계에 더 가깝다. 『구약』과 같이 복음서도 집단 희생양을 복권시키고 박해자들을 고발하고 있다.

　예수는 무죄다. 유죄인 자는 그를 십자가형에 처한 자들이다. 세례 요한은 무고한 자이고 죄가 있는 사람은 그를 참수형에 처한 자들이다. 유대의 『구약』과 유대 기독교의 성서 사이에는 실제로 이들을 연결하는 연속선이 있다. 복음서와 『구약』을 분리하려는 주장으로 초기 교회의 이단으로 통하는 마르키온의 생각을 거부하는 것도 바로 이런 연속선에 기초해 있다. 그리스 정교회의 주장은 『신·구약』을 똑같은 하나의 가르침으로 보고 있다.

　앞에서 보았듯이, 신화에 나타나는 신격화는 모방 사이클의 작동으로 잘 설명된다. 이런 신격화는 자신에게로 폭력을 끌어 모으고 또 갈등에다가 그 갈등을 흡수하면서 진정시키는 고정농양을 제공하는 희생양의 타고난 재능에 기반을 두고 있다. 그 희생양을 악마로 만드는 전이가 강하면 강할수록 그 후에 나타나는 화해도 아주 완벽하게 그리고 아주 순식간에 나타나므로 기적처럼 보인다. 그러면서 이 화해는 첫번째 전이에 포개지는 두번째 전이 즉 신화적인 신격화를 불러일으킨다.

　그러나 그리스도의 신격화에는 흔히 그보다 먼저 나타나는 악마로 만드는 전이 과정이 빠져 있다. 어떤 기독교 신자들도 예수가 죄가 있다고는 생각하지 않는다. 그러므로 그리스도의 신격은 신화의 신격화와 같은 과정에 근거한 것이 아니다. 그뿐 아니라 신화와는 반대로, 예수를 두고 신의 아들, 혹은 바로 신이라고 인정하는 사람들은 탁해를 행하던 만장일치의 군중이 아니다. 이들은 전체에 반대하던 소수, 즉 그 사회에서 떨어져나와 전체의 만장일치를 깨뜨리는 스그룹의 사람들로서, 예수 부활을 처음으로 목격한 사도들과 그 주위에 있던 사람들이다. 우리는 신화에서 이 같은 성격을 가진 소수 사람의 유사한 예를 찾아볼 수가 없다. 신화의 신격화에서는 전체 사회가 크고 작은 두 그룹으로 나뉘면서 그중에서 작은 그룹의 사람들이 신의 신격을 주장하는 예를 찾아볼 수가 없다. 이런 점에서 기독교 계시의 구조는 독특하다고 말할 수 있다.

복음서는 위대한 『구약』 이야기와 같은 계시를 보여줄 뿐 아니라 신화적 환상을 드러내기도 한다. 이것은 여러도로 확인할 수 있다.

신화는 강렬한 모방을 전혀 드러내지 못하지만, 요셉 이야기를 비롯한 『구약』의 이야기들은 이를 잘 보여주고 있다. 가령 요셉의 형들을 '질투'라는 이름으로 비난하듯이 『구약』은 모방을 명쾌히 묘사하고 있다.

복음서는 질투라는 말이다가 우리가 이 책의 초반부에 이야기하였던 전개 과정을 덧붙이고 있다. 보았다시피 '스캔들'이라는 말은 모방 갈등과 그 결과에 대해 처음으로 논리적인 설명을 하고 있다. 사탄이나 악마라는 존재는 더 많은 것을 말해주는데, 이 존재는 스캔들이 논리적으로 설명하는 것을 포함하여 모방 갈등이 신화적인 종교의 면에서 생산 능력이 있음을 설명해주고 있다.

지금까지 그 어디에도 그리고 오늘날에도, 아마 복음서만큼이나 일인에 대한 만인의 박해를 완벽하게 묘사한 것은 없을 것이다. 여기에는 그럴 만한 이유가 있는데, 복음서에는 이런 독로를 가능하게 하는 독특한 정보가 들어 있기 때문이다.

희생양 메커니즘이 정확하게 묘사되기 위해서는 만장일치에 완전히 도달하거나 거의 근접해야 한다. 예수 수난의 이야기에 나타나는 것도 이런 만장일치인데, 이에는 사도들의 무기력도 한 몫을 하였다. 그리고 조금 뒤에는 이 만장일치에 작은 균열이 생겨나야 한다. 이 균열은 아주 작지만 신화 효과를 파괴하지 않고 그 뒤에 올 폭로를 가능하게 해야 하고 또 그 폭로가 온 세상에 널리 퍼지기에 충분해야 한다. 예수의 십자가형에 들어 있는 것도 바로 이것이다.
　이런 요구는 물론 폭력적 만장일치의 메커니즘을 보여주는 『구약』 이야기도 충족시켜야 하지만, 『구약』의 기록에는 그것에 대한 구체적인 정보가 들어 있지 않다. 그래서 우리는 이를 위해 그를 믿던 '나머지 사람들'이라는 개념을 고찰할 수밖에 없는데, 이들은 복음서의 사도 그룹에 해당하는 사람들로서 분명한 진실을 드러내는 소수를 가리킨다.
　복음서 이야기들은 말하자면 우리 눈앞에서 만장일치에 균열이 일어나는 유일한 기록인데, 이 균열도 하나님의 가르침 중의 하나다. 다시 말하지만 이 균열은 사도들의 무기력 다음에, 그리고 심지어는 그렇게 예수가 말했던 가르침에도 불구하고 사도들에게서 폭력적 모방의 막강한 힘이 드러난 뒤에 오는 만큼 더 놀라운 것이다.
　예수의 죽음을 이야기하는 네 편의 이야기들은 극심한 모방 효과를 보여주고 있다. 유대와 로마 당국뿐 아니라 예수와 함께 처형당한 불쌍한 두 사람과 사도들, 즉 그것을 목격한 모든 사람들에게 예외 없이 그 모방 효과가 영향을 미친다(몇 명의 여인들에게만 이 모방 효과가 영향을 주지 않고 있는데, 그녀들의 증언은 중요하지 않다).
　그러므로 복음서는 신화 발생의 모든 진실과 극심한 모방에 들어 있는 환상적인 힘을 드러낼 뿐 아니라, 신화가 드러내지 못하는 모든 것을 드러내고 있다. 왜냐하면 신화는 자신이 드러내지 못하는 바로 그것에 스스로 속고 있기 때문이다.

바로 이런 이유 때문에 나는 복음서에서 나온 몇 가지 개념에 대한 소개로 이 책을 시작하였던 것이다. 예수의 모방, 스캔들 이론과 사탄 이론 같은 것들인데, 나는 바로 이런 것들로부터 복음서의 계시가 환상이나 사기가 아니라 대단한 인류학적 사실임을 증명할 수 있는 필수 요소를 얻을 수 있었다.

아주 놀라운 것은 예수의 부활과 기독교인들에 의한 예수의 신격화가 바로 이런 사실들이 그 허위를 폭로하는 신화의 신격화와 구조적으로 너무나 흡사하다는 사실이다. 예수의 부활은 모방 과정의 변화나 왜곡이나 날조 혹은 신비주의를 유발하기는커녕 그때까지 인류에게 감추어져 있었던 것을 처음으로 밝은 세상에 들어오게 해주었다. 예수 부활만이 세상 설립 이래 감추어져왔던 것 — 인류 문명의 기원 이래 영원히 감추어져왔던 사탄의 비밀, 초석적 살해와 인류 문명 발생의 비밀 등 — 을 완전히 보여주고 있다.

나는 오로지 복음서에서 드러나는 계시에 힘입어서 신화 제의 체제와 인류 문명 전체에 대한 일관성 있는 해석을 할 수 있었다. 이 책 첫 두 장에서 바로 그 작업을 한 것이었다.

*

그리스도의 부활은 신화, 제의 그리고 인류 문화의 설립과 지속을 보장해준 모든 것들의 비밀을 밝히고 또 이들을 전복하는 일을 완성시킨다. 복음서는 또 인류 역사의 모든 폭력과 모든 거짓 종교에 대한 인류의 책임을 이해하는 데 필요한 모든 것을 잘 보여준다.

알다시피 희생양 메커니즘이 효력을 발휘하려면, 일인에 대한 만인의 반대 현상에 가담하는 사람들 자신은 모방이 불러일으키는 전염과 그 현상에 대해 알지 못해야 한다. 신화의 작업은 '무지' 혹은 심지어 '박해의 무의식'에 기초해 있는데, 이런 것을 신화는 결코 표현하지 않고 있다. 신화 자체가 거기에 젖어 있기 때문이다.

악마의 거짓에 갇혀 있는 인간이라는 세례 요한의 인간관이나 박해의 무의식을 규정하는 몇몇 기록에서, 복음서는 이 무의식을 정확히 표현하고 있다. 그중 가장 중요한 기록은 「누가복음」일 것이다. 십자가에서 죽어가면서 하는 다음과 같은 예수의 유명한 말이 있다. "아버지, 저들을 용서하세요. 그들은 자신이 무슨 일을 하고 있는지도 모르고 있나이다"(「누가복음」, 23:24).

예수의 다른 말도 그러하지만, 여기서도 우리는 이 말을 수사학적인 표현으로 간주함으로써 중요한 의미를 놓쳐버려서는 안 된다. 언제나 그러하듯이 예수의 말은 '말 그대로' 받아들여야 한다. 예수는 여기서 모방에 의해 움직인 사람들이 자신을 움직이게 한 그 모방을 보지 못한다는 것을 말하는 것이다. 이들 박해자들은 그들이 '잘 처신하고 있다'고, 또 정의와 진리를 위해서 행동하고 있다고, 그리하여 사회를 구하고 있다고 믿는 것이다.

「사도행전」에서도 같은 생각을 볼 수 있는데, 누가와 같은 작업이지만 그 방식은 더 놀랍다. 예수의 처형장에 모인 군중들에게 베드로는 '무지'를 이유로 정상 참작을 한다.

> 그런데 형제 여러분, 여러분이 그런 잘못을 저지른 것은 여러분의 지도자들과 똑같이 무지한 탓이었다는 것을 나는 잘 알고 있습니다. (「사도행전」, 3:17)

집단 메커니즘에서의 진실은 개인 사이에서 일어나는 모방 현상에서도 진실이다. 스캔들은 무엇보다 먼저 보지 못하는 것, 즉 극복할 수 없는 맹목이다. 첫번째 서한에서 요한은 스캔들을 주위에 퍼져 있는 어둠으로 정의하고 있다.

자기가 빛 속에서 산다고 말하면서 자기의 형제를 미워하는 자는 아직도 어둠 속에서 살고 있는 자입니다. 자기의 형제를 사랑하는 사람은 빛 속에서 살고 있는 사람이며 그에게는 '남을 죄짓게 하는 일(스캔들)'이 없습니다 (「요한 1서」, 2:9~10)

스스로 속는 것이야말로 모든 악마적 진행 과정의 특징이다. 악마를 칭하는 여러 가지 이름 중의 하나가 '어둠의 왕자'인 것도 이 때문이다. 복음서는 폭력을 행하는 자들의 자기기만을 밝혀냄으로써 폭력에서 거짓을 걷어낸다. 복음서들은 우리 자신의 신화적 시각, 우리가 무고하다는 믿음을 거부하는 데에 필요한 모든 것을 하나하나 보여주고 있다.

*

복음서는 부당하게 처벌을 받는 희생양들에 관한 진실을 말하고 있을 뿐만 아니라 그들의 말이 진실이라는 것도 알고 있다. 또한 복음서는 스스로 진실을 말하면서 『구약』의 방법을 다시 취하고 있다는 것도 알고 있다. 복음서는 희생양에 관해서 자신이 『구약』과 연관되어 있다는 것을 이해하고서 『구약』의 유명한 구절을 빌려오고 있다.

「시편」의 몇몇 서술자는 앞에서도 말했듯이 집단 폭력으로부터 위협을 받고 있다. 예수도 예전의 「시편」 서술자들이 그 희생물이었던 것과 같은 유형의 모략에 의한 전염을 찾아내서 이를 고발한다. 일단 이 둘이 다 같은 과정이라는 것을 알고 나면, 복음서가 끊임없이 『구약』을 인용하는 이유가 해명된다.

가장 전형적인 예는 "그들은 까닭 없이 날 미워한다"(「시편」, 35:19)는 아주 간단한 표현이 십자가에 못 박힌 예수에게 적용된 경우이다. 그러나 아주 평범해 보이는 이 말은 희생양을 향한 적의의 본질적인 성격을 잘 표현하고 있다. 희생양을 향한 적의에는 까닭이 없다. 이 적의에 까닭이 없는 이유는 정확히 말해 이것이 합리적인 동기나 혹은 그렇게 느끼는 사람들의 진정한 감정이라기보다는 모방적 전염의 결과이기 때문이다. 예수 훨씬 이전에「시편」을 통해 우리에게 말하고 있는 이 희생양은 증오의 터무니없는 면을 알고 있었던 것이다. '까닭 없이'라는 이 말을 과장이 아닌 문자 그대로 받아들여야 한다.

「시편」의 서술자들은 군중들이 정의에 어긋날 뿐 아니라 어떤 합리적 정당화에도 어긋나는 이유로 자기들을 희생양으로 선택한다는 것을 알고 있었다. 군중들은 다른 사람이 아닌 그 희생양을 비난할 어떠한 개인적 이유도 갖고 있지 않다. 그들은 합당한 이유든 아니든 간에 그에 대해 불평할 어떤 이유도 갖고 있지 않다. 무정부 상태에 빠진 사회에서 이 불행한 희생양은 말하자면 어떤 대상을 통해서든 갈증을 채우고야 마는 박해의 탐욕에 굴하고 만다. 이때에는 아주 사소한 핑계로도 족한데, 그 희생양의 유죄 혹은 무죄에 진정으로 관심을 가진 사람은 아무도 없다.

'까닭 없이'라는 이 말은 한 무리의 행동을 아주 잘 묘사해주고 있다. 부활절 전 성 주일의 전통 전례에서 증오의「시편」은 중요한 역할을 하고 있다. 전례의 독서 시간은 그리스도의 고통을 더 잘 이해하도록 곧 린치를 당할 희생양들의 비명 소리를 다시 들려준다. 이 대목은 자신의 박해자들에게 자신을 다시 바치는 예수보다는 물론 덜하겠지만 그래도 인간의 경험으로 볼 때 예수 수난의 고통과 가장 많이 닮은 불의와 싸우는 신앙심 강한 사람들을 보여주고 있다.

오늘날의 성서 해석자들은「시편」과 예수 수난의 유사성을 보지 못하고 있다. 상식이 통하지 않는 폭력적 상태에 완전히 빠져 있는 군중 현상 그 자체를 보지 못하기 때문이다.「시편」에서 실제로 있었던 폭력을 보지 않음으로써 그들은「시편」의 서술자들과 예수가 진짜로 같은 유형의 불의의 희생양이었다는 것을 깨닫지 못하고 있다.

모방에 의한 전염과 만인의 일인에 대한 박해의 비밀을 드러내는 『구약』의 기록은 그리스도의 고난을 실제로 '예언하거나' 혹은 '예시하고 있다.' 『구약』에 나오는 희생양들을 동정하면 당연히 예수를 동정하게 되고 그 역도 마찬가지다. 또한 가령 에페소스의 거지와 같이 외견상 보잘것없는 사람의 고통을 무시하는 사람은 당연히 예수를 박해한 사람들과 정신적으로 같은 사람이다.

바로 여기에 유대 기독교의 특징적인 예언의 핵심이 있다. 이 예언은 시대와도 무관하고, 그 희생양이 속한 민족, 종교, 문화와도 무관하고, 인류 역사상의 모든 집단적 박해의 수난과 연결되어 있다.

예언이라는 개념에 대한 현대인의 무시, 즉 예언이라고 여기는 것보다는 당연히 뛰어나다고 여기는 '과학적 방법'으로는 이해할 수 없는 신학적 환상이라고 생각하는 현대인의 이런 태도는 무엇이나 잘 믿던 고대인들의 미신보다 더 끔찍한 것이다. 현대인의 오만함이 그 무엇도 이해하지 못하도록 막기 때문이다. 이런 헛된 학문들은 일반적인 모방 사이클만을 못 보고 있는 것이 아니라, 『구약』이 모방 사이클을 점진적으로 드러내 보여준다는 것도 못 보고 있으며 그 결과 『구약』의 '예견'과 그리스도의 '완성'이라는 생각이 증명하는 가르침도 전혀 보지 못하고 있다.

유대의 예언자들은 이미 복음서와 똑같은 방식을 취하고 있었다. 자신들에 대한 군중들의 맹목과 싸우면서 너무나도 명석한 자신들의 비판을 미워하는 군중으로부터 자신들을 지켜내기 위해, 유대 예언자들은 이전의 예언자들이 당했던 박해와 이해 부족의 사례를 이용한다. 집단적 불의에 대한 동정심은 철학적 문헌에는 아주 적게 들어 있고 신화의 기록에는 아예 존재하지도 않지만 이같은 기록에는 아주 많다. 그래서 전통 전례는 이런 기록에서 많은 것을 끌어오고 있다.

박해자의 환상을 고발하는 기록의 관계를 세우는 것을 보고 '예언적'이라고 이름을 붙이기로 한 것은 『구약』과 복음서 사이에는 연속성이 있다고 보는 깊은 직관에서 나온 생각이지, 우리가 흔히 예언주의라고 부르는 것이나 대부분의 사회에서 볼 수 있는 신격화의 의도와는 아무런 관련이 없다.

파스칼을 읽다 보면, 그가 예언주의를 기계적인 암호 풀기나 수수께끼 풀이처럼 여기는 것을 알 수 있다. 또 이런 암호나 수수께끼에 대해서는 유대인들이 그리스도라는 열쇠를 갖고 있지 않기 때문에 자신들의 기록에 대한 무엇도 이해할 수 없는 데 비해 그 열쇠를 갖고 있는 기독교인들만이 그런 암호와 수수께끼를 풀 수 있다고 보는 것이 애석할 뿐이다. 모방에 근거한 해석을 통해서 우리는 예언주의라는 개념에 대해 기독교도뿐 아니라 유대인에게도 긍정적인 의미를 부여할 수 있을 것이다. 이 의미는 특히 부당하게 처형을 당한 희생양들의 무고함을 옹호하고 있어 예언자의 영감에서 배제되었던 더 오래된 이 기록의 필자들까지 포함해서 그 누구도 배제하지 않는 의미가 될 것이다. 예언을 이해하기 위해서는 기독교의 모든 본질적인 내용들처럼 가난한 자들이나 힘없는 자들에 대한 동정과 관심으로 돌아가야 할 것이다. 그래서 우리는 최후의 심판에 대한 마태의 다음 비유와 이 예언을 연관시켜볼 필요가 있다. "분명히 말한다. 너희가 여기 있는 형제 중에서 가장 보잘것없는 사람에게 해준 것이 바로 나에게 해준 것이다' 하고 말할 것이다"(「마태복음」, 25:40).

가장 숭고한 기독교적 가르침은 그보다 이전에 『구약』의 가르침이 있었다는 것을 의식하는 가르침이며, 또 근본적으로는 이전의 가르침과 같은 성질이며 또한 그뿐 아니라 같은 유형의 직관에서 나왔다는 것을 항상 의식하는 가르침이다.

이런 의미의 기독교 가르침은 그들 조상들의 도움을 받아 조상들의 지식과 뛰어난 말로써 자신의 가르침을 더 풍부하게 장식하려 한다. 복음서 집필자들이 곳곳에 인용한 『구약』 구절들이 항상 훌륭하고 항상 뛰어난 영감에서 나온 것은 아닌 듯하다. 때로 이 인용문들은 깊은 의미라고는 하나도 없이 『구약』과의 부자연스런 연관만 유지하고 있어 말뿐인 듯 보일 때도 있다. 하지만 그렇다고 성서 집필자들을 성급하게 비난해서는 안 된다. 그러고 싶은 마음에 사로잡혀 있을 때 우리 자신을 너무 믿어서는 안 된다. 그때는 아마도 그런 일을 수행할 만한 능력이 우리에게 없을지도 모르기 때문이다.

*

　복음서의 가르침은 이미 『구약』에서 부분적으로 알려주었던 진리가 명확하게 나타난 것이라 할 수 있다. 인류 구원을 위해 집단 희생양 역을 스스로 떠맡은 신의 복음(기쁜 소식)이 있어야만 『구약』의 진리는 완성될 수 있다. 다시 희생양이 된 이 신은 더 이상 신화의 신이 아니다. 이 신은 『구약』에 나오는 무한히 선한 유일신이다.
　그리스도의 신격화가 신화적인 신성을 만들어내는 모방 현상의 환상에 기반을 둔 것이 아니라 그 반대로 신화의 신비를 벗겨내는 진실의 완전한 가르침에 기반을 두고 있듯이, 지금 이 책에 자양을 공급하는 것도 이 가르침에서 나오기를 바랄 뿐이다.
　희생양에 대한 오해에서 나오기는커녕 희생양 역할을 자임하는, 그래서 희생양 메커니즘을 처음으로 완벽하게 밝혀낼 수 있도록 해주는 이런 신과 신화에 나오는 신은 완전히 다른 신이다.
　기독교는 신화로 되돌아가는 것이 아니라 『구약』을 넘어서는 성경 가르침의 새로운 단계를 나타낸다. 예수의 신격화는 이 책의 서두에서 생각했던 희생양의 신격화와 신의 희생양화(化) 속으로 다시 빠져드는 것이 아니라, 겉으로는 비슷해 보이지만 근본적으로는 상반된 두 가지 유형의 초월성을 구별하게 해준다. 그중 한 가지 초월성은 신화에 나오는 희생양 메커니즘을 전혀 인식하지 못하는, 그래서 우리의 판단을 흐리게 하는 거짓 초월성이다. 또 다른 초월성은 공동체 전체가 폭력적인 모방에 빠져 있다는 것과 악 그 자체에서 나오는 '치유책'을 가르쳐줌으로써 거짓 초월성이 퍼뜨리는 환상을 깨뜨리면서 우리의 판단을 밝혀주는, 『구약』에서 시작해서 복음서에서 꽃을 피우는 진정한 초월성이다.

    자신이 그 희생양인, 일인에 대한 만인의 박해 현상에서 그리스도의 신성이 분명해졌다 하더라도, 그 효용성을 스스로 전복시킨 이런 현상에서 그리스도의 신성이 나온 것은 결코 아닐 것이다.

*

    지금까지의 논의를 더 강조하기 위해 나는 이제 공관복음의 두 구절을 인용하려고 한다. 이 구절들은 종교적으로 볼 때 가짜 공현(公現)과 진정한 공현 사이의 기만적인 유사성뿐 아니라 이보다 더 주목할 만한 사실, 즉 복음서는 이런 유사성에 아울러 이것이 초래할 오해에 대해 이미 알고 있었다는 것도 밝혀준다. 복음서 기록자들이 보기에 그리스도의 신격화와 신화의 신격화를 동일시한다는 것은 너무나도 터무니없어 보였기 때문에 이런 혼동을 초래할지도 모르는 현상을 아무 어려움도 없이 그리고 오해에 대한 불안감 하나 없이 인용할 수 있었던 것이다. 오늘날의 의심 많은 종교 전문가들이 그렇게 보는 경향이 있는 것처럼, 만약 그들이 통속적인 선동가들이었다면 누가, 마가Mark, 마태는 지금 내가 인용하려는 이 두 구절을 절대로 쓰지 못했을 것이다.

*

    첫번째 구절은 아주 짧은 구절로, 「누가복음」에 나오는 것이다. 앞에서 나는 예수의 죽음이 군중들을 진정시켰다고 말한 바 있다. 예수의 죽음은 그들에게 모든 집단 살해의 효과 혹은 집단적 영감의 효과를 발휘하고 있다. 이런 효과는 바로 빌라도가 그렇게 두려워하던 민중의 동요를 막아주는 일종의 긴장 완화, 즉 희생적 '카타르시스'다.

복음서 기록자와 기독교인들의 입장에서 볼 때 군중들이 이렇게 진정되는 것에는 물론 어떠한 종교적 의미도 없다. 이런 것은 사탄에 사로잡혀 있는 인간의 폭력적 모방의 특징적인 현상일 뿐이다.

복음서가 희생양 과정을 엉클어뜨리거나 신비화하는 것이 아니라 신화적인 해석이었다면 신적으로 취급하였을 것들의 순전히 모방적인 성격을 드러냄으로써 희생양 과정의 신비를 벗겨내고 있다. 「누가복음」에는 사소하지만 이런 탈신비화를 보여주는 증거, 그래서 조예가 깊은 성서 해석자에게는 아주 소중한 증거가 들어 있다. 예수 수난의 이야기 끝에 가서 누가는 이런 구절을 덧붙이고 있다. "헤로데와 빌라도는 전에 서로 반목하며 지냈지만 바로 그 날 이들은 다정한 친구가 되었다"(「누가복음」, 23:12).

「누가복음」에서 예수는 헤로데 앞에 잠시 출두한다. 헤로데와 빌라도 둘이 예수의 죽음에 관여하고 있는데 바로 예수의 죽음으로 두 사람은 가까워지게 된다. 이들이 화해한 것도 결국 집단 살해에 가담한 사람들, 즉 박해를 하고도 뉘우치지 않는 사람들이 혜택을 본 카타르시스 효과의 하나라 할 수 있다. 이런 살해의 가장 전형적인 효과다. 아주 강할 때면 그 희생양에 대한 신화적 신격화에까지 이르는 효과 말이다.

누가는 이런 효과를 분명 알고 있었다. 헤로데와 빌라도의 관계 개선이 기독교적인 것과는 무관함을 그는 아주 잘 알고 있었다. 그렇다면 이처럼 기독교적인 의미도 없는 것을 누가는 왜 세세히 묘사했을까? 그렇다고 그가 당시 '팔레스타인의 정치'에 대해 관심을 갖는다고 생각해서는 안 된다. 그의 관심은 분명 지금까지 우리가 말하던 것, 즉 집단 살해를 진정시키는 효과다. 하지만 왜, 기독교도인 그가 전형적으로 이교도적인 이런 효과에 관심을 나타낸 것일까?

내 생각으로 누가가 빌라도와 헤로데의 화해를 언급한 것은 우리가 여기서, 정확히 말하자면 외부에서 보면 초기 기독교도의 공동체와 혼동할 정도로 아주 흡사한, 그러나 실은 기독교 공동체와는 관련이 없는 '어떤 것'이 있다는 것을 알아채도록 하기 위해서인 것 같다. 당시 권력을 대표하던 이 두 사람 간의 화해와 예수 부활 시에 예수와 사도 간에 형성되던 연대감을 누가는 분명 혼동하고 있지 않았다. 누가가 놀란 것은 신화적인 것과 기독교적인 것이 닮았다는 이 '역설'이었으며 그래서 그가 오해를 무릅쓰고 망설이지 않고 전달하려고 했던 것도 바로 이 역설이었다. 진정한 부활과 거짓 부활이라는 이 두 부활의 관계를 살피고자 하는 이 관심은 정신적인 면에서뿐만 아니라 지적인 면에서도 특이한 것이다.

진정으로 복음서를 믿는다면 예수 수난을 단순한 희생양 메커니즘으로 만드는 요소를 감추지 않고 오히려 그것을 세심하게 고려한다. 이렇게 하였을 때, 결과는 전통 신학과 상반되는 것이 아니라 오히려 그 정당성을 더 견고하게 할 것이다.

신화적 신격화의 기반이 되는 사건들은 모두 예수 수난의 이야기에도 나오고 있다. 하지만 여기서는 신화에서처럼 잘못 알려져 있거나 오해되는 것이 아니라 그 비밀이 완전히 벗겨져서 이해되고 있다.

빌라도와 헤로데는 그들의 화해가 예수의 죽음 덕택이라는 것을 모르는 것이 틀림없다. 누가는 그들을 대신해서 이 사실을 말해주고 있다. 네 명의 복음서 저자들 중에서 누가는 박해자의 무의식을 가장 명확하게 그려낸 사람이다.

*

이제 「마가복음」과 「마태복음」에 들어 있기에 더 오래된 두번째 구절로 가보자. 첫번째 구절보다 더 긴 이 구절은 헤로데가 자신의 희생양인 예언자 세례 요한의 부활을 잘못 믿고 있는 이야기를 담고 있다. 이 구절은 신화의 부활과 예수의 부활이 충격적일 만큼 유사한 문제를 아주 탁월하게 보여주고 있다. 훌륭한 기독교도인

마가와 마태는 예수의 부활이 진실이라고 여기고 있으면서 세례 요한의 부활은 거짓이라고 보았다.

이 구절의 특기점은 요한의 실제 죽음과 거짓 부활이 예수의 실제 죽음과 실제 부활과 놀랍게도 흡사한 모습으로 나타난다는 것이다. 겉보기에 실제로 얼마나 흡사하든 간에 복음서에 이런 기록이 있다는 것에 대해 오늘날의 독자들은 기독교인이든 아니든 깜짝 놀랄 정도다.

잘못된 믿음과 참된 믿음, 이 두 믿음은 어떤 집단 살해나 신화적 신격화가 발생하는 집단적 공명(共鳴)에 뿌리를 두고 있다. 이 경우에 숭배를 받는 한 예언자를 부활한 사람으로 여기는데, 이때 부활도 집단 폭력에서 나오는 것처럼 보인다.

이 두 복음 기록자는 다음과 같이 헤로데의 입을 통해 그의 잘못된 믿음이 살해의 기억에 뿌리를 두고 있다는 것을 분명히 암시하는 말을 하고 있다. "내가 목을 벤 요한이 다시 살아난 것이다"(「마가복음」, 6:16). 이 구절은 거짓 부활을 폭력의 직접적인 결과라고 보는데, 그래서 이 폭력은 초석적인 듯 보인다. 이 구절은 앞에서 나왔던 신화 발생 과정을 잘 보여주고 있다. 예수의 죽음이나 부활 장면과 정말 흡사한 이 에피소드는 그 전체가 신화 발생의 한 축소판이라 할 수 있다.

이 두 복음서는 헤로데의 말에 이어 과거로 되돌아가서 요한의 살해 이야기를 들려준다. 이 저자들이 요한의 살해 이야기를 끄집어내는 이유는 다름 아니라 헤로데의 믿음이 틀렸음을 설명해주기 위해서다. 어떻게 해서 요한이 부활했다고 잘못 믿게 되었는지 경위를 따지기 위해서는 그 원인이 되는 집단 살해를 다시 되짚어봐야 한다는 것이다. 이 두 복음의 저자들이 다른 복음서에서는 그 예를 볼 수 없는, 과거로 되돌아가는 소위 '플래시백' 기법을 쓰고 있는 것을 달리 어떻게 설명할 수 있을까?

헤로데가 예수를 두고 요한이 부활했다고 믿는 이유는 그가 저지른 요한의 살해 때문이라는 것을, 마가보다는 마태가 더 강조하고 있다. 「마가복음」에 의하면 아닌 게 아니라 요한의 부활을 믿는 것은 헤로데 자신이 아니라 민중들의 소문에서 시작한다는 것이다. 정말로 요한을 살해하였던 그 민중들은 이 소문을 믿고 있었던 것이다. 그러나 마태는 이 소문을 지워버렸다. 그래서 「마태복음」에서는 헤로데가 요한의 살해에 참여했던 사실 말고는 요한이 부활했다는 잘못된 믿음을 가질 이유를 찾을 수 없다.

이 두 복음서 저자들은 거짓 부활과 진짜 부활이라는 두 부활을 같이 놓으면서도, 소위 현대화되었다고 말하는 오늘날의 신통치 않은 기독교도들이 빠질지도 모르는 혼란을 피하는 말은 하나도 하지 않는다. 현대인들은 이 두 부활이 유사하다는 이유로 혼란에 빠져들지만, 이 저자들은 어떤 혼란도 느끼지 않았던 것이 분명하다. 만약 이 유사성이 마음에 걸렸다면 마가와 마태도 누가처럼 했을 것이다. 즉 예수에 관한 것이 아니기 때문에 부차적이고, 그래서 쉽게 제외시킬 수도 있었을 에피소드 하나는 쉽게 뺐을 것이라는 말이다.

마가와 마태의 믿음은 너무나도 순수하고 너무나도 강하기 때문에 우리처럼 거짓 부활과 진짜 부활의 유사성 때문에 불안해할 필요가 없었다. 그 반대로 이들은 마치 사탄이 진실을 모방하는 솜씨가 얼마나 뛰어난가를, 그러나 그런 모방도 결국에는 힘이 없다는 것을 우리에게 보여주기 위해 이처럼 유사성을 강조하고 있다.

기독교의 믿음은, 진짜 집단 살해에 뿌리를 둔 신화적인 부활과는 달리 그리스도의 부활은 사람들의 폭력에 근거한 것이 결코 아니라고 생각한다. 그리스도의 부활은 물론 당연히 그가 죽고 난 뒤의 일이지만 곧장 일어나지 않고 죽은 지 사흘 만에 일어난다. 기독교의 시각에서 볼 때 그리스도 부활의 기원은 신 자신에게서 비롯된다.

모든 것이 너무나 유사하기 때문에, 거짓 부활과 진짜 부활은 그에 앞선 비극의 주제의 차이에 의해서가 아니라 그것이 가진 진실을 드러내는 힘의 차이에 의해서 구분된다.

이 힘에 대해서는 앞에서도 이미 살펴본 바 있지만 앞으로도 더 살펴볼 것이다. 진실을 드러내는 힘과 진실을 감추는 신화의 힘은 너무나도 뚜렷하게 대립하고 있다. 그래서 이런 사실을 일단 알고 나면, 신화와 복음서의 주제의 유사성이라는 문제는 사소한 문제가 되어버린다. 그리고 이 문제는 마치 자동으로 실현된 예언, 모방 환상의 악순환이라는 느낌을 준다. 그런데도 불구하고 소위 과학적이라는 비평과, 이 비평의 선험적인 회의주의는 신화와 복음서의 주제가 닮았다는 주장을 쉬지 않고 피력하고 또 확인한다.

복음서는 우리가 복음서에 취할 수 있는 모든 입장에 대해 항상 탁월하게 '입증'해주는데, 여기에는 그들 정신과 상반되는 입장까지도 있다. 그러나 겉으로 보기에는 분명한 듯하지만 실은 환상에 불과한 이 입증에서 우리는 '탁월한' 아이러니를 본다.

누가는 자신의 복음서에서 세례 요한의 살해 이야기를 뺐는데, 그것은 그가 혼란스러워서가 아니고 요점에서 벗어난 이야기라고 보았기 때문이다. 모든 것을 예수에게 집중시키고 싶었던 것이다.

여기서 우리는, 헤로데와 빌라도가 화해했다는 그의 이 짧은 구절이 이 세번째 복음서에서는 첫 두 복음서에 나오던 거짓 부활과 상통한다고 생각할 수 있다. 거짓 부활을 믿는 것은 헤로데라는 '권력'의 대표자가 보여주는 아주 전형적인 이교도의 흔적이다. 누가는 이것을 빼고 있다. 하지만 대신에 같은 유형의 다른 구절을 보탠다. 예수의 십자가형 덕분에 헤로데와 빌라도가 화해를 한다는 구절이 그것이다. 두 경우 모두 신화의 신격화 과정을 암시하면서 동시에 거부하고 있다.

겉으로 보이는 것과는 달리, 복음서와 거기에 나오는 부활은 신화와 상반되는데, 그것은 『구약』보다 훨씬 더 철저하게 상반된다. 보았다시피, 복음서의 저자들은 신화적인 부활과 복음서의 부활을 아주 분명히 구별할 줄 아는 정말 대단한 능력을 갖고 있었다. 그러나 신심이 부족한 사람들은 이 두 가지 현상을 구별하지 못하고 혼동하고 있다.

11. 십자가의 승리

　　인류학적인 시각에서 볼 때, 나는 계시를, 모방에 의한 만인 대 일인의 관계나 희생양 메커니즘이나 '개인 간의' 스캔들같이 완벽하게 표현하지 않았거나 잘못 표현되었던 것을 제대로 '표현한 것'이라고 규정하고자 한다.

　　신화에서 희생양 메커니즘은 항상 희생양에게는 불리하고 박해자에게는 유리한 쪽으로 왜곡되어 있다. 그러다가 『구약』에 들어오면 진실이 자주 암시되고 언급되고 있으며, 부분적이지만 겉으로 표현되기도 한다. 하지만 이때에도 완벽하게 표현되지는 않는다. 그러나 복음서는 전체적으로 볼 때 정말 문자 그대로 이때까지 감추어져 있던 진실의 표현이라 할 수 있다.

　　「골로사이인들에게 보낸 편지」의 다음 구절은 처음에는 모호하게 보이지만 위의 사실을 깨닫고 나면 곧 분명해진다.

　　(그리스도께서) 계율을 어기면서 우리에게 되돌아오는 비난을 무효화시키고 그것을 십자가에 못 박아 없애버렸습니다. 그리고 십자가에 권세와 세력의 사람들을 사로잡아 무장을 해제시키고는 그들을 구경거리로 삼아 끌고 승리의 행진을 하셨습니다. (「골로사이인들에게 보낸 편지」, 2:14~15)

　　사람들에게 되돌아오는 비난, 그것은 신화에 나오는 무고한 희생양에 대한 비난이다. 권능과 권세를 가진 사람들에게 책임이 있다고 하는 것은 우리가 앞에서 얘기했던 '비난자'의 역할을 하는 사탄에게 책임이 있다고 보는 것과 같다.

그리스도 이전까지 사탄의 비난은 사람들을 신화-제의적인 시스템 속에 가두어버리는 강렬한 전염성 덕분에 언제나 승리를 거둘 수 있었다. 하지만 그리스도의 십자가형은 신화 속에서 맹위를 떨치는 전염을 폭로함으로써 신화를 무력하게 만들어 버렸다. 신화 속의 전염은 그 사회가 희생양의 무고함 같은 진실을 결코 알 수 없을 정도로 강렬하였다.

사탄의 비난은 폭력에서 사람들을 일시적으로는 보호할 수 있었다. 하지만 이것은 곧 '되돌아온다.' 왜냐하면 이 비난은 사탄에게, 달리 표현하면 그들의 거짓 신과 유혈의 희생이 있는 권세와 권능에게, 봉사하는 것이기 때문이다.

예수 수난 이야기에서 예수는 자신의 무고함을 만천하에 보여주면서 (비난해야 한다는) 이 의무를 '무효화시키고' '없애버렸다.' 이 비난을 십자가에 못 박은 것은 이제 예수 자신이다. 달리 말하면 그런 비난의 허구성을 폭로한 자가 바로 예수다. 전에는 사탄의 비난이 희생양을 십자가에 못 박았지만, 여기서는 그 반대로 이 비난이 헛되다는 것을 모든 사람들에게 전시, 공포한다고 말할 수 있다. 십자가로 인해 진리가 승리를 거두는데 그것은 복음서에서 예전의 비난이 헛되었음을 폭로하기 때문이다. 그리하여 사탄의 속임수, 그리고 이와 같은 권세와 권능의 속임수는 십자가의 길에서 영원히 신빙성을 잃게 된다. 이때 권리를 회복하는 것은 언제나 똑같은 유형의 희생양들이다.

사탄은 인간을 자신의 공범으로 만드는 동시에 항상 자신에게 갚을 빚이 있는 채무자로 만든다. 십자가는 사탄의 이런 작용 밑바닥에 있는 허구성을 폭로하는데, 이렇게 함으로써 일시적으로는 폭력의 증가를 가져올 수도 있다. 그러나 더 근본적으로 말하면, 이렇게 함으로써 십자가는 인류 역사 이래 계속되어온 사탄의 노예 상태로부터 인류를 해방시킨다.

십자가에 못 박혀서 전시된 것은 비난만이 아니다. 십자가를 짊어진 그리스도의 승리의 행렬을 따라 권세와 권능도 모든 사람들 앞에 구경거리가 된다. 말하자면 권세와 권능도 십자가에 못 박힌 것이다. 이 비유는 그냥 즉흥적인 것이 아니다. 이것이 가리키는 것이 너무 정확하여 우리들을 움찔 놀라게 할 정도다. 사탄의 기록에는 만인 대 일인 현상의 진짜 속성인 모방이 감추어져 있지만 그리스도의 십자가와 예수 수난 이야기에는 사실대로 드러나 있다.

사탄에서 유래하는 거짓 종교와 권능의 기원과 십자가는 똑같은 현상이다. 하나는 폭로되어 있고 다른 하나는 감추어져 있다는 것만 다를 뿐이다. 「지옥」편에서 단테가 사탄을 십자가에 못 박힌 것으로 표현하였던 것도 이 때문이다.[3]

희생양 메커니즘이 핀이나 못으로 박혀서 십자가에 달리면 그 가소롭고도 진부한 본성이 백일하에 드러난다. 그렇게 되면 그에 근거해 있던 세상 모든 것들은 점차 그 명성을 잃고 힘이 약해지다가 결국에는 사라질 것이다.

여기서 중요한 메타포는 '승리'인데, 이것은 승리한 장군에게 수여하는 보상품이라는 로마 식의 의미와 연관되어 있다. 로마의 개선장군은 마차 위에 서서 군중들의 환호를 받으면서 당당하게 도시로 입장하였는데 그 뒤를 따르는 행렬에는 쇠사슬에 묶인 적의 장군도 있었다. 유순해진 맹수를 다루는 것처럼, 적의 장군에게 사죄를 받아내기 전에 먼저 전시부터 한 것이다. 카이사르의 승리 행렬에 있던 골족의 왕 베르킨게토릭스의 역할도 바로 이런 것이었다.

여기서 개선장군은 그리스도고 그의 승리는 십자가다. 기독교가 물리친 것은 바로 이교도의 세계 질서다. 이들 정복자 뒤에 묶여서 끌려오는 적군의 장군들은 바로 권능과 권세다. 이 복음서의 저자들은 십자가의 막강한 힘을 그 시절 큰 힘을 갖고 있던 로마 군대

---

[3] John Freccero, "The Sign of Satan," *The Poetics of Conversion*, Cambridge, Mass.: Havard University Press, 1986, pp. 167~79 참조.

에 비교한 것이다.

　오늘날 모든 기독교 사상 중에서 여기서 공개적으로 표현되고 있는 '십자가의 승리'라는 생각보다 더 큰 야유를 받는 것은 없을 것이다. 진보적인 기독교인은 이런 생각이 터무니없을 뿐 아니라 오만하기까지 하다고 생각할 것이다. 이 기독교인들은 그들이 거부하는 이런 태도를 '승리주의triumphalism'라는 말로 규정하여 유행시켰다. 승리주의의 기원이 될 만한 기록이 있다면, 지금 우리가 살펴보고 있는 바로 이 기록일 것이다. 언제나 교회에 겸양의 의무를 심어주려고 애쓰는 모더니스트들의 분노를 유발시킬 정도로 이 기록은 너무 급하게 쓰여진 듯한 인상을 준다.

　그러나 이 승리의 메타포에는 하나의 역설이 있는데, 이 역설은 너무나 뚜렷해서 우리는 이것을 분명 야유를 하겠다는 주도면밀한 의도에서 나온 것으로 볼 수밖에 없다. 무력에 의한 승리는 이 서간문이 말하는 내용과는 거리가 멀다. 그리스도의 승리는 로마 개선장군의 승리와는 거리가 멀다. 그리스도는 자신의 폭력을 남에게 행사하기는커녕 오히려 타인의 폭력을 그대로 감내하였다. 이 승리라는 개념에서 우리가 주목해야 할 것은 무력적인 면이 아니라, 모든 사람들에게 공개되는 구경거리, 즉 그 적이었다면 자신을 보호하기 위해 또 십자가가 찾아갈 것을 지키기 위해서 분명히 감추었을 것을, 이 승리가 만천하에 공개한다는 생각일 것이다.

　십자가의 승리는 폭력의 결과가 아니라 완전한 포기의 결과다. 이 포기는 정말 완전한 포기라서 그리스도에게 폭력을 마음껏 분출할 수 있었다. 그러나 그 모든 것이 예수 수난 이야기에 아주 정확하게 표현될 것이기에, 그렇게 분출함으로써 폭력은 소중히 감추어야 할 것이 드러날지도 모른다는 걱정은 하지도 않은 채 분출될 수 있었다. 그리고 예수는 전혀 폭력을 행사하지 않을 것을 알고 있었기에 그 분노가 자신에게 되돌아올지도 모른다는 걱정도 하지 않은 채 예수에게 정말 마음껏 분출할 수 있었다. 이 정도로 예수는 전면적으로 폭력을 포기한 것이다.

사회에서 모방의 전염성이 행하는 역할을 알지 못한다면, 십자가가 권세와 권능을 만천하에 드러냄으로써 무력하게 만든다는 생각은 터무니없을 뿐 아니라 진실을 뒤바꿨다고 볼 수도 있을 것이다.

예수의 십자가형 시에 일어나는 일은 우리 기록의 주장과 완전히 상반된 것 같다. 십자가에 그리스도를 못 박고 그에게서 모든 것을 앗아간 것이 바로 권세와 권능이다. 그러고도 이들은 조금도 피해를 입지 않았다.

그러므로 우리가 지금 얘기하고 있는 이 기록은, 양식 있는 사람이 예수 수난의 진실이라고 본, 슬프지만 분명한 사실과는 상반된다. 권능을 가진 자들이 사라지기는커녕 온갖 높은 지위를 차지하고서 분명히 이 세상에 눈이 부시도록 존재하고 있었다. 즉 이들은 끊임없이 으스대면서 자신의 권력과 사치를 과시했던 것이다. 그러므로 굳이 이들을 전시할 필요가 없었다. 이미 충분히 전시되고 있었기 때문이다.

스스로를 '과학적'이라고 여기는 성경 해설자들은 십자가의 승리를 너무나도 터무니없다고 생각한 나머지, 이것을 세계가 붕괴될 때 드러난 진실과 더 이상 과감하게 맞서지 못하고 절망에 빠진 사람들에게 나타나는 완벽한 전도 현상으로 보고 있다. 정신의학에서 '보상 현상'이라고 부르는 것이 바로 이런 것인 듯하다. 엄청난 재앙으로 희망도 없이 황폐해진 사람들은 현실을 알려주는 모든 기호를 전도시켜버린다. 이리하여 이들은 모든 마이너스 기호를 플러스 기호로 만들고 모든 플러스 기호를 마이너스 기호라고 여긴다. 예수가 십자가에 못 박히고 난 뒤에 사도들에게 일어난 일이 이런 것이며, 기독교 신자들이 부활이라고 부르는 것도 바로 이런 것이다.

그러나 십자가형 이야기의 정확성과 절제 그리고 복음서의 나머지 부분보다 더 분명한 이들의 통일성 등으로 미루어 볼 때, 이 이야기가 정신적인 재앙이나 비평가들이 상상하는 현실과의 단절을 반영한다는 느낌은 전혀 없다.

우리는 정신분석학적 가설에 기댈 필요도 없이, 십자가의 승리 개념을 아주 합리적으로 설명할 수 있다. 이것은 우리가 지금부터 확인하게 될 의심할 여지 없는 현실과 통한다. 십자가는 진정으로 이 세상을 변화시켰다. 그래서 우리는 이 십자가의 힘에 대해 종교적 신앙의 도움을 받지 않고 해석할 수가 있다. 십자가의 승리에 대해 우리는 순전히 합리적인 맥락에서 수긍할 만한 의미를 부여할 수 있다는 말이다.

십자가를 쳐다보는 사람들 대부분은 우리가 앞에서 살펴본 서간문이 말하던 '승리주의'를 풍기면서 진행되는 듯한 예수의 죽음이라는 끔찍한 사건만을 연상한다.

예수는 박탈당하고 권세와 권능에게 유리하게 전개된 것이 실제 역사였지만, 역사가들이 잘 모르는 또 다른 역사가 있다. 그것은 역사가들의 역사만큼이나 실제의 역사이고 또 객관적인 역사인데, 어떤 사건의 역사가 아니라 사건에 대한 '표현'의 역사이다.

신화 뒤에는 실제로 일어났으며 신화를 지배하는 사건이 있는데 신화는 그 사건을 변형시키고 있다. 그래서 우리는 신화를 통해서 실제의 사건을 제대로 알아내지 못할 뿐이다. 그러나 다시 한 번 강조하지만, 복음서는 사건을 있는 그대로 '표현하고' 있어 사람들이 지금까지 결코 알아차리지 못한 이 진실을 전 인류에게 그냥 내맡겨두고 있다.

예수 수난 이야기와 여호와의 종에 대한 찬양을 제외하면 권세와 권능은 아주 찬란한 모습으로 나타난다. 하지만 그 부끄러운 폭력적인 기원은 나타나지 않고 그래서 잘 알려져 있지 않다. 진상은 결코 드러나지 않고 있었는데 처음으로 그리스도의 십자가가 사람들에게 갖다 준 것이 바로 이 진상이다.

권능을 가진 자들은 자신들의 헛된 영광을 위해 스스로를 널리 알리는 데에 주력한다. 하지만 십자가는, 권능이 자신의 붕괴를 막기 위해 감추어야 하는 그들의 부끄러운 폭력적인 기원을 폭로하고 있다.

이것이 바로 그리스도의 '승리의 행진'에 끌려서 '사람들에게 구경거리가 된' 권세와 권능이 보여주는 것이다.

그리스도를 십자가에 못 박던 권능을 가진 자들은 평소처럼 희생양 메커니즘을 작동시킨다고, 다시 말해 그들 행위의 진상이 폭로될 위험을 멀리하였다고 믿고 있었다. 그러나 그들은 그 반대, 즉 그들 자신의 붕괴에 박차를 가하고 있다는 것은 꿈에도 생각지 못하고 있었다. 말하자면 그들은 그것에 진실을 폭로할 힘이 있을 줄은 미처 짐작도 하지 못했던 십자가에 자신을 못 박고 있었다.

이리하여 십자가는 희생양 메커니즘이 모든 것을 지배하기 위해 주변에 둘러치고 있던 어둠을 걷어냄으로써 세상을 완전히 전복시킨다. 십자가의 빛은 사탄이 가진 중요한 힘, 즉 사탄이 사탄을 추방하는 힘을 빼앗아버린다. 이 검은 태양이 일단 십자가에 의해 밝혀지면 더 이상 자신의 파괴력을 제어하지 못한다. 사탄은 자신의 왕국을 파괴하고 자기 자신까지 파괴할 것이다.

이상의 내용을 이해하면 바울이 하나님과 이 세상 그리고 인간에 관한 모든 지식의 근원이 십자가라고 본 까닭을 이해할 수 있다. 바울이 십자가에 못 박힌 그리스도 밖에서는 어떤 것도 알기를 원치 않는다고 단언할 때 그는 '반(反)지성'을 행하는 것이 아니었다. 드러나 있는 지식을 얕잡아보는 것이 아니다. 그는 십자가에 못 박힌 그리스도 이상의 지식은 아무것도 없다고 정말 문자 그대로 믿고 있다. 우리도 이 생각에 동참하면 인간에 관한 것뿐 아니라 그와 동시에 신에 관해서도 다른 어디에 의지하는 것보다 더 많은 것을 알 수 있게 될 것이다.

십자가의 고통은 예수가 인간들이 갇혀 있는 기원에 대한 진상을 인간에게 알려주고 나아가서는 희생양 메커니즘이 더 이상 효력을 발휘하지 못하도록 하기 위해 기꺼이 받아들인 대가다.

개선장군의 승리에서 포로가 된 장수의 치욕스러운 전시는 단지 승리의 결과지만, 여기서 이것은 승리 그 자체, 즉 폭력적 기원에 대한 폭로다. 패배했기 때문에 권능이 구경거리가 된 것이 아니라 구경거리가 됐기 때문에 패배한 것이다.

그러므로 '무력적 승리'라는 이 메타포에는 아이러니가 있다. 그런데 이 메타포를 더 재치 있게 만드는 것은 사탄과 그의 무리들은 이렇게 권능만 존중한다는 사실이다. 그들은 항상 무력적 승리만 생각한다. 그러므로 그들은 생각지도 못했던, 자신들의 생각이나 가치와는 정반대되는 무기에 지고 만 셈이다. 자기를 추방하는 사탄의 힘을 무찌른 것은 바로 이처럼 가장 근본적인 결점이었다.

*

그러므로 신화와 복음서의 차이, 신화의 은폐와 기독교의 폭로의 차이를 이해하기 위해서 표현과 표현되는 것을 혼동해서는 안 된다.

많은 성서 해석가들은 한 텍스트에 무언가가 표현되어 있다면 그 텍스트는 말하자면 스스로의 표현을 따른다고 생각하고 있다. 그들은 내가 여기서 끊임없이 말하는 희생양 메커니즘이 복음서를 지배한다고 생각하는데, 다른 곳에서는 희생양 메커니즘이 잘 안 보이는데 복음서에는 정말 나타난다는 단순한 이유 때문이다. 반면에 이들은 신화에는 이 메커니즘이 표현되어 있지 않고 또 이 메커니즘의 존재에 대한 암시나 지표도 전혀 없기 때문에 신화에는 희생양 메커니즘이 없다고 생각한다.

집단 살해는 신화 발생에만 필수적이지 복음서 발생과는 무관하다는 나의 말에 이들은 깜짝 놀라고 있다.

집단 살해나 희생양 메커니즘은, 이 메커니즘이 바로 그들의 발생 원칙인, 그래서 이 메커니즘을 표현하지 않고 또 표현할 수도 없는 기록들의 발생과 관련이 있다. 이런 기록이 바로 신화다.

너무 서둘러 결론을 내리는 요즈음의 경향 때문인지, 오늘날의 성서 해석자들도 집단 폭력을 보여주는 기록은 마땅히 그 폭력성을 고발해야 하는 기록이라고 성급하게 결론을 내리는 듯하다.

니체의 영향을 받은 오늘날 사람들은 지금 이 경우에는 그 또한 신비를 조장하는 '아니 땐 굴뚝에 연기 나랴?'라는 원칙에 따라 판단하는 경향이 있다. 그들은 유대 기독교의 계시를 일종의 프로이트 증후, 혹은 '노예 도덕'이라는 의미의 일종의 니체 증후로 간주하고 있다. 그들은 희생양 메커니즘의 계시를 예컨대 사회적 원한의 노정으로 보고 있다. 그들은 결코 이 계시가 혹시라도 합당한 것은 아닐까 하는 의심조차 하지 않는다.

모방은 '그것이 표현되지 않는 바로 그곳'에서 '표현되지 않았다는 바로 그 사실' 덕분에 모방 회오리로 발전할 수 있다. 일단 한 사회가 전염에 휩싸이면 그 사회가 말하는 것이나 그 사회를 대신해서 말하는 것은 모두 폭력적인 모방이다. 즉 희생양의 유죄와 박해자의 무고함을 말하는 것은 바로 그 모방이라는 말이다. 더 이상 그 사회가 진정으로 말하는 것이 아니다. 말하는 자, 그는 바로 복음서가 비난자 사탄이라고 부르는 자다.

유대교와 기독교의 기록이 이런 폭력을 폭로하고 드러낸 최초의 기록이라는 것을, 스스로를 과학적이라고 칭하는 요즘의 성서 해석자들은 보지 못하고 있다. 그런데 이 폭력은 처음부터 있어왔지만 성서가 그것을 드러내기 전까지는 신화의 구조에 감추어져 있던 것이다.

니체와 프로이트의 영향을 받은 우리는, 지금까지 그것이 지칭하는 바가 뚜렷한 까닭도 없이 부인되어왔던 이 기록들에서, '박해 콤플렉스'의 증표들을 단숨에 찾아낼 것이다. 유대 기독교는 이것 때문에 괴로웠지만 신화는 전혀 괴롭지 않았다.

그런데 이런 사정이 불합리하다는 증거는 바로, 약자에 대한 강자의 폭력, 소수에 대한 다수의 폭력, 장애자들에 대한 비장애자들의 폭력, 비정상인에 대한 정상인들의 폭력, 떠돌이에 대한 토박이의 폭력 등을 암시하는 모든 것들에 대해 신화가 보이는 도도한 무시와 대단한 무관심이다.

현대인들이 자신들의 사회에 대해 아주 수상쩍은 태도를 보이는 만큼, 현대인들이 신화를 믿는 것은 더욱더 이상하다. 그들은 감추어져 있는 희생양은 도처에서 보면서도 희생양이 정말 들어 있는 신화에서는 보지 못하고 있다. 그들은 진정 비판적인 시각에서 신화를 본 적이 한 번도 없었던 것이다.

항상 니체의 영향 아래에 있는 오늘날의 사상가들은 신화가 다정하고 쾌활하고 부드럽고 동정심 많은 기록, 그래서 정의와 진리에 대한 합당한 배려에서 나온 것이 아니라 병적인 의혹 속에서 생겨났다고 보는 우대 기독교의 기록보다 뛰어난 기록으로 간주하는 습관이 있다.

오늘날의 사람들이 다소라도 이렇게 생각한다면 신화에는 부당한 폭력이 전혀 없고 그런 폭력에 대한 미학적인 변형조차도 없다고 철석같이 믿게 된다. 그에 비해 이들은 유대 기독교의 기록들은 박해에 너무 사로잡혀 있어서 박해와는 그것의 유죄를 암시하는 불편한 관계를 유지할 수밖에 없다고 보고 있다.

이런 생각이 엄청난 오해임을 알기까지 우리는 부당하게 비난받았지만 이제 너무나도 분명히 밝혀졌으니 어떤 오해도 허용치 않는 하나의 구체적인 희생양 사건 속에서 다시 살펴볼 필요가 있다.

자신이 범하지도 않은 죄로 기소를 당한 드레퓌스 대위가 세상 저편에서 형을 살고 있던 시절, 한편에는 절대 다수의 이른바 '반(反)드레퓌스파' 사람들이 있었는데, 이들은 아주 침착하게 만족하고 있었다. 자신들의 희생양이 합당하게 벌을 받고 있다고 믿고 이를 자축하고 있었기 때문이다.

다른 한편에는 드레퓌스 옹호파들이 있었는데 몇 명 되지 않던 이들은 오랫동안 악명 높은 반역자로, 아니면 좋게 말하면 다른 사람들은 아무도 인정하지 않는 온갖 종류의 불만과 의혹을 일삼는 전문적 불평분자나 강박관념에 사로잡힌 사람으로 통했다. 당시 사람들은 드레퓌스파 사람들이 그렇게 행동하는 이유를 개인적인 불건전이나 정치적인 편견에서 찾았던 것이다.

그러나 사실 반드레퓌스파의 행태야말로 진정한 의미에서 하나의 신화이며, 그들의 비난은 모방의 과도한 전염에 휩쓸려서 그 기간 동안에는 어떠한 사실로도 대응할 수 없을 정도로 정당하다고 오해되었던 잘못된 비난이었다.

　신화의 '무죄'와 삶의 기쁨과 건강을 찬양하면서 그들이 찬양하는 모든 것을 『구약』과 복음서의 병적인 의혹과는 반대된다고 보는 이들도 내가 보기에는, 드레퓌스파에 반대해서 반드레퓌스파를 선택하던 과거 사람들과 똑같은 실수를 범하는 것 같다. 이는 이미 당대에 샤를 페기라는 작가가 주장했던 것이기도 하다.

　드레퓌스파가 자신들의 견해를 주장하며 싸우지 않고, 적어도 그중 몇이라도 진실을 위해 고통받지 않고, 요즈음의 사람들이 그러하듯이 분명한 진실을 믿는다는 사실조차 정말 죄악이라고 수긍하고 말았다면, 드레퓌스는 아마 영원히 복권되지 못했을 것이며 결국 거짓이 승리를 거두고 말았을 것이다.

　어디서도 희생양을 보지 못하는 신화를 찬양하면서 그 반대로 『구약』과 복음서가 도처에서 희생양을 보고 있다고 비난한다면 우리는 드레퓌스 사건에서 재판부의 실수의 가능성을 거부한 그 사람들의 환상을 되풀이하는 것이나 마찬가지다. 드레퓌스파는 요셉의 진실만큼이나 분명하고 단호한 진실을 신화적인 폭력 속에서 겨우 승리할 수 있게 하였던 것이다.

*

　희생양 메커니즘은 단순한 문학적 주제가 아니라 환상의 주원인이다. 그러나 정작 이 원인이 지배하는 기록에는 이것이 겉으로 드러나 있지 않다. 희생양 메커니즘이 환상의 원인으로 분명히 드러날 때가 있는데 『구약』과 복음서가 그런 경우다. 이것은 신화처럼 그것이 드러나지 않는 기록은 항상 지배하지만 『구약』이나 복음서와 같은 기록은 분명 지배하지 못하고 있다.

　모방 회오리에 근거하고 있는 텍스트는 그 모방 회오리를 밝혀낼 수 없으며, 역으로 모방 회오리를 밝히는 텍스트는 그 모방 회오리에 근거할 수가 없다. 그러므로 우리는 어떤 작가의 글에 그런 것이 없다는 것을 확인했을 때는 가만있다가 그런 것이 있다는 것을 확인했을 때에만 부여하는 '테마'니 '모티프'니 하는 문학 비평 용어와 만장일치의 희생양 문제를 같다고 보아서는 안 된다.

이런 실수는 알아차리기 쉽다. 하지만 여전히 알아차리지 못하기가 더 쉽다. 그리고 실제로 지금도 곳에 따라서는 알려지지 않았다. 예를 들어, 사람들은 신화가 독단적 폭력을 전혀 이야기하지 않는 이유는, 신화가 자신도 모르는 사이에 박해자의 잔혹성을 그대로 반영하기 때문이라는 것을 생각도 못하고 있다. 박해자들은 항상 자신들이 박해하는 대상을 결코 희생양으로 보지 않고, 단지 합법적으로 추방당한 죄인, 즉 언제나 오이디푸스와 같이 친부살해와 근친상간 죄를 '실제로' 범한 자들로만 보고 있다.

신화의 내용은 온통 모방 회오리에 의해 결정된다. 그런데 신화는 모방 회오리에 너무 깊이 빠져 있어서 거기에 빠져 있다는 사실을 짐작조차 못한다. 그래서 어떤 신화도 자신을 지배하는 환상의 원인에 대해 암시조차도 못한다.

어떤 환상의 포로가 된다는 것은 그것을 진실로 받아들인다는 뜻이며, 그래서 그것이 환상임을 알아챌 능력이 없다는 뜻이다. 박해자의 환상을 처음으로 기록하면서 『구약』은 혁명의 첫걸음을 내디뎠다고 볼 수 있다. 이 혁명은 기독교를 통해서 인류 전체로 점차 퍼져나가는데, 정작 모든 것을 알아야 하는 본분을 지닌 사람들이 이를 제대로 이해하지 못하고 있다. 이것이 바로 다음 복음 구절이 갖는 '인식론적인' 중요한 의미라고 나는 생각한다. "하늘과 땅의 주인이신 아버지, 안다는 사람들과 똑똑하다는 사람들에게는 이 모든 것을 감추시고 오히려 철부지 어린아이들에게 나타내 보이시니 감사합니다"(「마태복음」, 11:25).

희생양 메커니즘이 어떤 텍스트를 지배하기 위한 필수 조건은 이 메커니즘이 기록 속에서 분명한 주제로 드러나서는 안 된다는 것이다. 그 역도 마찬가지라서, 희생양 메커니즘은 그 메커니즘이 선명히 드러나는 기록, 즉 복음서를 지배할 수가 없다.

우리로 하여금 공포를 느끼게 하는 무시무시한 역설이 하나 있다. 바로 예수 수난의 공포다. 끔찍한 폭력을 폭로한 사람이나 그런 기록 자체가 항상 그 폭력의 책임자로 몰린다는 것이 그 역설이다. 말하자면 셰익스피어의 클레오파트라가 그랬듯이, 사람들은 자기 기분에 거슬리는 진실을 접하면 그 진실을 전해준 사람이 그렇게 만든 장본인이라고 꼽는다는 것이다. 폭력을 숨기는 것이 신화의 고유 속성이라면, 폭력을 폭로하는 것이 유대 기독교 기록의 고유 속성이라 할 수 있다. 또 그 때문에 폭력의 원인으로 몰림으로써 고통을 받는 것 또한 이런 기록의 고유 속성일 것이다.

희생양 메커니즘이라는 환상의 원인은 그 자체의 힘을 잃지 않고는 완전히 드러나지 않는다. 이 메커니즘은 "그들이 무엇을 하는지 모르는" 박해자들의 무지를 필요로 하고, 또 제대로 작동하기 위해서는 사탄의 어둠을 필요로 한다.

신화는 자신의 폭력성을 자각하지 못하고 있다. 신화는 그 희생양들을 악마로 만들고 또 신격화시킴으로써 초월적인 수준으로 몰고 가는데, 『구약』에서 눈에 띄는 것이 바로 이 폭력이다. 여기서 희생양은 더 이상 유죄가 아니고 무고한 진짜 희생양이 되고, 반면에 박해자들은 더 이상 무고한 존재가 아니고 유죄인 진짜 박해자가 된다. 지금 우리가 계속 비난하는 것은 당시에 잘못을 저지른 우리 조상들이 아니다. 정말 변명의 여지가 없는 사람들은 바로 우리들이다.

신화는 모방 회오리와 희생양 메커니즘에 휘둘리는 공동체를 매개로 자신들에 대해 묘사하는 잘못된 표현물이다. 신화 속에서 모방 회오리는 결코 객관적으로 표현되지 않을 뿐 아니라 아예 표현 자체가 되지 않는다. 신화 이야기의 진정한 '주체'인 모방 회오리는 언제나 감추어져 있는데, 복음서가 사탄이나 악마로 부르는 것이 바로 그것이다.

내가 계속 이런 말을 더 풀이하는 이유는 우리가 말한 이 과오가 우리 주위에서 끊임없이 되풀이되고 있으면서 십자가의 역설에서 중요한 역할을 하기 때문이다.

*

내 말을 이해하기 힘들거나 이해하기 너무 쉽다는 증거로는, 사탄 스스로가 이를 이해하지 못했다는 것을 들 수 있다. 아니 그보다는 사탄이 너무 늦게 깨달아서 자기 왕국을 지켜낼 수가 없었다고 말하는 편이 더 정확할 것이다. 인류 역사에서 무언가를 제때 하지 못하면 끔찍한 결과를 낳는다.

코린토인들에게 보낸 첫째 편지에서 바울은 이렇게 말하고 있다. "이 세상 통치자들은 (하나님의 지혜를) 하나도 알지 못하였는데 만일 알았더라면 영광의 주를 십자가에 못 박지 아니하였으리라"(「고린도 전서」, 2:8).

여기서는 사탄과 같은 존재인 '이 세상의 통치자들'이 그 사건에서 그들에게 유리한 무언가를 기대하고 있었기 때문에 영광의 주님을 십자가에 못 박았다. 그들은 이 메커니즘이 평소처럼 사람들의 눈길을 잘 피해서 작동하기를, 그리하여 예수와 그의 말씀이라는 성가신 문제도 잘 해결하기를 바라고 있었다. 사실 그때까지 사람들의 시선은 그다지 별로 조심성이 없었다. 사건 초기에는 만사가 자기들 뜻대로 잘 진행되어가고 있다고 믿을 만하였다.

십자가형은 여느 희생양 메커니즘과 같은 메커니즘이다. 그래서 십자가형은 다른 희생양 메커니즘과 똑같이 시작되고 똑같이 전개되었다. 하지만 그 결과는 전혀 달랐다.

예수가 부활하기 전까지는 모방의 회오리가 전복될 조짐이 전혀 없었다. 사도들마저 이 회오리에 거의 휩싸여 있었다. 이 세상의 통치자들은 그래서 흡족해하였을 것이다. 그러나 그들의 계산은 맞지 않았다. 복음서에 들어 있는 예수 수난에 관한 네 가지 이야기는 또 한 번, 희생양 메커니즘의 비밀을 감추기는커녕 공개적으로 알려서 널리 전파시키고 있다.

오리게네스를 비롯한 그리스의 많은 교부(教父)들은, 방금 인용한 바울의 구절로부터 수 세기 동안 중요한 역할을 하는 하나의 이론을 만들어냈는데, '십자가에 속은 사탄'이라는 이론이다.[4] 이 이론에 의하면 사탄은 사도 바울이 '이 세상의 통치자들'이라고 불렀던 자다.

그러나 서방 기독교에서는 이 주장이 동방 기독교에서 얻었던 지지를 한 번도 받은 적이 없었다. 그리고 내가 알기로 이 이론은 그러다가 마침내 사라지고 말았다. 심지어 이것은 '마술적 사고'라는 의혹을 받기도 하였다. 또 이 이론은 신에게 합당한 역할을 부여하지 않았다는 의혹을 사기도 한다.

이 이론은 십자가를 신이 만들어놓은 하나의 함정으로 보는데, 신의 계책은 사탄의 계책보다 훨씬 더 뛰어나다. 몇몇 교부들의 글에는 이상한 메타포가 들어 있는데, 아마 이 메타포 때문에 서방 교회로부터 신뢰를 얻지 못했을 것이다. 여기서 그리스도는 사탄이라는 게걸스런 고기를 잡기 위해 낚시꾼이 바늘에 단 미끼에 비유되고 있다.

이 이론이 사탄에 부여한 역할에 대해 서방 교회는 아주 불안해한다. 시간이 지나면서 신학 사상에서 악마의 역할은 점점 줄어들고 있다. 교부 신학의 정당성과 진정한 의미를 밝힐 수 있는 유일한 개념인 경쟁적 모방과 관련이 있음에도 불구하고 사탄의 역할이 사라지는 것은 정말 유감스러운 일이다.

모방 사이클 혹은 사탄의 사이클을 알게 되면 십자가에 속은 사탄이라는 주장에 본질적인 직관이 들어 있음을 깨닫게 될 것이다. 이 주장은 기독교의 가르침을 방해하는 모방적 갈등이 과연 어떤 장애물인지를 암시하고 있다.

---

4 Jean Daniélou, *Origène*, Paris: La table ronde, 1948, pp. 264~69.

신화 제의적인 사회들은 모방 사이클에 사로잡혀 있다. 모방 사이클을 인식조차 못해서 거기서 벗어나지 못했기 때문이다. 오늘날도 사정은 마찬가지인 것 같다. 철학, 사회과학, 정신분석학 등과 같이 오늘날 우리가 인간에 대해 갖고 있는 모든 사상들은 모두 신화 제의적 체계의 모방과 아주 흡사한 갈등적 모방을 못 보고 있는 데에 기초해 있다. 이런 점에서 현대 사상은 근본적으로 이교도적이라고 말할 수 있다.

복음서에 나오는 예수 수난의 이야기는 희생양 메커니즘과 모방 사이클을 알게 해줌으로써 인간으로 하여금 보이지 않는 감옥을 깨닫게 해주고 또 그들의 잘못을 뉘우쳐야 한다는 것을 알게 해준다.

하나님의 뜻을 모르고 있던 '이 세상의 통치자들'은 예수에게 행해진 희생양 메커니즘에 대한 기록과 신화에 대한 기록이 그렇게 다르다는 것을 깨닫지 못했다. 만약 앞날을 헤아릴 줄 알았더라면 그들은 십자가형을 조장하지도 않았을 뿐 아니라 온 힘을 다해서 막았을 것이다.

그러다가 지상의 통치자들이 십자가의 실제 힘을 깨달았을 때에는 사태를 되돌이키기가 이미 늦었다. 즉 예수는 십자가에 못 박히었고 복음서는 기록되고 난 뒤였다. 그래서 바울은 "이 지혜를 세상의 통치자가 하나도 알지 못하였는데 만일 알았더라면 영광의 주를 십자가에 못 박지 아니하였으리라"(「고린도 전서」, 2:8)라는 합당한 주장을 펼친 것이다.

십자가에 속은 사탄이라는 생각을 받아들이지 않음으로써 서방 교회는 인류학에서 볼 때 돌이킬 수 없이 소중한 부분을 잃고 있다.

속죄에 관한 중세와 현대의 이론들은 모두 신의 편에서 신의 명예와 정의 혹은 신의 분노, 구원의 장애물이 되는 것을 찾고 있다. 그러나 이 이론들은 그것을 찾아 마땅한 곳, 즉 죄를 지은 인류에게서, 인간들 사이의 관계에서, 사탄과 같은 갈등적 모방에서 그 장애물을 찾아내는 데 성공하지 못하고 있다. 이 이론들은 원죄에 대해서는 많이 이야기하지만 그 생각을 구체적으로 드러내지는 못하고 있다. 이 이론들이 신학적으로는 옳다 하더라도 사람들에게는 자의적이고 부당하다는 인상을 주는 이유는 바로 이 때문이다.

일단 잘못된 모방을 확인하면 '십자가에 속은 사탄'이라는 생각은 그리스의 교부 철학자들이 아주 만족스럽게 설명하지는 못했지만 분명 느끼고는 있었던 정확한 의미를 획득하게 된다.

「요한복음」이 말하는 '악마의 아들'이 된다는 것은 앞에서 보았듯이, 갈등적 모방이 만들어놓은 거짓 체계에 갇힌다는 뜻이다. 그런데 이 갈등적 모방은 결국 과거에는 신화 제의적인 체계에 빠지고 오늘날에는 이데올로기나 과학의 숭배와 같이 더 현대화된 우상 숭배에 귀착하고 만다.

그리스의 교부 철학자들은, 십자가에서 사탄은 자기 자신의 함정에 빠져 속은 자라고 말하는데 정말 적절한 표현인 것 같다. 사탄이 볼 때 희생양 메커니즘은 세상을 통치하는 자기 추방의 도구로서 자신의 재산이었다. 그러나 십자가에서는 이 메커니즘이, 자신이 평소 메커니즘에 대해 행사하던 통제력을 그야말로 완전히 벗어나는데, 그러자 사람들도 얼굴을 돌리고 만다.

하나님이 사탄으로 하여금 인간 사회를 일정 기간 동안 통치하도록 허락하신 것은 때가 되어 그리스도가 십자가에서 죽으면서 그 적을 이길 것임을 미리 알았기 때문이다. 예수 수난 이야기 속에서 희생양 메커니즘은 버선목처럼 완전히 뒤집혀서 만천하에 그 비밀이 밝혀질 것이며, 하나님의 지혜는 처음부터 이 계시가 사탄도 권력도 막을 수 없다는 것을 알고 있었던 것이다.

사탄은 예수에게 희생양 메커니즘을 작동시킴으로써 실은 정반대의 것을 행하는 줄은 꿈에도 생각지 못하고, 자신의 왕국을 보호하고 자신의 재산을 보존한다고 믿었다. 그러나 그는 정확히 하나님이 원하는 대로 행동하였다. 그 결과를 짐작도 못하면서 스스로 자신을 파괴시키는 과정을 진행시킬 수 있는 자는 사탄뿐이다.

십자가에 속은 사탄이라는 주장은 왜 인간이 사탄의 왕국에 갇히는지에 대한 정확한 정의를 통해 보완될 필요가 있다. 갈등적 모방과 희생양 메커니즘이라는 결과만이 그 정의를 제공해줄 수 있을 것이다. 모방을 찾아냈다고 이 문제를 다 해결할 수 있다는 결론을 내려서는 안 된다.

방금 살펴본 바울의 기록에는 특이한 정신적인 숨결이 실려 있다. 바울은 여기서 전 인류 역사를 관통하는 신의 지평이 존재한다는 것을 감지했다. 하지만 그것을 진정으로 표현할 수는 없었다. 그래서 그는 완전히 정리된 주장이라기보다는 황홀한 경지에서 더 듬거리듯이 말하고 있다. 여기서 바울은 하나님의 지혜에 대해 이렇게 말하고 있다.

> 그 지혜는 이 세상의 지혜나 이 세상에서 곧 멸망해버릴 통치자들의 지혜와는 다릅니다. 여기에서 말하는 지혜는 하나님의 심오한 지혜입니다. 그것은 하나님께서 수 세기 전부터(천지창조 이전부터) 우리들의 영광을 위해 미리 마련하여 감추어두셨던 신비로운 지혜입니다. 이 세상 통치자들은 아무도 이 지혜를 깨닫지 못했습니다. 만일 그들이 이를 깨달았더라면 영광의 주님을 십자가에 못 박지는 않았을 것입니다. 성서에 기록되어 있듯이, 눈으로 본 적 없고 귀로 들은 적 없으며 아무도 상상조차 하지 못한 일, 하나님께서 당신을 사랑하는 사람들을 위하여 마련해주셨던 모든 것을 우리는 말하고 있습니다. (「고린드 전서」, 2:6~9)

때가 되면 십자가에서 죽음으로써 사탄을 이기리라 예견하고서, 하나님은 사탄이 인간을 일정 기간 동안 지배하는 것을 허락했던 것이다. 이 죽음으로 희생양 메커니즘이 힘을 잃을 것인데 사탄은 그에 반대하기는커녕 어떻게 될지도 모르면서 거기에 동참할 것임을 하나님의 지혜는 알고 있었다. 사탄을, 말하자면 하나님 계략의 희생물로 삼음으로써, 그리스 교부 철학자들은 하나님의 계시 중에서 본질적으로 십자가의 인류학에 기초해 있기 때문에 오늘날 우리들에게는 모호해진 그 부분을 암시하고 있다.

이렇게 보면 진실을 인간의 손에 내맡긴 것도 사탄이며, 거짓이 탄로날 수 있도록 해준 것도 사탄이고, 하나님의 진리가 널리 알려지도록 해준 것도 결국은 사탄이라고 볼 수도 있다.

그러므로 십자가에 속은 사탄이라는 생각은 전혀 마술적인 생각도 아니고 하나님의 권위에 결코 누를 끼치는 생각도 아니다. 하나님의 입장에서 보자면 사탄이 속은 그 계책은 속임수나 폭력이 손톱만큼도 들어 있지 않는 계책이다. 정확히 말해서 계책이라고 부르기 힘든 이것은 계책이라기보다는 오히려 하나님의 사랑을 이해하지 못한 지상의 통치자의 무능의 결과라고 말하는 편이 더 옳을 것이다. 사탄이 하나님을 보지 못했던 이유는 그가 완전히 갈등의 모방이었기 때문이다. 사탄은 경쟁적 갈등이나 스캔들, 그리고 그 뒤에 따라오는 박해에 관해서는 아주 통찰력이 있었지만 그 밖의 것에 대해서는 완전히 까막눈이었다. 나 자신은 제발 그렇게 하지 않기를 바라는 것을, 사탄은 행하고 있다. 사탄은 나쁜 모방을 결점 하나 없는 독단적이고 완벽한 이론으로 본 것이다. 그런데 이런 식의 이론은 인간이든 사탄이든 그렇게 믿는 사람을, 인간에 대한 하나님의 사랑과 인간 상호 간의 사랑에 대해 귀먹고 눈멀게 만들어버리는 법이다.

사탄은 자신의 메커니즘을 하나의 함정으로 만들고는 제 스스로 거기에 빠지고 있다. 하나님은 사탄에 대해서도 교활하게 행동하지 않는다. 스스로 십자가에 못 박히도록 내버려둔 것은 인간을 구원하기 위해서였는데, 사탄은 이를 전혀 눈치채지 못했던 것이다.

이 세상의 통치자는 희생양 메커니즘을 감추는 힘을 너무 과신했던 것이다.

예수가 나타나는 곳마다 신화에 나오는 만장일치가 나오지 않는 것에 대해 복음서는 우리의 주의를 환기시키고 있다. 특히 「요한복음」은 예수의 말씀과 행동에 대한 사람들의 증언이 일치하지 않다는 것에 대해 여러 차례 강조하고 있다.

 예수가 등장할 때마다 증인들은 서로 다투는데, 이때 예수의 말씀은 사람들을 하나로 통일시키기보다는 사람들 사이에 분열과 불화를 불러일으킨다. 이 분열이 중요한 역할을 하는 곳은 특히 십자가에서다.

 십자가가 없었더라면 복음서의 계시도 없었을 것이고, 희생양 메커니즘도 알려지지 않았을 것이다. 그랬다면 신화에서처럼 희생양 메커니즘은 정당하고도 합당한 사건으로 변했을 것이다.

12. 속죄양

　복음서에 나오는 예수 수난 이야기는 모방 회오리에 광명을 비추는데 이 광명은 속죄양 메커니즘에 들어 있는, 우리가 진정 하나로 단합되기 위해서는 그리고 신화 제의적인 제도가 생겨나기 위해서는 속죄양 메커니즘이 꼭 필요하다고 믿는 우리의 무의식을 벗겨내고 있다. 그러므로 복음서와 『구약』의 전파는 당연히 고대의 종교들이 사라지는 결과부터 가져왔다. 아닌 게 아니라 실제로 그런 일이 일어났는데, 기독교가 들어간 곳마다 신화 제의적 제도가 힘을 발휘하지 못하다가 사라져간 것이다.

　신화 제의적인 제도가 사라진 것 외에 기독교가 우리 사회에 끼친 영향에는 무엇이 있을까? 이것이 바로 우리가 지금 제기해야 할 문제다.

　기독교의 복합적인 영향은 알려져 있지 않던 기독교 이전 사회에 대한 갈수록 깊어지는 지식의 모습에 의해 널리 퍼지고 있다. 하나도 난해할 것이 없는, 십자가에서 나온 계시라고 바울이 말하던 그 지식이다. 예전 사회에서는 알아보지도 못하거나 아니면 피할 수 없다고 여겨지던 억압과 박해의 상황을 지금의 우리 모두가 이해하고 있는 것을 보더라도 이를 충분히 알 수 있다.

　『구약』과 기독교가 속죄양 현상을 잘 이해했다는 사실은 '속죄양bouc émissaire'이라는 표현의 현대적 의미에 잘 드러나고 있다.

　'속죄양'은 우선 커다란 속죄 의식에서 올리던 유대인 제의의 희생물인 염소를 뜻한다(「레위기」, 16:21). 속죄양 제의는 정말 아주 오래된 듯한데. 우리가 앞에서 살펴보았던 『구약』의 정신과는 분명 거리가 있기 때문이다.

이 제의는 이스라엘의 모든 죄악을 짊어진 염소 한 마리를 황야로 내쫓는 것이다. 대사제가 염소의 머리에 두 손을 얹는데, 이 동작은 공동체 구성원들 간의 관계를 악화시킬 수 있는 모든 것을 그 동물에게 전이시키는 동작이었다. 그러므로 이 제의의 효력은 그 염소와 함께 모든 죄악이 추방되었으므로 공동체는 죄악에서 완전히 벗어났다고 생각하는 데에 있었다.

이 제의는 그리스의 파르마코스 제의와 흡사한, 그러나 희생물이 인간이 아니기 때문에 그보다는 덜 끔찍한 추방 제의다. 동물 희생물의 경우 그 희생물에 가해지는 불의가 사소해 보이거나 아니면 전혀 보이지 않는 것 같다. 이런 속죄양 제의가 4장에서 보았던 티아나의 아폴로니우스의 '기적적인' 투석형과 같은 혐오감을 불러일으키지 않는 이유가 바로 여기에 있다.

그러나 전이의 원칙은 같다. 이 제의가 제의로서의 효력을 갖고 있던 아주 오래 전에는 이 염소에게로 실제 집단 내의 폭력을 전가시키는 것이, 이 동물이 갖고 있던 구역질나는 냄새 등과 같은 좋지 않은 명성으로 인해 분명 더 용이하였을 것이다.

고대 사회 도처에 있던 추방 제의는 오늘날 우리들이 보기에 조금은 유치하고 또 아주 부도덕하다는 느낌을 주고 있다. 속죄양의 경우 대체 과정이 너무나도 빤히 들여다보여서 우리는 첫눈에 이를 알아볼 수 있다. '속죄양'이라는 말의 현대적 용법 속에 들어 있는 것이 바로 이런 생각이며, 적대감을 다른 곳으로 전이시키는 오늘날의 현상과 유대의 이 제의의 관계를 자연발생적으로 해석한 것이 또한 이 표현이다. 적대감의 전이는 더 이상 제의로 남아 있지는 않지만 아주 종종 완화된 형태로 여전히 존재하고 있다.

이런 제의를 행하던 사람들은 이런 현상에 대해 우리만큼 이해하지 못하고서 단지 그것의 화해 효과만을 보고 있었다. 그래서 그들은 앞에서 보았듯이 이런 제의를 아주 높이 평가하고서 이것을 되풀이하려고 애썼던 것이다. 이런 제의를 행하면서도 수치심은 느끼지 않았다. 폭력의 전이가 그들의 개입 없이, 즉 자신들과 무관하게 일어난다고 보고 있었기 때문이다.

'속죄양'에 대한 현대인의 이해는, 희생 현상을 지배하는 모방에 대한 이해가 갈수록 더 널리 퍼지는 것과 다름없다. 지금 우리가 이런 현상을 이해하고서 그것을 비난하는 이유는, 우리 조상들이 오랫동안 『구약』과 복음서를 통해 그 자양분을 얻어왔기 때문이다.

이 순간 사람들은 나에게, 『신약』은 예수가 모방 회오리의 무고한 속죄양이라는 것을 지칭하기 위해 '속죄양'이라는 말을 한 번도 쓰지 않는다고 말할지도 모른다. 물론 옳은 말이다. 하지만 『신약』은 '속죄양'과 똑같은, 아니 그보다 더 나은 '하나님의 어린 양'이라는 표현을 사용한다. 이 표현은 염소에 들어 있는, 반감을 일으키는 부정적인 속성을 없애고 있다. 그러므로 이 말은 부당하게 희생된 무고한 희생물이라는 생각과 더 잘 들어맞는다.

예수가 자신에 대해서 쓰고 있는, 많은 것을 시사하는 또 다른 표현이 있는데, 「시편」 118장에서 따온 "집 짓는 자들이 버린 돌이 모퉁이의 머릿돌이 되었다"는 표현이다. 이 구절은 속죄양의 추방 이야기뿐 아니라 추방된 자가 공동체 전체의 핵심이 된다는 마지막의 반전에 대해서도 말하고 있다.

폭력이 더 이상 제의화되지 않고 오히려 금지의 대상이 되는 사회에서는, 분노와 원한은 대개 그런 감정을 불러일으킨 원인에게 직접 풀어서는 안 되고 또 감히 그럴 수도 없다. 월급쟁이들은 사장에게서 받은 스트레스를 사장에게 직접 풀 엄두는 못 내고 대신 다른 곳에다가 푸는데, 아마 집에 있는 개한테 발길질을 하거나 아니면 애꿎은 마누라와 아이들을 야단칠 것이다. 그러면서도 그는 그들을 '속죄양'으로 삼는다는 생각은 아마 꿈에도 못할 것이다.

이처럼 실제로 겨냥하는 대상을 대신하는 속죄양은 옛날 희생 제의에 쓰인 희생물의 현대판 변형이라 할 수 있다. 이런 유형의 현상을 지칭하면서 우리는 자신도 모르게 '속죄양'이라는 말을 쓰고 있다.

희생 대체가 일어나는 진짜 원인은 사람들이 분노에 휩싸였지만 이런저런 이유로 분노를 일으킨 그 실제 대상을 어떻게 할 수가 없을 때 생겨나는 폭력의 탐욕에 있다. 이 폭력의 탐욕을 대신 만족시켜줄 수 있는 대상의 폭은 분노의 강도에 비례해서 커진다. 이것은 가령 우리가 배고픔의 정도가 극에 달하면 평소에는 먹지 않았을 것을 먹는다고 생각하는 것과 같다.

희생 대체의 효과는 많은 개인적 스캔들이 단 하나의 속죄양에게로 향할 때 더 커진다. 그러므로 속죄양 현상은 요즘 세상에서도 개인과 사회의 차원에서 여전히 중요한 역할을 하고 있다. 그러나 이와 같은 속죄양 현상에 대한 연구는 거의 이루어지고 있지 않다.

왜 연구가 되지 않는지에 대해 오늘날의 사회학자와 인류학자들에게 문의를 하면, 이들은 대부분 이 속죄양 현상의 존재와 그 중요성은 인정하면서도 정작 이것을 연구 대상으로 삼을 만큼 충분히 흥미를 갖고 있지는 않음을 알 수 있다. 이들이 이렇게 하는, 은밀한 이유는 이런 문제를 파고 들어가다 보면 만날 수밖에 없는 종교적인 것과의 껄끄러운 대면을 피하고 싶기 때문이다.

유대교와 기독교의 영향으로 오늘날의 속죄양 현상은 항상 치욕스럽게 그리고 남몰래 일어난다. 그렇다고 우리가 속죄양을 포기한 것은 아니다. 그러나 속죄양에 대한 우리 믿음은 거의 다 허물어졌다. 우리는 속죄양을 두고 정신적으로 아주 비열할 뿐 아니라 정말 비난을 살 만하다고 생각한다. 자신도 모르게 무고한 사람에게 욕망을 '분출'하고 있는 자신을 문득 발견하고는 스스로 부끄러워하는 것도 이 때문이다.

폭력의 전이가 종교에 의해 더 이상 제재되거나 감추어지지 않기 때문에, 우리는 이 현상을 예전보다 더 쉽게 볼 수 있다. 그러나 다른 한편으로 보면, 집단 전이에 몰두하는 사람들은 이 현상을 감추려고 애쓰고 또 대개는 그렇게 하는 데에 성공하기 때문에 눈에 띄는 것이 더 어렵기도 하다. 과거와 같이 오늘날도 속죄양을 갖고 있다는 것은 바로 그런 사실을 모른다는 뜻이다.

오늘날 대부분의 속죄양 현상은 더 이상 물리적인 폭력으로 나타나지 않고 '심리적인' 폭력으로 나타나는데 이 폭력은 감추기가 더 쉽다. 폭력의 전이에 가담한다는 비난을 받는 사람들은 예외 없이 모두 자신의 무고함을 진지하게 주장한다.

인간 집단이 분리되어 있을 때 불편한 갈등의 시기가 지난 다음에는 하나의 속죄양을 희생시켜서 다시 합의를 보는 경우가 종종 있다. 연구자들은 그 속죄양이 아무런 책임이 없다는 것을 쉽게 확인할 수 있다. 그 연구자가 그를 박해하는 사람들 편에 속해 있지 않다면 말이다. 하지만 박해자 집단의 사람들은 제의의 전염성과 유사한 전염성에 의해 그 속죄양에게 죄가 있다고 믿는다.

집단의 구성원들은 그들의 '속죄양'을 아주 강하고 아주 진지하게 비난한다. 대개는 아주 어처구니없고 아주 사소한 사건으로 속죄양에 대한 거짓 여론이 형성되기 시작하는데, 이런 거짓 여론은 모방의 회오리와 속죄양 메커니즘의 조금 완화된 형태라 할 수 있다.

수사학적으로 '속죄양'이라는 이 제의적 표현을 사용하는 것은 대부분 그 쓰임에 있어서는 자의적인 성격이 강하지만 그 원칙에 있어서는 정당화되고 있다. 오늘날 언제나 볼 수 있는 완화된 추방 현상과 이런 종류의 수많은 제의 중의 하나인 고대의 속죄양 사이에는 너무나 완벽한 유사성이 있기 때문에 이 유사성은 사실이 아닐 수 없다.

주변 사람들이 속죄양의 유혹에 넘어간다고 생각할 때 우리는 몹시 분개하여 그들을 비난한다. 그러나 여기서 주목할 것은, 우리는 주변 사람들이 범하는 속죄양을 맹렬히 비난하면서도 우리 자신은 정작 대체 속죄양을 필요로 한다는 사실이다. 이 순간 우리가 갖는 원한은 합법적이며 증오도 정당할 뿐이라고 믿으려 애쓴다. 하지만 우리의 이런 확신은 우리 조상들의 믿음만큼이나 근거가 허약한 것이다.

　무고한 속죄양을 박해하는 자들을 지나치게 모욕하지 않으면서 우리는 어쩌면 이웃에 대해 발휘하는 통찰력을 우아하게 사용할 수도 있을 것이다. 그러나 대부분 우리는 우리가 알고 있는 지식을 낡은 갈등을 지속시키는 도구로 이용할 뿐만 아니라, 또 이런 지식이 존재하고 있고 더군다나 이런 지식이 널리 전파됨으로 인해 요구받는 정교한 수준으로 이 갈등을 끌어올리는 무기와 도구로 이용한다. 말하자면 유대 기독교의 문제 제기를 우리의 방어 시스템에 편입시키고 있다. 우리는 우리 자신을 비판하기는커녕 지식을 나쁘게 사용하는 것이다. 그것을 타인에게 되돌리면서 우리는 2단계의 속죄양 추방, 즉 속죄양 추방자에 대한 추방을 행하는 것이다. 우리 사회의 의무적인 연민은 새로운 형태의 잔혹상을 정당화한다.

　이 모든 것은 로마인에게 보낸 바울의 서한에 분명하게 나타나 있다. "남을 판단하는 사람아 판단하지 마라. 너도 같은 일을 행하고 있도다." 죄인을 벌하는 것은 그 사람을 나무라는 것과 똑같은 짓을 행하는 것이다. 여기서는 자신의 이웃을 비난하는 것이 바로 문제의 그 죄가 되고 있다.

　오늘날같이 제의에서 벗어나 있는 세상에서 하나의 속죄양에서 다른 속죄양으로 넘어가는 은밀한 대체 작용을 통해 우리는 개인들 사이의 메커니즘이 어떻게 작동하는지를 온전한 상태로 볼 수 있다. 이 메커니즘은 말하자면 제의에 기반을 두는 고대 사회의 기초다. 이 메커니즘은 지금도 널리 퍼져 있는데 대부분은 예전의 흔적만 남아 있지만 가끔씩은 히틀러의 유대인 학살이나 20세기에 자행된 종족 말살과 같은 전면적인 파괴 현상과 같이 더 잔혹한 모습으로 되살아나기도 한다. 여기에 대해서는 뒤에 다시 살펴보기로 하자.

　속죄양에 대해 이런 통찰력을 갖고 있다는 점에서 보면 예전의 사회에 비해 오늘날의 사회는 정말로 뛰어나다. 하지만 모든 지식의 진보가 그러하듯이 이것도 잘못될 수 있는 여지가 있다. 이웃이 속죄양을 범한다고 비난하면서 그릇된 만족을 느끼고 있는 나 자신은 계속 내 이웃을 완전한 죄인으로 취급하고 있다. 내 이웃들 또한 내가 그들을 비난하듯이 나 역시 선택적인 이해를 하고 있다고 서슴없이 비난할 것이다.

지금 남아 있는 속죄양 현상의 대부분은 더욱더 정교한 형태로 변하여서 속죄양 뒤에 그림자처럼 항상 따라오기 마련인 도덕적인 성찰을 갈수록 더 복잡한 미로에 빠뜨리고 있다. 이제는 불쌍한 속죄양에 의지한다고 해도 우리의 원한을 더 이상 해결할 수는 없을 것 같다. 대신 우리에게는 우스꽝스럽지 않은 확실한 방법이 필요하다.

다음과 같이 가까운 사람들 사이의 갈등 끝에 기독교를 믿게 된 세상의 미래를 보여주고 있는 예수는, 내가 보기에 바로 속죄양 메커니즘과 그 결과들이 사라지는 것을 암시하는 듯하다.

> 내가 세상에 화평을 주러 온 줄로 생각지 마라. 화평이 아니라 전쟁을 주러 왔노라. 내가 온 것은, 아들이 그 아비와, 딸이 어미와, 며느리가 시어미와 싸우게 하려 함이니, 원수는 집안사람들이니라. (「마태복음」, 10:34~36)

희생 제의라는 보호막이 없는 세계에서 모방 경쟁의 강도는 줄어드는 대신 가장 가까운 관계에까지 비집고 들어가는 경향이 있다. 아버지와 싸우는 아들, 어머니와 싸우는 딸이라는 위 인용문은 바로 이를 설명하는 것이다. 가장 가까운 관계는 전면적인 대립, 짝패, 쌍둥이-원수의 관계로 변한다. 이 구절을 통해 우리는 사람들이 현대의 심리학이라 부르는 것의 진정한 기원을 알 수 있다.

　이상에서 우리는 '속죄양'이라는 말은, (1)「레위기」에서 말하던 제의의 희생물, (2) 고대 사회에 있던 추방 제의와 같은 제의의 모든 희생물, (3) 그리고 마지막으로, 우리 주변에서 볼 수 있는 제의화되어 있지 않는 온갖 폭력의 집단적 전이 현상 등을 지칭하고 있다는 것을 알 수 있다.
　위 세번째 의미는 인류학자들이 고대의 제의와 그것의 현대적 변형을 애써 구분하기 위해 쳐놓은 벽을 단숨에 뛰어넘고 있다. 이런 현상이 우리 주변에 계속 남아 있다는 것은 우리가 고대의 제의 이래로 물론 약간 변하긴 했지만 우리가 생각하는 것만큼은 변하지 않았다는 것을 보여주고 있다.
　그래서 나는 오늘날 '속죄양'이라는 용어를 사용하는 것은 본질적으로 합당하다고 본다. 그러나 오늘날의 인류학자들의 입장은 정반대다. 자신들 학문의 자율성이라는 환상을 유지하길 바라는 그들은 '속죄양'이라는 말을 쓰지 않으려 하고 있다. 그것은 이 말을 사용함으로써 고대와 현대의 절대적인 구분이 한번 무너지고 나면 싫어도 어쩔 수 없이 그 복잡한 연구에 빠져들까 봐서이다. 나는 속죄양이라는 말에서 유대 기독교의 계시가 오늘날 죽은 말이 아니라 오히려 갈수록 더 큰 효력을 갖고 있다는 징후를 보고 있다.
　제의에서 벗어나 있는 오늘날 제의 현상의 심리·사회적인 기반이 밝혀지고 있다. 우리 주변의 정치, 민족, 종교, 사회, 인종 등에 관한 모든 '차별 정책'을 속죄양이라는 말로 비판하는 우리의 판단은 옳다. 인간 집단이 지역, 민족, 이념, 인종, 종교 등의 주어진 정체성에 자신을 다시 가두려 하는 곳에서는 어디서나 속죄양이 늘어나는 것을 이제부터 우리는 쉽게 볼 수 있을 것이다.
　우리의 이 주장은 '속죄양'의 현대적 의미에 나타나 있는 대중들의 직관에 기반을 두고 있다. 나는 이 직관에 담겨 있는 의미를 펼쳐 보이는 중이다. 민속학자, 사회학자, 심리학자들이 지금까지 만들어낸 개념들보다 이 직관에는 참된 지식이 훨씬 더 많이 들어 있다. 그러므로 우리 사회를 괴롭히는 온갖 문제들의 밑바닥에 있는 종교적인 토대에 직접 접근하지 않는, 배제나 차별 대우나 인종 차별주의 등에 관한 연구는 여전히 표피적인 차원에 머물 수밖에 없을 것이다.

13. 희생양에 대한 오늘날의 근심[5]

많은 성당의 지붕 삼각면에는 저울을 들고 있는 커다란 천사가 새겨져 있는데, 최후의 심판을 상징하는 이 천사는 인간 영혼의 무게를 달고 있는 형상이다. 만약 오늘날의 예술이 이 세상에 퍼져 있는 생각을 표현하기를 포기하지 않았다면 '영혼의 무게 달기'라는 이 오래된 주제를 원용하여 의회나 대학, 법원, 출판사, 방송국 건물의 전면에다가 '희생양 달기'를 새겨 넣을 수도 있을 것이다.

오늘날 사회는 과거 어느 때보다 희생양에 대해 많은 근심을 표하고 있다. 가히 전례를 볼 수 없을 정도다. 우리가 알고 있는 어떤 시대, 어떤 사회도 희생양에 대해 우리만큼 많이 이야기한 적이 없을 것이다. 가까운 과거에서 이런 태도의 기원을 찾아볼 수는 있지만 매일 매일 이 신기록은 깨어지고 있다. 우리 모두는 지금 인류학적으로 처음 막을 여는 첫 공연의 산증인인 동시에 그 배우인 셈이다.

과거의 기록을 뒤져보고 지구 도처를 살펴보아도 비록 덜 닮았다 하더라도, 희생양에 대한 현대인들의 근심과 유사한 예는 찾아볼 수가 없다. 중국의 관료 사회, 일본의 사무라이 사회, 인도, 콜럼버스 이전의 아메리카, 그리스, 로마 등의 사회는 그들 신에게

---

[5] (옮긴이) '근심'으로 옮긴 프랑스어 원어는 "souci"다. souci des victime라고 말할 때의 의미는 '희생양에 대한 걱정, 배려, 관심' 등으로 옮기는 것이 적당할 것 같다. 그러나 지라르는 하이데거를 비롯한 실존 철학자들이 쓰던 말에서 이 말을 원용한 것이라고 밝히고 있다(14장 참조). 실존 철학의 중요한 개념인 이 말이 우리말로는 '근심'으로 이미 굳어져 있기 때문에, 이를 따라 근심으로 옮기기로 한다.

바치는 희생양은 말할 것도 없고 조국의 명예와 크고 작은 정복자의 야망에 바쳐진 희생양에 대해 거의 근심이 없었다.

만약 인류 역사에 대해 아무것도 모르는 외계인이 우리의 이런 이야기를 듣는다면 그 외계인은 불쌍한 사람을 동정하는 데에 있어서 오늘날의 사회보다 훨씬 뛰어난 사회가 오래전 지구 어딘가에 분명히 존재하였을 것이라고 생각할 것이다. 그래서 그 사회는 사람들의 마음에 지금도 지워지지 않는 기억을 뚜렷이 남겨놓았을 것이며 우리가 희생양에 대해 강박관념에 가깝게 근심을 갖는 것도 그 사회에 대한 추억 때문이라고 생각할 것이다. 외계인이 볼 때 이런 사회에 대한 향수를 상정할 때에야 비로소 우리가 왜 우리 자신에 대해서 그렇게 엄격하고 또 그렇게 매서운 비판을 가하는지 설명할 수 있을 것이기 때문이다.

외계인이 생각할 수도 있을 그런 이상적인 사회는 물론 존재한 적이 없다. 18세기에 볼테르가 『캉디드』를 썼을 때, 그는 이상 사회를 찾아보았지만 자신이 살고 있는 지구상에서 더 나은 사회를 발견할 수가 없었다. 그래서 그는 자신의 이상 사회를 완전히 만들어냈던 것이다.

아무리 우리 자신을 비난해도 지금 세상은 만족스럽지 못하다. 그렇다고 세상을 향해 매서운 비난을 되풀이하지 않는 것도 아니다. 그런 비난이 잘못이라는 것을 알면서도 말이다. 어떠한 사회도 지금 우리 사회만큼 가난한 사람들에 대해 무관심했던 사회는 없었다고들 말하곤 한다. 어떤 사회에서든 불완전할 정의일망정 사회 정의가 실현된 것을 도대체 볼 수가 없는데 어떻게 이런 말이 생겨날 수 있을까? 이런 말은 최근 들어서 사람들이 지어낸 말이다.

내가 이런 말을 하는 이유는 우리 사회를 비난으로부터 보호하기 위해서가 결코 아니다. 요즘 사회가 잘못됐다는 요즘 사람들의 생각에 나도 동의한다. 단지 나는 거기에 기대어 우리 스스로를 비판할 시각과 입장을 찾을 뿐이다. 물론 나도 우리에게 죄가 있다고 여길 합당한 이유가 있다고 생각한다. 하지만 지금 우리가 말하고자 하는 것은 그런 것이 아니다.

우리 사회가 이전 어떤 사회보다 더 부유하고 물자도 더 많다는 사실을 확인한다고 해서 우리 자신에 대한 우리의 비난이 정당화되는 것은 아니다. 아주 가난했던 사회에도 부자들과 힘센 자들은 있었고 이들은 주위의 희생양들에게 정말 완전히 무관심했다.

우리 사회는 안에서 가해지는 어떤 요구를 받았음에 틀림없다. 이전 세대들도 이런 요구를 받았지만 지금보다는 덜 소란스러웠고, 과거로 갈수록 이 요구는 약했다. 이것으로 미루어 볼 때 앞으로는 이런 요구가 더 강해지리라고 짐작할 수 있다. 이 요구를 더 이상 못 들은 척할 수 없기 때문에 우리는 자신의 부족함을 비난하지만 그 까닭은 제대로 모르고 있다. 우리가 받고 있는 이 요구를 예전의 사람들도 모두 들었다고 믿는 척하지만 실은 우리에게만 해당된다.

우리가 갖고 있는 수단에 비추어서 생각해보면, 우리의 업적은 정말 보잘것없고 사실 우리의 잘못 또한 크다. 사실 우리 자신을 비난하는 것이 옳다. 하지만 그 근거는 어디서 비롯되었을까? 우리와 같은 걱정을 거의 하지 않던 이전 사회들은 희생양에 대한 무관심을 비난하지 않았다.

우리가 현대 사회를 비난하는 근거를 역사학자들한테 물어본다면 그들은 가령 이 영역에서 중요한 역할을 하는 기독교 같은 종교 문제에 대해서는 한마디도 거론하지 않아도 되는 휴머니즘 같은 데에서 근거를 찾을 것이다.

사실 프랑스의 휴머니즘은 강자의 편을 들었다는 비난을 받았던 구체제의 기독교에 반대하면서 전개되었다. 기독교에 대한 이런 비난은 합당하였다. 나라마다 지역마다 구체적인 과정은 다르지만, 그렇다고 해서 지금 우리가 희생양에 대해 이토록 근심을 갖는 너무나도 분명한 기독교적인 이유가 감추어지는 것은 아니다. 휴머니즘과 인도주의는 우선 기독교 영역에서 전개된다.

우리 시대의 위선과 비슷했지만 그만큼 거창하지는 않던 당시의 위선에 반대한 니체가 끈질기게 주장하던 것 중의 하나가 바로 이런 것이었다. 19세기 철학자 중에서 가장 반기독교적이었던 그는 우리 자신의 잘못에 대한 근심을 확인시켜주는데, 그때는 인간의 잘못이 지금보다 덜 드러나 있고 또 반기독교적인 분위기도 지금보다 덜 매섭던 시절이었다.

기독교 윤리가 있다면 그것은 바로 이웃에 대한 사랑과 자비인데, 그 기원을 우리는 쉽게 찾을 수 있다.

그때 임금이 그 오른편에 있는 자들에게 이르시되 "너희는 내 아버지의 축복을 받은 사람들이니 와서 세상 창조 때부터 너희를 위하여 준비한 이 나라를 차지하여라. 너희는 내가 굶주렸을 때에 먹을 것을 주었고 목마를 때에 마실 것을 주었으며 나그네 되었을 때에 따뜻하게 맞이하였다. 또 헐벗었을 때에 입을 것을 주었으며 병들었을 때에 돌보아주었고 감옥에 갇혔을 때에 찾아주었다." 이 말을 듣고 의인들은 이렇게 말할 것이다. "주님, 저희가 언제 주님께서 주리신 것을 보고 잡수실 것을 드렸으며 목마르신 것을 보고 마실 것을 드렸습니까? 또 언제 주님께서 나그네 되신 것을 보고 따뜻이 맞아들였으며 헐벗으신 것을 보고 입을 것을 드렸으며, 언제 주님께서 병드셨거나 감옥에 갇히신 것을 보고 저희가 찾아가 뵈었습니까?" 그러면 그 임금은 "분명히 말한다. 너희가 여기 있는 형제 중에 가장 보잘것없는 사람 하나에게 해준 것이 바로 나에게 해준 것이다"라고 말할 것이다. (「마태복음」, 25:34~40)

폭력과 거리가 먼 사회라는 이상은 분명 예수의 하나님 왕국에 대한 예언에서 시작하고 있다. 이 이상에 대한 열기는 기독교에서 멀어질수록 줄어들지 않고 오히려 더 세어지는데, 이 역설은 쉽게 설명될 수 있다. 역설적이게도 희생양에 대한 근심 자체가 모방적 경쟁 관계의 목표가 된 것이다.

우리 근심의 대상이 되는 희생양에는 보통의 희생양도 있지만 가장 흥미를 끄는 희생양은 항상 우리 이웃을 비난할 수 있게 해주는 희생양이다. 그런데 그 이웃들도 우리와 같은 것을 생각하고 있다. 이웃들은 그들이 보기에 우리에게 책임이 있다고 생각하는 희생양을 생각하고 있다.

우리는 모두 사도 바울이나 베드로같이 이웃들보다 우리 자신에게 죄가 있다고 인정하고 또 스스로 박해에 대한 책임이 있다고 인정하는 사람들이 아니다. 우리의 의무를 일깨워주는 자는 바로 우리 이웃이고 우리 또한 그들에게 이와 똑같은 선행을 베풀고 있다. 요컨대 오늘날 사람들은 희생양에게 자신을 내맡기고 있는데 이런 행동의 결과에 대해서 그리스도는 이미 다음과 같이 말한 적이 있다. 이 구절은 희생양에 대한 오늘날 사람들의 근심에 의해 처음으로 그 의미가 밝혀질 것 같다.

> 그러므로 이 세대는 세상 창조 이래 모든 예언자가 흘린 피에 대한 책임을 져야 할 것이다. 잘 들어라. 아벨의 피를 비롯하여 제단과 성소 사이에서 살해된 즈가리야의 피에 이르기까지 그 일에 대한 책임을 이 세대가 져야 할 것이다. (「누가복음」, 11:50~51)

초기 기독교인들의 예상에 비해 이 말은 아주 늦게 확인되고 있다. 하지만 그 시기보다는 확인되었다는 사실이 더 중요할 것이다.

이때부터 우리는 반(反)희생적인 희생 제의를 가지게 되었다. 하지만 이 제의도 제대로 된 종교 제의와 같이 분명한 질서 속에서 전개되고 있다. 우리는 우선 어떤 행동을 했다고, 혹은 하게 내버려두었다고 비난받는 희생양에 대해 탄식하고, 잠시 뒤에는 모든 탄식의 위선에 대해 탄식하다가 마지막에는 없어서는 안 될 희생양인 기독교에 대해 탄식하고 있다. 제의에는 항상 희생양이 있어야 하는데 오늘날의 희생양은 항상 기독교이기 때문이다. '최후 수단의 희생양'이 기독교다. 그래서 사람들은 "폭력 문제를 해결하는 데에" 기독교는 아무 일도 하지 않았다고, 고상하고 슬픈 어조로 말하는 것이다.

요즘 사회와 예전 사회를 비교할 때마다 우리는 항상 두 개의 기준을 갖고서 상황에 따라 편리하게 판단하고 있다. 오늘날 사회는 지구 전체를 다 휘두르고 있다. 인류 역사에서 이런 사회는 한 번도 없었다. 그런데도 우리는 현대 사회의 이런 탁월함을 감추려고 온갖 노력을 다하고 있다.

오늘날 사회에 대한 비판은 언뜻 보면 모두 옳은 것 같다. 아니 오늘날 사회가 단연코 최악인 것 같다. 현대 사회보다 희생양을 더 많이 만들어낸 사회는 없었다는 말을 사람들은 끊임없이 되풀이하는데, 틀린 말은 아니다. 하지만 이와 상반되는 주장, 즉 현대 사회는 희생양을 가장 많이 구원해주고 있기에 이런 점에서 우리 사회가 단연 최선의 사회라는 주장 또한 틀린 말이 아니다. 오늘날 사회는 이렇듯 온갖 종류의 모순된 주장들을 양산해내고 있다.

희생양에 대한 우리의 근심은 '인도주의'에 대해 너무 느린 우리의 발전 속도를 느끼게 해준다. 그 결과 이 방면에서 계속 지연되지 않으려면 지금까지의 성취를 그다지 높이 떠받들어서는 안 된다는 것을 깨우쳐준다. 희생양에 관한 오늘날의 근심은 우리로 하여금 영원히 우리 자신을 자책하게 만든다.

희생양에 대한 근심의 특성은 과거의 성공에 만족하지 않는다는 것이다. 이 근심을 너무 강조하다 보면 그것은 오히려 조용히 사라지고 만다. 희생양에 대한 근심은 자신에게서 주의를 돌려 희생양을 향하게 하면서 자신을 채찍질하여 무기력과 위선을 스스로 비난하게 하는데, 이것은 곧 자비심의 세속적 가면이라 할 수 있다.

우리로 하여금 희생양을 자세히 검토하지 못하게 하는 것은 다름 아닌 희생양에 대한 근심 그 자체다. 이 겸손이 꾸민 것이든 진정한 것이든 간에 지금 세상에서 반드시 필요한데, 이는 의심의 여지 없이 기독교에서 나온 것이다. 희생양에 대한 근심은 확률적으로 생각하는 것이 아니고, 복음서에 나오는 잃어버린 한 마리 양을 찾는 원칙에 따라 움직인다. 꼭 그래야 한다면 잃어버린 한 마리 양을 찾기 위해 목자는 다른 양떼를 내팽개칠 수도 있는 것이다.

우리가 자기중심적이지도 않고 독선적이지도 않다는 것을 증명하려고 우리는 지난 세기 부르주아들의 자기만족을 비난하고 소위 '진보'라고 불리는 것의 어리석음을 조롱한다. 하지만 그 결과는 정반대로, 바로 우리 자신이 그 어리석은 상황에 빠져 있는 형국이다. 즉 모든 사회 중에서 우리 사회가 가장 비인간적이라고 스스로 비난한다.

오늘날의 민주주의는 인류 역사상 전례 없는 수많은 업적을 제시함으로써 아직까지는 자신을 옹호할 수 있는데, 이런 민주주의의 업적은 다른 세상 사람들의 선망의 대상이 되고 있다.

문화적 격리의 벽은 중세부터 조금씩 허물어지기 시작하였는데, 이 추세는 오늘날의 세계화에까지 그대로 이어지고 있다. 세계화가 경제적인 현상처럼 보이지만 나는 그것이 단지 부차적인 현상일 뿐이라고 생각한다. 희생양 메커니즘에 근거한 폐쇄 사회의 점진적인 해체야말로 진정한 원동력이다. 이것이 바로 고대 사회와, 이어서는 이 사회를 이어받은 소위 '근대'라고 불리던 국가까지 파괴한 힘이다.

*

희생양의 무게를 다는 것이 유행이니 우리도 더 이상 속임수 없이 이 놀이를 해보자. 우선 우리의 성공을 담고 있는 저울을 살펴보자. 중세에서 시작하여 인간의 공적·사적인 권리, 형법의 법제화, 사법 제도, 개인의 지위와 같은 인류의 제도는 모두 한 방향으로 흘러왔다. 이 모든 것이 처음에는 느리게 변화하였지만 현대로 올수록 점점 더 빨리 변하고 있다. 그런데 거듭 말하지만, 크게 보면 이 변화는 고통의 완화나 희생양에 대한 전폭적인 보호와 같은 한결같은 방향으로 변하여왔다.

우리 사회는 노예를 없애고 그다음에는 노예 상태를 없애왔다. 그 뒤에는 어린이, 여성, 노인, 외부의 외국인과 내부의 외국인에 대한 보호 등이 뒤따랐고 그다음에는 가난과 '저개발 상태'에 대한 투쟁이 그 뒤를 이었다. 최근에는 누구나 의료 행위를 받을 수 있는 권리의 확대와 장애인에 대한 보호 등의 요구가 나타나고 있다.

이처럼 인류는 하루가 다르게 새로운 문턱을 넘어서고 있다. 이제는 지구 어딘가 재앙이 일어나면 재해를 당하지 않은 다른 나라 사람들이 그곳에 도움을 보내고 또 구조 작업에 참여해야 할 의무를 느끼고 있다. 하지만 사람들은 진실로 그러는 것이 아니라 상징적인 겉치레로 그런다고 말할지도 모른다. 그리고 어떤 명성에 대한 배려에서 나온 것이라고 말할지도 모른다. 물론 옳은 말이다. 하지만 이전의 어떤 시대, 어느 곳에서 민족 간의 상호 원조가 명성의 근원이 된 적이 있었단 말인가?

이제 막 우리가 열거한 것들을 한데 포괄할 수 있는 항목이 있다면 그것은 희생양에 대한 근심일 것이다. 오늘날은 너무 희화적으로 보여 웃음을 자아내기도 하지만, 그렇다고 이런 것을 단순한 유행이나 별 의미도 없는 농담으로 보아선 안 된다. 이것은 우선 위선적인 코미디가 아니다. 시간이 지나면서 이것은 어떤 사회와도 비교할 수 없는 독특한 사회를 만들었고, 인류 역사상 처음으로 세계를 통합하였다.

어떻게 해서 이런 일이 실제로 일어날 수 있었을까? 모든 세대의 입법자들은 조상에게서 나오는 유산을 변형시켜야 하는 것이 의무라고 생각한다. 그런데 그들 조상들은 바꿀 것이 없다고 보는 바로 그 지점에서 이들이 억압과 불의를 발견하고 있다. 현재의 상황이 오랫동안 변하지 않고 그대로 내려왔는데, 오랫동안 변하지 않는 것으로, 자연에 의해 그렇게 결정되고 여러 신 심지어는 기독교의 신이 그렇게 바라는 것으로 여겨져왔다.

수 세기 동안 계속되어온 희생양에 대한 근심은 사회 밑바닥에 있는 새로운 유형의 희생양을 밝혀냈다. 과거라면 아마 뛰어난 천재들만이 그 희생양들이 겪는 불의를 없앨 수 있다고 생각하였을 것이다.

희생양에 대한 근심은 소위 자비롭다고들 말하는 종교 제도에서 제일 먼저 나타났다고, 나는 생각한다. 훗날 병원이 되는 교회의 부속 기관인 '신의 집(교회 병원)'과 함께 희생양에 대한 근심이 시작되었다는 것이 나의 생각이다. 이 병원은 어떤 사회적 신분인지 어느 지역 출신인지 그리고 심지어는 어떤 종교를 가졌는지 가리지 않고 모든 환자를 다 맞아들였다. 병원을 만들었다는 데에는 구체적 소속으로서의 모든 희생양 개념을 처음으로 없애고 대신 희생양에 대한 근대적 개념을 만들었다는 의의가 있다.

가족, 씨족, 민족과 같이 아직도 자율적인 문화를 갖고 있는 집단은 온갖 연대 의식을 갖고 있으면서도, 내부의 알려지지 않은 익명의 희생양, '무명용사'와 마찬가지 의미의 희생양을 알아채지 못하고 있다. 왜냐하면 이런 사람들에게 있어서는 일정한 영역 안에서만 정확한 의미의 인류애가 있기 때문이다. 오늘날은 지역, 종교, 민족 등 모든 소속이 사라지고 있다. '이 사람을 보라Ecce homo'인 것이다.[6]

오늘날 우리가 '인권'이라고 부르는 말의 핵심은 어떤 개인이나 어떤 집단도 그 사회의 '희생양'이 될 수 있다는 것을 이해하는 것이다. 인권의 강조는 결국 억제할 수 없는 모방의 회오리를 예고하고 또 조절하려고 노력하는 것이다.

어떤 사회든지 자기 구성원들을 박해할 가능성이 있다는 것을 우리는 희미하게나마 느낄 수 있을 것이다. 이때의 박해는 크게 두 가지 방법으로 행해지고 있다. 언제 어디서든 어떤 방법으로든 그리고 어떤 핑계를 대어서든 돌연히 그 누구에게 화살을 돌리는 것이 그 첫번째 방법이라면, 수 세기 혹은 심지어는 수천 년 동안 타

---

[6] (옮긴이) "이 사람을 보라!" 십자가형에 처하라고 외치는 군중 앞에 예수가 나타나자 로마 총독 본시오 빌라도가 외친 말(「요한복음」, 19:5).

인에게 불이익을 주면서 자신들에게는 유리한 기초 위에 부당한 사회를 만드는 것이 두번째 방법인데, 이 두번째 방법이 더 자주 사용된다. 희생양에 대한 근심은 이처럼 숱하게 많은 희생양 메커니즘의 여러 양상들로부터 우리를 보호하려고 애쓴다.

변혁의 힘 중에서 가장 효력이 있는 것은 혁명적인 폭력이 아니라 희생양에 대한 현대의 근심이다. 이 근심을 널리 전파시키면서 효과적이게 만드는 것은 압력과 박해에 대한 정확한 지식이다. 마치 모든 지식이 처음에는 사소하게 시작되었다가 성공을 거둠에 따라 점차 대담해진 것처럼 전개된다. 이런 지식에 대해서는 앞 장에서 우리가 살펴보았던 부분을 참조할 필요가 있다. '희생양'이라는 표현의 제의적인 의미와 그 현대적인 의미를 구분 짓는 것도 바로 이 지식이다. 날로 풍부해지는 이 지식은 분명 언젠가는 우리가 주장하는, 박해 기록에 대한 모방적 해석에 기초해 있을 것이다.

우리가 여기서 거칠게 요약하고 있는 이 전개 과정에는 우리가 희생양 구조의 존재를 알면 알수록 오랫동안 우리 사회의 토대를 이루어왔던 희생양 구조를 제거하려는 노력도 같이 녹아 있다. 그런데 이 변혁은 초시대적인 도덕적 명령인 듯하다. 이런 변화의 필요성을 느끼지 못했던 사회들도 과거의 불의를 수정하고 사회 구성원들 사이에 더 '인간적인' 관계를 이루고자 하는 욕망에 부응하는 식으로, 언제나 같은 방향으로 점차 변하여왔다.

새로운 단계로 넘어갈 때마다 처음에는 자신들의 이익에 타격을 입은 특권층이 강하게 저항하는 법이다. 그러나 일단 새로운 상황이 정착되면 그 결과에 대한 문제 제기는 그다지 심각한 법이 없다.

18세기와 19세기의 사람들은, 전대미문의 기술적·경제적 진보가 일으킨 사회적·정신적 변화로 인해 인류 역사에서 독특한 국가들이 만들어지고 있다는 것을 알고 있었다.

이런 사실을 알았던 사람들도 대부분 특권층이었으며, 여기서 대단한 자부심과 거만함을 느꼈던 사람들도 이 특권층들이었다.

20세기에 나타난 여러 재앙들은 어떤 면에서 특권층들의 이런 자만과 거만에 대한 피할 수 없는 징벌이라고 볼 수 있을 것이다.

예전 사회들은 서로 비교 가능했었다. 거기에 비해 이른바 세계화된 오늘날의 사회는 정말로 독특한 사회다. 현대 사회의 모든 영역에서의 우수한 점은 너무나 확실하고 뚜렷하여, 역설적이게도 오늘날 사회의 우수한 부분을 높이 평가하는 것 자체가 금지될 정도다.

이 금지는 곧 폭군적인 오만으로 되돌아가는 것에 대한 두려움인 동시에 특권 그룹에 속하지 않은 나라들에 대한 모욕을 두려워한다는 의미이기도 하다. 달리 말하면, 말해도 되는 것과 말해서는 안 되는 것을 결정하는 것은 희생양에 대한 근심을 덧붙이는 것이다.

절대적인 차원에서 보자면 우리 사회는 분명 책임이 있는 죄악과 과오에 대해 항상 스스로를 비난해왔지만, 다른 사회에 비하면 그런 죄악에 대해 책임이 없다고 말할 수도 있을 것이다. 우리 사회가 '자민족 중심주의적'인 것은 사실이다. 하지만 모든 사회 중에서 가장 덜 자민족 중심주의적인 사회라는 것 또한 분명한 사실이다. 몽테뉴의 '식인종'이 보여주듯이, 이 개념을 만들어낸 것도 바로 5, 6세기 전의 우리들이다. 자기 자신에만 매여 있느라 이런 생각을 떠올릴 수도 없었던 다른 사회들보다는 적어도 덜 자기민족 중심주의적일 때이기에 이런 개념을 만들어낼 수 있었을 것이다.

물론 현대 사회가 자비를 만들어낸 것은 아니다. 하지만 이 개념을 널리 유포시킨 것이 현대 사회였다는 것은 분명한 사실이다. 고대 문명에서 자비라는 개념은 극히 제한된 집단 내부에만 해당되었다. 그리고 경계는 언제나 희생양으로 표시되었다. 모든 포유류는 자기 영역을 자신의 분비물로 표시하는데, 인간도 마찬가지로 오랫동안 그들의 특별한 분비물이라 할 수 있을 희생양으로 포유류의 영역 표시 같은 행위를 한 것이다.

14. 니체의 이중 유산

영혼의 무게 달기에서 이제는 실패와 과오와 좌절을 담는 저울을 살펴보자. 희생양과 희생 제의로부터 해방되었다는 사실은 우리에게 큰 이익을 가져다주기도 하지만 동시에 숱한 억압과 박해의 원인이 될 뿐 아니라 위험의 원인, 파괴의 위협이 되기도 한다.

희생양에 대한 근심 덕택에 수 세기 전부터 우리가 얻은 많은 정의는 한편 우리의 에너지를 해방시켜주고 잠재력을 키워주었지만 그와 동시에 인간을 식민지 정복, 권력 남용, 20세기의 끔찍한 세계 대전, 지구 전체에 대한 약탈 등과 같은 유혹에 빠지게 했는데 대부분의 경우 인간들은 그 유혹에 빠지고 말았다.

지난 두 세기의 재앙 중에서 가장 끔찍한 재앙은 독일 국가 사회주의, 즉 나치에 의한 유대인 대량 학살일 것이다. 물론 인류 역사에서 대학살은 흔한 일이었다. 하지만 대부분의 대학살은 보통 직접적인 복수나 잔인한 자발적 의도와 같은 순간적인 분노의 폭발로 일어난다. 그런데 만약 이런 학살이 사전에 구상되었다면 우리는 그 학살이 원하는 목표를 쉽게 찾아낼 수 있을 것이다.

히틀러의 대량 학살은 오늘날의 서구 세계가 희생양에 대한 근심에 지배당한다고 했던 앞 장의 나의 주장을 정면으로 부정하고 있다. 그래서 나는 어쩔 수 없이 그 주장을 포기하거나 아니면 이런 모순을 내 해석의 핵심으로 삼아야만 할 것 같은데, 후자가 더 나은 것 같다. 내가 보기에 히틀러주의의 정신적인 목표는 처음에는 독일을, 다음에는 유럽을 종교적 전통이 부여하는 임무, 즉 희생양에 대한 근심으로부터 떼어놓으려 했던 것 같다.

전쟁 중의 나치는 분명히 전술적인 이유로 이 종족 학살을 감추었다. 그러나 만약 나치가 2차 대전에서 승리했다면, 그들은 나치즘 덕분에 희생양에 대한 근심이 더 이상 역사의 돌이킬 수 없는 방향이 아님을 증명하기 위해 유대인 학살을 널리 알렸을 것이다.

희생양에 대한 근심이 우리 사회의 지배적인 가치임을 나치도 분명히 알았다고 하는 나의 가정이 혹시 그들의 정신적인 통찰력을 과대평가한 것은 아닐까 생각할 수도 있을 것이다. 하지만 나는 그렇게 생각하지 않는다. 이런 영역에서는 희생양에 관한 소명이라는 기독교의 인류학적인 핵심을 발견한 니체에게 나치가 많이 의존하고 있었기 때문이다.

니체는 자신이 '디오니소스'라고 명명하는 신화와 제의에 나오는 집단 폭력이 예수 수난의 폭력과 같은 유형이란 것을 처음으로 알아낸 철학자다. 그에 의하면 이들의 차이는 모두 똑같은 '사실'에 있는 것이 아니고 그 해석의 차이라는 것이다.

인류학자들은 너무 실증적이어서 사실과 해석의 차이, 즉 사실과 사실의 '표현' 사이의 차이를 이해하지 못한다. 그런데 요즈음에 나타난 '해체주의자들'은 인류학자들이 저지른 과오를 역으로 범하고 있다. 그들 눈에는 오로지 해석만 있을 뿐이다. 그리하여 그들은 니체보다 더 니체적이고자 하는 것 같다. 실증주의자들이 해석의 문제를 다루지 않았다면 이들은 사실을 다루지 않고 있다.

그런데 니체는 얼마 전까지만 해도 알려지지 않았던 어떤 글에서, 실증주의자와 포스트모더니스트들의 과오를 모두 피하면서 진실을 밝혀내고 있다. 이 책에는 그가 찾은 진실이 나타나 있는데, 어떻게 보면 내가 그의 생각을 되풀이하는 것처럼 보일 수도 있다. 그 진실은 디오니소스적인 '수난'과 예수의 '수난'에는 똑같은 집단 폭력이 있지만 그 해석은 다르다는 것이다.

디오니소스와 '십자가에 못 박힌 자'는 다르다. 아니 정반대다.

순교자에 대한 차이가 아니라 그 의미가 다르다. 디오니소스의 경우, 생명력, 영원한 다산성, 영원 회귀가 그의 고통과 파괴와 소멸 의지의 원인이 되는 데 비해, 예수의 경우에는 '무고한 자'로서 십자가형에 처해지는 고통이 이런 삶에 대한 거부, 이런 처형에 대한 표현의 역할을 하고 있다.'

디오니소스와 예수 사이에는 '순교자에 대한 차이는 없다.' 다시 말해, 예수 수난의 이야기는 신화의 비극과 똑같은 유형의 이야기지만 그 의미에 있어서 차이가 난다. 디오니소스는 희생양에 대한 폭력을 수긍하여 그 폭력에 가담하지만 예수와 복음서는 이것을 받아들이지 않는다.

바로 우리가 여러 번 했던 말과 같다. 신화는 만장일치적인 박해에 뿌리박고 있다는 뜻이다. 유대교와 기독교는 부당하게 처벌받은 희생양을 보호하고 부당하게 합법화된 박해자들을 처벌하기 위해 이 만장일치를 파괴한다.

믿을 수 없을 정도로 간단하고 초보적인 발견이지만 니체 이전에는 어떤 사람도, 심지어는 어떤 기독교인도 이런 사실을 찾아내지 못했다. 우리가 니체를 칭송해야 하는 이유는 바로 이 지점에서다. 그러나 애석하게도, 이 지점을 넘어서면 이 철학자는 헛소리만 해대고 있다. 신화적 구조와는 정반대의 구조 속에서 유대 기독교가 주장하는 분명한 '진실'은 보지 못한 채, 니체는 도리어 희생양이 무고하다는 견해의 신뢰를 떨어뜨리고 있다.

니체는 디오니소스와 예수에게 가해진 폭력이 모두 같은 폭력과 관련이 있다는 것은 제대로 보면서도, 정작 이런 폭력의 부당함은 보지 못하고 있다. 아니, 그렇게 보지 않으려 한다.

그는 신화 속에 항상 나타나는 만장일치가 모방 전염에서 나온다는 것을 보지 못하거나 아니면 인정하려 하지 않는다. 그에 비해

---

7 *Œuvres complètes*, vol. XIV: Fragments posthumes début 1888-janvier 1889, Paris: Gallimard, 1977, p. 63.

요셉 이야기를 비롯한 『구약』과 복음서는 이 폭력적인 모방을 알아보고 또 비난한다.

유대 기독교의 신뢰를 떨어뜨리기 위해 니체는 희생양에 대해 유리하게 표현하는 것은 사소한 원한에 뿌리박고 있다는 것을 입증하려고 애쓴다. 초기 기독교인들이 주로 하층 계급에 속한다는 점에 착안한 그는 기독교인들이 이교도 귀족들에 대한 그들의 원한을 만족시키기 위해 희생양들을 동정하고 있다는 비난을 퍼붓는데, 그것이 바로 유명한 '노예의 도덕'이다.

니체가 말하는 기독교 '계보'가 뜻하는 것이 바로 이것이다. 그는 무리 지어 다니면서 부화뇌동하는 사람들과는 스스로가 다른 존재라고 여기고 있었지만, 자신이 말하는 디오니소스적인 것이야말로 무리 지은 군중들어 가장 어리석고 가장 거칠게 표현된 것이라는 사실은 보지 못했다.

희생양 메커니즘의 희생양을 복권시킬 때의 기독교는 수상쩍은 다른 생각을 따른 것이 아니다. 기독교는 사회적 원한의 때가 묻은 휴머니즘에 끌리는 것이 아니다. 신화의 환상을 바로잡는 기독교는 '사탄의 비난'에 있는 거짓을 밝혀내고 있다.

여기서 니체는 모방적 경쟁 관계도 못 보고 그것의 전염성도 못 보고 있다. 그 때문에 그는 복음서의 입장이 강자 앞에 처한 약자의 편을 드는 편견에서 나오는 것이 아니라 폭력의 전염에 항거하는 영웅적인 저항이며, 악마적이고 디오니소스적인 폭력의 군중 심리에 감히 반대하는 소수의 선견지명이라는 것을 보지 못하고 있는 것이다.

니체는 스스로가 발견한 내용의 결과에서 벗어나려고, 즉 유대 기독교의 진실에 대해 결강적인 부정으로 저항하려고 애쓰고 있다. 이를 위해 니체는 그의 고매한 정신과는 걸맞지 않은 너무나 투박한 평계에 매달리고 있다. 그러다 보니 그 자신의 지성도 너무 투박한 이 평계를 이겨내지 못하고 있는 꼴이다.

니체가 디오니소스와 그리스도의 공통점과 차이점을 발견한 시기가 그가 결정적으로 붕괴하기 직전이었다는 것은 결코 우연이 아닌 것 같다. 니체 신봉자들은 니체의 이 같은 미망(迷妄)에 어떤 의미도 부여하지 않으려 애를 쓰고 있는데, 그 이유는 충분히 이해할 수 있다. 광기 자체가 니체에게 그런 역할을 하고 있듯이, 그 광기의 난센스가 그들 생각에서는 보호막 역할을 하기 때문이다. 이 철학자는 자신이 발견한 것의 의미를 과소평가해야 할 필요성 때문에 자신이 처한 그 괴상망측한 상황에 안주할 수가 없어서 광기 속으로 도피했던 것이다.

오늘날 세상에는 기독교 진리의 준엄한 역사적 진보가 있다. 그런데 이 진보는 역설적이게도 기독교의 명백한 약세와 같은 행보를 걷고 있다. 기독교가 말년의 니체를 엄습하던 것과 같은 의미에서 기독교가 우리 사회를 더 많이 포위할수록, 우리는 과거 실증주의 선배들이 하던 식으로 '휴머니즘적인' 타협과 같이 비교적 쉬운 수단으로 거기서 벗어나기가 더 어려워진다.

니체는 자신의 발견을 피하고 신화적인 폭력을 옹호하기 위해서는 '인간 희생'을 정당화해야 했는데, 그는 이를 주저하지 않고 행했다. 이를 위해 그는 괴상한 논리를 이용하는데, 이리하여 가장 나쁜 사회적 다윈주의보다 한술 더 뜨고 있다. 사회가 퇴화하지 않으려면 성가신 인간쓰레기들을 제거해야 한다고, 넌지시 암시하고 있다.

> 기독교에 의해 개인은 아주 대단하게 취급되어지고 하나의 절대인 양 제시되어왔다. 그 결과 사람은 더 이상 '희생'될 수 없는 것으로 되었다. 하지만 인류는 인간 희생 덕분에 살아남을 수 있는 것이다. 진정한 박애는 인류의 행복을 위해 희생을 요구하고 있다. 이 박애는 인류가 스스로에 의해 지배받기를 요청하고 있다. 왜냐하면 이것은 인간 희생을 필요로 하기 때문이다. 그런데 기독교라는 이름이 붙은 이 가짜 인류는 '아무도 희생되어서는 안 된다'고 명확하게 주장하고 있다.[8]

아무리 아파도 니체는 약자들에 대한 배려를 비난할 기회를 절대 놓치지 않았다. 진짜 돈키호테와 같이 그는 가난한 사람들을 위한 모든 배려에 대해 비난을 퍼부었다. 니체는 희생양에 대한 근심이야말로 우리 문화의 퇴폐를 촉진하고 우리 문화를 빨리 노화시키는 원인이라고 비난한다.

이런 주장은 일일이 반박할 가치도 없다. 서구 사회는 지금 조기에 노화하기는커녕 거듭되는 쇄신과 계속되는 엘리트의 확장으로 대단한 장수를 누리고 있다.

복음서의 희생양 옹호는 니체의 주장보다 분명 더 인간적이지만 이것을 어떤 '굳건한 진실'의 훼손으로 보아서는 안 된다. 니체의 광기와는 달리, 진실을 듣고 있는 것이 바로 기독교이기 때문이다.

광기에 휩싸여서 우리 세상의 참된 위대성을 비난하는 니체는 스스로 자멸할 뿐 아니라 국가 사회주의의 끔찍한 파멸을 암시하고 또 부추기기도 한다.

유대 기독교의 붕괴와 종말을 서두르던 나치는 니체의 '계보'만으로는 충분치 않다는 것을 잘 알았다. 그래서 권력을 장악한 뒤 그들은 반쯤 미친 이 불행한 철학자보다 분명 더 뛰어난 수단을 갖게 되었다.

수많은 시체 더미 아래 희생양에 대한 현대인의 근심을 같이 묻어버리는 것, 그것이야말로 정녕 니체적인 국가 사회주의자들의 발상이었다. 이런 해석은 불쌍한 니체를 더 놀라게 할지도 모른다. 물론 그럴 것이다. 그때나 지금이나 무책임한 수사학을 늘어놓기 좋아하는 많은 지식인들의 기질을 이 철학자도 공유하고 있었다. 철학자들은 그들 불행에 있어서 외롭지 않다. 그들 주위를 진짜 미치광이들이 둘러싸 있으면서 가끔 최악의 장난을 쳐도 그들은 그것을 곧이곧대로 받아들인다.

8 *Ibid.* pp. 224~25.

나치에 대해 적대적이지만, 과거 어느 때보다 더 허무적이고 니체에 더 의존해 있는 2차 세계 대전 이래의 모든 새로운 지적 흐름들은 그들이 선호하는 이 사상가가 나치의 모험에 아무런 책임도 없다는 궤변을 계속해서 주장해왔다.

하지만 나치의 극악무도함을 해명할 수 있는 유일한 글의 저자는 여전히 니체다. 나치 운동의 정신적 핵심이 있다면 그것을 표현한 사람이 바로 니체다.

전후의 지식인들은 내가 방금 언급한 기록들을 가벼운 마음으로 숨겨버렸다. 그들은 자신들이, 영원한 전위들이 니체 사상의 공식 해설가로 보는 니체의 진정한 후계자인 마르틴 하이데거에게서, 말하자면 그렇게 해도 좋다는 허락을 받았다고 생각했다. 전쟁 이전부터 이 사려 깊은 철학자는 신이교(新異敎)에 관한 니체의 철학적 해석에 대해 조심스런 유보를 하고 있었다. 특히 디오니소스와 그리스도에 대한 니체의 생각을 반(半)의도적으로 폄훼한 하이데거는 이것을 니체와 '유대교의 유일신' 사이의 단순한 모방적 경쟁 관계라고 비난하고 있다.

하이데거는 니체의 글에 대한 연구를 금지시켰다. 하지만 그 내용은 부인하지 않았다. 자신의 주변에서 일어나던 반인륜적인 사건을 비난하는 것은 알다시피, 그의 격에 어울리지 않았다. 그의 권위는 그런 것에 고통을 받지 않았다. 20세기 후반에도 여전히 그의 위신은 대단하여 최근에 이르기까지 그 누구도 니체의 종교적 문제 제기에 대한 하이데거의 금기를 감히 깨뜨릴 수가 없었다.

*

많은 희생양을 만들어냈지만 히틀러의 계획은 결국 실패하고 말았다. 그의 만행은 희생양에 대한 근심을 없애기는커녕 오히려 희생양에 대한 근심을 촉진시켰다. 하지만 그 사기는 완전히 떨어뜨려놓았다. 히틀러는 희생양에 대한 근심을 절망으로 만들어 그것을 희화화함으로써 자신의 실패에 대해 복수한다.

상대주의의 위력이 종교와 종교의 모든 가치보다 더 센 것 같은 사회에서는 희생양에 대한 근심이 그 어느 때보다 활발하다.

자신의 힘으로 과학과 기술이 진보하였다고 믿고 있던 18세기와 19세기의 오만한 낙관론은 20세기 후반에 와서는 암울한 비관론으로 바뀌었다. 이해하지 못하는 것은 아니지만 20세기 후반의 이런 반응 역시 앞선 시대의 오만만큼이나 너무 지나친 것 같다.

거듭 말하지만, 우리는 스스로의 폭력을 끊임없이, 전면적이고도 제의적으로 자책하는 세상에 살고 있다. 우리는 우리의 모든 갈등을 심지어는 전혀 적합하지 않은 것조차 무고한 희생양이라는 말로 떠넘길 준비가 되어 있다. 예컨대 낙태 논란 같은 데에서도 찬성을 하든 반대를 하든 간에 우리는 언제나 '진짜 희생양'과의 이해관계 속에서 진로를 선택하고 있다. 우리의 동정을 받을 만한 사람은 누구일까? 아이들을 위해 자신을 희생하는 어머니들일까, 아니면 오늘날의 쾌락에 희생당하고 있는 아이들일까? 항상 이런 것이 문제다.

극좌의 허무주의도 극우의 허무주의만큼 니체를 좋아하면서도, 희생양에 대한 근심을 파괴하는 니체의 과업을 이어받을까 봐 아주 조심하고 있다. 나치의 좌절 이후 어떤 해체주의자도 어떤 탈신화주의자도 이 가치에 대해 공격한 적이 없다. 하지만 니체 생전에 그의 사상의 운명이 위태로워진 것은 바로 이 해체와 탈신화 때문이다.

*

희생양에 대한 근심이 현대에 들어서 확산되다 보니 이 근심이 우리를 과거에서 소외시킨다고 생각할 수도 있지만, 전혀 그렇지 않다. 이 근심이 과거를 소외시키는 것이다. 그러나 절대적인 것은 없다는 다양한 목소리가 지금 들려오고 있다. 하지만 니체나 히틀러도 희생양에 대한 근심을 없앨 수 없었다는 사실과 그 뒤를 이어 요즈음 계보학자들의 침묵은 이 근심이 상대적인 것이 아님을 잘 말해주고 있다. 우리에게 절대적인 것은 바로 이것이다.

아무도 희생양에 대한 근심을 '낡은 것'으로 만들지 못하였는데, 우리 사회에서 유행에 속하지 않는 유일한 것이 바로 이 근심이기 때문이다. '희생양 파워'가 증대하는 시기와 처음으로 전지구적인 문화가 도래한 시기가 일치하는 것은 결코 우연이 아니다.

인간 존재의 변치 않는 본질적인 차원을 실존주의 철학자들은 '근심'이라는 말로 지칭한 바 있다. 내가 이 말을 쓰는 이유는 이 말의 이런 용례를 생각해서다. 또 이것이 최근에 나타나면서도 그 영원성과 불변성이 전혀 손상되지 않은 채 분명히 드러나고 있는 의미의 역설을 강조하기 위해 나는 이 말을 '오늘날'이라는 말로 수식하여 쓰고 있다.

절대의 공허함을 주장하는 목소리가 있다. 물론 옳은 말이다. 아닌 게 아니라 휴머니즘, 합리주의, 혁명, 심지어는 학문 같은 개념들이 최근 들어 무너지고 있다. 그렇지만 사람들의 주장과는 달리 공허함이 없는 하나의 절대가 있는데, 그것은 희생양에 대한 근심이다. 싫든 좋든 간에 이 근심은 지금 전 지구적 문화를 지배하고 있다.

이 근심의 결과가 세계화지 세계화의 결과가 근심은 아니다. 경제, 과학, 예술, 심지어는 종교적인 모든 활동의 본질을 지배하는 것은 과학의 진보도 아니고, 시장 경제도 아니고 '형이상학의 역사'도 아니다. 그것을 지배하는 것은 바로 이 희생양에 대한 근심이다.

과거의 이데올로기들을 살펴보아도 그 안에 지속하는 무언가가 있는데, 철학적인 미사여구로 수식되어 있지만 그것 또한 결국 이 근심이라는 것을 알 수 있다. 요즘 들어 모든 것이 분명해지면서 희생양에 대한 근심은 그 순수한 모습과 불순한 모습을 다 드러내고 있다. 이제 와서 과거를 자세히 되돌아보면 수 세기 전부터 우리 사회의 변화를 은연중에 지배하던 것도 바로 이 근심이었다는 것을 알 수 있다.

희생양에 대한 근심이 겉으로 드러나는 것은 현대 사상의 모든 틀이 고갈되면서 신뢰를 잃었기 때문이다. 근래의 이데올로기 붕괴 이후 오늘날의 지식인들은 아무 의무도 없고 검열도 없는 허무주의같이 편안한 상태로 접어들었다고 생각하는 것 같다. 그러나 지식인들은 이런 미망에서 깨어나야 한다. 이런 허무주의는 유사(類似) 허무주의일 뿐이다. 희생양에 대한 근심은 너무나도 자명한 태도이며 널리 퍼져 있는 하나의 감정 같은 것이므로 하나의 가치로 보아서는 안 된다는 것을 알고 나면, 이런 현실을 믿게 될 것이다. 모든 가치가 사라진 지금 상태에서 희생양에 대한 근심은 사실 하나의 분명한 예외이다. 이 근심을 둘러싸고 있는 주변 세계는 물론 황량한 사막과 같다. 하지만 하나의 절대가 지배하는 모든 세계도 이와 마찬가지다.

*

한 세기 전만 해도 이런 사정을 깨닫기 위해서는 니체와 같은 통찰력이 필요했지만, 오늘날은 어린아이들도 이런 사정을 알고 있다. 계속되는 가속화 현상으로 인해 희생양에 대한 근심은 전체주의적인 명령이나 엄격한 심문처럼 변하고 있다. 이런 사정을 알고 있는 언론 매체는 '희생학(犧牲學)'이라고 조롱하고 있지만 이 매체들이라고 해서 이를 이용하지 않는 것은 아니다.

현대 사회는, 적어도 엘리트층은 기독교에서 멀어져가고 있다. 그러나 희생양에 대한 근심이 강조되지 않는 것이 아니라 그 반대다.

'탈기독교' 시대의 장엄한 출범이라는 말은 하나의 재치 있는 농담일 뿐이다. 오히려 우리는 지금 희생양에 대한 근심을 반기독교적인 방식으로 '극단적으로 밀고 나감'으로써 유대 기독교의 회로에서 벗어나려고 애쓰는 희화화된 초(超)기독교 사회에 살고 있다.

전 세계에서 거짓 초월에 기반을 둔 신앙 체계들은 기독교의 영향을 받아 붕괴되는 중이다. 이 때문에 거의 모든 곳에서 종교가 퇴조하고 있는데, 여기에는 역설적이게도 기독교도 포함된다. 기독교에는 오랜 기간에 걸쳐 희생 제의의 흔적이 묻어 있는데, 이 때문에 많은 반대자들의 표적이 되고 있기 때문이다.

니체의 영향력은 아직 줄어들지 않았다. 많은 지식인들은 『구약』이나 『신약』을 향할 때 니체의 영향에서 나왔을 이에 대한 혐오감을 미리 갖고서 '구역질나는'이라는 말로 항상 수식하는 소위 '희생양의 악취'를 맡았다고 주장한다. 내가 생각하기에, 이들은 원초적 희생양을 떠올리면서 이런 수식어를 붙이는 것 같다.

그런데 희한한 것은, 이 예민한 사냥개들도 디오니소스와 오이디푸스에 대해서는 그들의 뛰어난 후각을 휘두르지 않는다. 알다시피 신화에서는 아무도 시체를 제대로 묻지 않기에 그 악취가 그대로 드러나고 있다. 그런데도 이들은 신화에서는 어떤 냄새도 맡지 않는다.

르네상스 초기부터 타종교는 지식인들에게서 무엇으로도 뒤집어지지 않는 투명하고 건강하다는 명성을 얻었다. 이때 이 타종교들은 언제나 유대교와 기독교에 들어 있는 '건강하지 못한' 모든 것과 반대된다고 받아들여졌다.

나치에 이르기까지 유대교는 희생양 제도에서 가장 자주 등장하는 희생양이었다. 이 점에 있어서 기독교는 두번째로 자주 등장하는 희생양이었다. 그러나 유대인 대학살 사건이 있고 난 뒤부터 사람들은 더 이상 유대교를 비난하지 않는 대신 이제는 기독교가 제일 자주 등장하는 희생양이 되었다. 닫혀 있고 침울하고 억압적인 유대 기독교 세계에 비해 건강하게 역동적이고 가벼운 그리스 문명에 대해 사람들은 황홀해하고 있다. 바로 이것은 20세기 두 개의 니체주의(나치의 니체와 하이데거와 그 제자들의 니체)를 이어주는 진짜 고리일 뿐 아니라 대학의 기초이기도 하다. 그런데 이 둘 다 기독교 전통에 대해서는 깊은 적의를 갖고 있다.

우리 세계가 진정으로 기독교에서 벗어나려면 희생양에 대한 근심을 포기해야 한다. 니체와 나치는 이것을 잘 알고 있었다. 그들은 기독교를 상대화하여서, 기독교를 성서와는 완전히 다른, 진짜 신흥 종교나 무신론이 대신할 수 있는 종교, 즉 다른 모든 종교와 같은 종교로 보여주고자 하였다. 하이데거는 기독교의 영향을 완전히 제거해버리고 제로베이스에서 다시 출발하고 싶은 꿈, 즉 새로운 모방 사이클에 대한 꿈을 포기하지 않았다. 이 철학자가 죽고 난 뒤 『슈피겔』지에 실린 유고 인터뷰 기사에서 가장 유명한 말인 "하나의 신만이 우리를 구원할 수 있다"는 말의 의미가 이것이라고 나는 생각한다.

사람들로 하여금 희생양에 대한 근심을 잊게 하려는 니체와 히틀러의 시도는 적어도 당분간은 분명한 실패로 판명난 것 같다. 그러나 희생양 근심의 승리로 인해 오늘날 이득을 보는 것은 기독교가 아니라 '다른 전체주의'라고 불러야 마땅한 것이다. 이 전체주의는 더 약삭빠르며 지금뿐만 아니라 미래에도 더 많이 설쳐댈 것이다. 이것은 유대 기독교의 소망을 공개적으로 반대하기는커녕 그것을 자신의 것이라고 주장하면서 더 나아가서는 기독교인들이 갖고 있는 희생양에 대한 근심의 진정성에 대해 이의를 제기하고 있다. 인류 역사에서 기독교가 실제로 행한 구체적 행동을 볼 때 이런 이의가 일리가 없는 것도 아니다.

다시 말하지만 이 전체주의는 기독교를 드러내놓고 반대하는 대신에 기독교의 측면을 치면서 허를 찌른다. 20세기를 통틀어서 가장 센 모방의 힘은 나치도 아니고, 희생양 근심에 들어 있는 유대 기독교적 기원을 잘 알고 있으면서 이 근심을 공개적으로 반대하던 나치의 이데올로기도 아니다. 가장 강력한 기독교 반대 운동은 희생양 근심을 자신의 것으로 떠안고서 이를 '극단적으로 밀고 나감'으로써 이를 타종교의 것으로 만들어버리는 운동이다. 이때부터 권능과 권세는 항상 스스로 '혁명적'이길 바라면서 기독교가 충분한 성의를 갖고 희생양을 보호하지 못했다고 비난한다. 이들은 과거의 기독교에서 오로지 박해와 억압과 심문만을 본다.

이 또 다른 전체주의는 스스로를 인류의 구원자라고 자처하고, 권세는 그리스도의 자리를 찬탈하기 위해 경쟁적으로 그리스도를 흉내낸다. 그러면서 이들은 억압과 박해를 물리치는 진정한 십자군 운동의 선봉에 자신들이 서 있다고 주장하면서, 기독교의 희생양 근심은 이 십자군 운동을 어설프게 모방한 위선에 불과하다고 주장한다.

우리는 『신약 성서』의 상징적인 표현을 빌려, 사탄이 이 세상에서 다시 득세하려고 희생양의 말을 자기 것으로 쓰는 것이라고 말할 수 있을 것이다. 갈수록 사탄은 그리스도를 더 잘 모방하면서 그리스도를 능가하려 한다. 이런 적반하장의 모방은 기독교 사회에서 오래전부터 있어왔지만 그 힘이 이렇게 세어진 것은 최근에 와서다. 『신약』이 '그리스도의 적 Antéchrist'이라고 지칭하는 것이 바로 이 과정이다. 이 말을 잘 이해하려면 이 말을 심각하게 여기지 않는 데에서부터 시작해야 한다. 왜냐하면 이것은 아주 일상적이고 또 아주 평범한 현실을 말하고 있기 때문이다.

'그리스도의 적'은 기독교가 사람들에게 약속만 하고 가져다주지는 않은 평화와 관용을 자신은 주고 있다고 자랑한다. 아닌 게 아니라 희생을 극단적으로 운운하는 오늘날의 풍조가 가져다준 것은 사실상 낙태, 안락사, 유니섹스, 엄청나게 많은 곡마단 놀이들과 같은 예전 이교도의 온갖 풍습으로의 회귀. 그러나 여기에는 컴퓨터 시뮬레이션과 같은 기술 덕택에 진짜 희생양이 없다.

이 새로운 이교(異敎)는 십계명을 비롯하여 유대 기독교의 모든 모럴을 참을 수 없는 폭력으로 추정하고 이런 계명을 완전히 없애는 것을 제일 목표로 삼는다. 이들은 또 도덕률을 충실히 지키는 것을 본질적으로 종교적인 박해의 세력과 같다고 간주한다.

기독교 교회가 과거뿐 아니라 오늘날에도 자비가 부족했다는 사실과 함께 항상 '희생양을 만들고 있던' 기존 질서를 옹호적으로 묵인했다는 것을 이제야 깨달았기 때문에, 교회는 오늘날의 이 새로운 이교들이 가하는 공갈에 특히 취약하다.

  이 새로운 이교는 무한한 욕망을 만족시키는 것, 그러므로 이 만족을 가로막는 모든 금기를 없애는 것을 행복이라고 생각한다. 이런 생각은 소비의 많은 영역에서는 겉보기에 그럴듯해 보이는데, 그것은 기술의 진보 덕택에 대량 생산이 가능해짐으로써 소비 영역에서 모방적 경쟁 관계가 어느 정도 약화될 수 있었기 때문이다. 모든 도덕률을 억압과 탁해의 도구로만 여기는 이런 주장이 찬사를 받는 듯 보이는 이유도 이 때문이다.

맺음말

이미 앞에서 언급했듯이, 시몬느 베유는 복음서를 인간의 이론, 즉 인류학이라고 암시한 바 있다. 베유는 비록 히브리어로 된 『구약』의 역할에 대해 정통하진 않았지만 그녀의 직관은 그 실증적인 면에서 우리가 살펴본 것과 일치하고 있다.

이 인류학을 이해하기 위해서는 복음서에 나와 있는 사탄에 관한 구절을 살펴볼 필요가 있다. 복음서에서 사탄은 터무니없고 근거 없는 존재가 아니다. 처음에는 공동체를 와해시키고 그다음에는 만장일치의 희생양을 통해 그 공동체를 다시 재생시키는 모방폭력 작용과 스캔들 이론을 다른 말로 표현한 것이 사탄이라고 볼 수 있다.

그런데 우리는 '유혹자' '비난자' '이 세상의 통치자' '어둠의 왕자' '태초의 살인자' '예수 수난의 숨겨진 연출자'와 같이 사탄에 붙어 있는 모든 수식어에서, 예수가 진단했던 욕망의 증세와 징후를 볼 수 있다.

복음서 기록자들은 복음서에 나오는 사탄이라는 개념을 이용하여 고대 사회의 근본적인 패러독스를 표현해낼 수가 있었는데, 고대 사회는 오로지 그 사회의 존재를 방해하는 어떤 질병 덕택에 존재한다는 식이었다. 위기가 절정에 이르면 이 욕망의 병은 자신을 스스로에 대한 해독제로 만드는 과정, 즉 희생양이라는 폭력적인 동시에 평화를 가져다주는 만장일치 과정을 작동시킨다. 위기를 진정시키는 폭력의 이런 효과는 그 사회를 안정시키는 여러 가지 제의의 시스템 속에서 계속되고 있다. '사탄이 사탄을 물리친다'는 말이 요약하는 의미가 바로 이것이다.

복음서의 사탄 이해는 과거의 인류학이나 오늘날의 인류학이 결코 찾아내지 못한 비밀을 밝혀주고 있다. 고대 종교에서의 폭력은 일시적인 효력만을 갖는 임시방편이라서, 그 질병은 진정으로 치유되는 것이 아니라 언젠가는 다시 되살아난다.

우리처럼 사탄이 모방임을 알게 되는 것, 그것은 바로 '이 세상의 왕'의 권위를 완전히 실추시키고, 복음서와 같이 비밀을 밝혀내는 작업을 완성하며, 십자가에서 죽기 직전 예수가 예언하였던 '사탄의 몰락'에 기여하는 것이다. 사탄은 어둠이 있어야만 자신의 능력을 유지할 수 있다. 그런데 진실을 밝혀내는 십자가의 힘은 이 어둠을 걷어내고 있다.

인류학적으로 말하자면, 복음서는 모방 위기와 그것의 신화 제의적인 해결을 밝혀낼 수 있는 지도이자 길을 잃지 않고 고대 종교를 살피면서 돌아다닐 수 있도록 해주는 안내자와 같다.

*

모방 위기와 그 폭력적인 해결 장면을 서술하는 데에는 다음과 같은 두 가지 방법이 있다. 아니 정확히 말하면 두 가지 방법밖에 없는데, 하나는 진실된 방법이고 다른 하나는 거짓된 방법이다.

첫번째 방법은 서술자 자신이 아무런 의심도 없이 거기에 가담하고 있기 때문에 모방이 일어난다는 것을 눈치채지 못하고 있는 방법이다. 그러므로 서술자는 거짓에 빠지게 된다. 그러나 스스로는 모든 희생양의 유죄를 진정으로 믿기 때문에 그 거짓을 절대로 바로잡지 못한다. 신화가 바로 이 방법에 속한다.

두번째는 모방이 일어난다는 것을 알고 있는 방법이다. 서술자 자신이 그 모방에 가담하지 않기 때문이다. 그래서 이 방법을 취하는 사람들은 사건을 있는 그대로 진실되게 묘사할 수 있다. 여기서는 부당하게 처벌받는 희생양들이 복권된다. 이런 방법에 속하는 것은 『구약』과 복음서뿐이다.

이렇듯 똑같은 사건을 서술하는 두 가지 방법에서, 신화의 방법과 유대교와 기독교의 방법 사이에는 거짓과 진실을 가르는 깊은 심연이 있으며, 유대 기독교만이 주장하는 부정할 수 없는 차이점이 있다. 우리는 이 차이점을 오이디푸스와 요셉, 복음서와 신화를 대조하면서 살펴보았다.

초기 기독교인들은 유대 기독교의 이런 차이점을 피부로 느끼고 있었다. 하지만 우리는 이 차이를 거의 느끼지 못하고, 다만 텍스트를 비교해봄으로써 감지할 수 있을 뿐이다. 그래서 우리는 인류학적 연구의 지평에서 그 증거를 드러내면서 합리적으로 규정하고 있다.

*

복음서는 인간의 폭력을 진정으로 문제 삼은 유일한 기록이다. 인간에 관한 다른 기록에서 폭력의 문제는 제기되기도 전에 이미 해결되어 있다. 어떤 기록은 폭력을 신성하다고 여기고 있는데 신화의 경우가 그러하다. 또 어떤 기록은 폭력에 인간성을 부여하는데 생물학이 그러하다. 또 어떤 기록은 폭력을 전형적인 희생양인 어떤 유형의 사람에게만 속한다고 보기도 하는데, 여러 가지 이데올로기가 그러하다. 또 어떤 기록들은 폭력을 예측할 수 없는 아주 우연한 것이므로 인간의 지식으로는 해명할 수 없다고 여기는데, 계몽 철학자들의 입장이 그러하다.

이런 것과는 달리, 『구약』의 요셉이나 욥, 혹은 예수나 세례 요한 그리고 다른 희생양들을 보면서 우리는 다음과 같은 질문을 던지게 된다. 그토록 많은 무고한 사람들이 그토록 격분한 군중들에 의해 왜 추방을 당하거나 학살을 당하는 것일까? 왜 그토록 많은 공동체들이 광기에 휩싸이는 것일까?

기독교의 계시는 그 전에 있던 신화와 제의 같은 것뿐 아니라 그 후에 오는 다음과 같은 것까지 다 밝혀주고 있다. 지금 우리가 만들어나가고 있는 역사, 대대로 내려오던 성스러운 것이 갈수록 더 해체되어가고 있는 지금의 현실, 과거의 종속으로부터 갈수록 더 자유로워지고 있지만 그와 동시에 희생 제의의 모든 보호책도 없어져가고 있는 세계화된 미래로 나아가는 현실 등이 여기에 속한다.

기독교의 전통을 통해서 우리 폭력에서 얻어낸 지식이 희생양 현상을 없애지는 못하지만 그것을 약화시켜서 그 효력을 점차 줄여나갈 수는 있다. 이것이 바로 기독교가 묵시록을 기다리는 참된 의미다. 원칙적으로 이런 기다림이 완전히 불합리한 것은 아니다. 그 합리성은 무기, 환경, 인구 문제와 같은 오늘날 역사의 구체적인 사건들 속에 매일 더 깊이 새겨진다.

묵시록이라는 주제는 『신약』에서 중요한 위치를 차지하고 있다. 묵시록이라는 주제는, 알베르트 슈바이처의 생각과, 요즘 많은 사람들의 여전한 믿음처럼, 우리와 동떨어진 유대인의 생각을 기계적으로 답습하는 것이 아니라 기독교 메시지의 한 부분이다. 이를 깨닫지 못하는 것은 기독교의 메시지에서 중요한 부분을 빠뜨리는 것과 같은데, 그렇게 되면 곧 기독교 메시지의 통일성도 파괴되고 만다.

이리하여 우리 연구는 묵시록의 기다림에 대한 순전히 인류학적이고 합리적인 해석으로 이어진다. 이 해석은 기다림이라는 주제를 가볍게 여기는 것이 아니라, 기독교적인 모든 해석들처럼 이 주제의 정당성을 이해한다.

예수 수난의 이야기는 '이 세상의 왕'의 비밀을 밝히고 모방 작용과 희생양 메커니즘의 진실을 드러냄으로써 인간 질서의 기원을 전복시킨다. 사탄이 펼쳐놓은 어둠의 장막은 희생양의 무고함을 이제 더 이상 완전히 감출 만큼 두껍지 않았고, 이 희생양이 행사하던 '카타르시스' 효과 또한 갈수록 줄어들고 있다. 이제 더 이상 사회로부터 폭력을 진정으로 '제거하거나' '순화시킬' 수가 없는 것이다.

사탄도 더 이상 희생양 메커니즘으로 자신의 무질서를 몰아낼 수가 없다. 사탄은 이제 더 이상 사탄을 물리칠 수가 없다. 그렇다고 힘을 못 쓰고 있는 이 사탄을 사람들이 곧 몰아낼 것이라고 섣불리 결론을 내어서는 안 된다.

「누가복음」에서 그리스도는 사탄이 "번개처럼 떨어지는 것을" 본다. 사탄이 떨어진 곳은 분명 땅 위였을 것이고 떨어진 사탄은 가만있지 않았을 것이다. 여기서 예수는, 사탄이 그 순간 곧장 종말을 고했다고 말하는 것이 아니라, 아직은 적어도 사탄이 갖고 있던 거짓 초월성, 즉 질서를 회복하는 능력이 끝났다는 것을 말하고 있다.

『신약』은 온갖 은유를 사용하여 기독교 계시의 결과를 나타내고 있다. 되풀이해서 말하지만, 이제 '사탄이 사탄을 물리칠' 수가 없다고 말할 수 있다. 그리고 사탄은 더 이상 '스스로를 묶어둘' 수가 없다고 말할 수도 있다. 이것은 결국 앞의 말과 같은 말이다. 사탄의 마지막 날이 다가오고 있기 때문에 사탄은 마지막 시간을 최대한 이용하여, 문자 그대로 맹위를 떨치고 있다.

기독교는 자유의 영역을 넓혀놓았다. 그래서 개인이나 사회는 이 자유를 그들 마음대로 이용하고 있는데, 때로는 좋게 이용하기도 하지만 또 나쁘게 이용하기도 한다. 자유의 나쁜 이용은 예수가 인간에게 기대하던 것과는 당연히 어긋난다. 그렇다고 해서 신이 인간의 자유를 존중하지 않고 힘이나 권위로, 한마디로 모방 전염으로 인간을 위압한다면 그 신은 사탄과 다를 바가 없을 것이다.

신의 왕국을 거부한 것은 예수가 아니라 사람들이다. 단순히 권능과 권세의 보호를 최대한 이용하였을 뿐이지 그 힘을 이용한 것은 아니라는 이유로 스스로를 폭력적이지 않다고 여기는 많은 사람들도 여기에 속한다.

예수는 평화를 다음과 같이 두 가지로 구분하였다. 첫번째는 예수가 인간들에게 제안하는 평화다. 그 규칙은 간단하다. 하지만 이 평화는 '인간의 이해를 넘어서' 있는데, 그것은 우리가 알고 있는 유일한 평화가 희생양에 기초한 휴전 상태, 즉 '세상이 주는 그대로의 평화'이기 때문이다. 이것은 언제나 다소간 '사탄과 같은' 권능과 권세의 평화고, 또한 그것의 복음서의 계시가 갈수록 우리에게서 앗아가고 있는 평화다. 그리스도는 우리가 갖고 있는 이 유일한 평화를 빼앗은 뒤에야 진정으로 신성한 평화를 인간에게 가져다줄 수가 있는데, 이것이 바로 우리가 지금 경험하고 있는 끔찍한 역사의 과정이다.

바울은 테살로니카인들에게 보낸 편지에서 '사탄을 풀어주는 것'이 늦어지는 것을 일종의 '카테콘 kathécon'이라고 규정한다. 그런데 이것은 장 피에르 뒤피가 'contenir'라는 프랑스어 동사에는 '지니다/내포하다'는 의미와 '어떤 한계 내에서만 지니다/억제하다'는 두 가지 의미가 들어 있다고 지적하는 두 가지 의미로 묵시록이 '내포/억제'하는 것과 같다.¹

그러므로 여기에는 당연히 서로 다른 두 개의 성질이 한데 섞여 있다. 가령 이 세상 권능에는 지적 능력과 적응력도 있지만 그와 동시에 그들이 평소에 갖고 있던 습관이나 하나님의 계시에 대한 이해력 부족 같은 것도 섞여 있다.² 묵시록의 상황이 아직 오지 않는 것은 폭력을 거부하고 복수심을 삭이려고 애쓰는 개인들의 노력 덕분이다.

진실에 대한 진정한 깨달음은 불트만의 생각처럼 자동차나 전기에서 나오는 것이 아니라, 기독교의 전통에서 나온다. 소위 '현대인'들인 우리는 단지 우리가 '현대성'에 빠져들어 있다는 것 때문

---

1 (옮긴이) 그리스어 'Katechon'은 '아래'를 의미하는 'Kate'와 '갖다, 지니다'를 의미하는 'Echo'가 만난 합성어로서, '안에 지니다(내포)'와 '아래로 누르면서 갖고 있다(억제)'라는 두 가지 의미를 갖고 있어, 프랑스어 동사 'contenir'의 용례와 흡사하다. http://sxws.com/Admin/articles/articles-010.html 참조.

2 이 주제에 대해서는 Wolfgang Palaver, "Hobbes et le *katéchon*: the Secularization of Sacrificial Christianity," *Contagion*, 1995년 봄호, pp. 57~74 참조.

에 배우지 않아도 직관적으로 알고 있다고 믿는다. 3세기 전부터 되풀이되어온 이 동어 반복은 우리의 생각을 앗아간다. 이제는 더 이상 지금, 이곳에 대한 우상 숭배를 하지 말자.

그런데 진실 해명의 주원인이 왜 종교 전통 그것도 기독교 전통에만 있는 것일까? 이것은 '다원주의'와 '다문화주의'를 주창하는 이 시대가 받아들이기 힘든 부당한 것은 아닐까? 중요한 것은 시기하는 사람을 만들지 않는 것이 아니다. 세계 평화를 위해, 그리고 우리가 진리라고 믿는 것을 지키기 위해서는 어디서나 할 수 있다고들 말하는 전쟁을 피하기 위해 진실을 희생해서는 안 되는 것일까?

이런 질문에 대한 답으로 나는 주세페 포르나리의 말을 제시하고자 한다.

> 그리스인들이 모르던 지식의 도구를 (기독교를 통해) 갖고 있다고 해서 우리가 그리스인들보다 더 낫다고 생각할 권리가 있는 것이 아니며 이것은 다른 모든 문화권에 대해서도 마찬가지다. 기독교만이 갖고 있는 정해진 문화적 정체성 때문에 기독교가 다른 지역으로 잘 침투해 들어갔던 것이 아니다. 모든 희생 형식을 개괄하고 또 뛰어넘으면서 '모든' 인간의 역사를 구제해주는 기독교의 능력 때문이었다. 이것만이 폭력의 언어를 묘사하고 또 뛰어넘을 수 있는 진정한 정신적 메타언어인 것도 바로 이 때문이다. [······] 또 이것이 기독교가 세계 여러 지역으로 왜 그렇게 빨리 전파해 들어갔는지를 설명해주는데, 이 덕분에 기독교는 타종교 문화의 상징과 그 양식의 생명력을 흡수할 수 있었다.[3]

이 지구상에서 진실은 아주 드물다. 아니 진리는 아예 없다고 생각할 수도 있다. 모방의 회오리는 정말 만장일치적이다. 모방이 일

---

[3] Giuseppe Fornari, "Labyrinthine Strategies of Sacrifice: *The Cretans* by Euripides," *Contagion*, 1997년 봄호, p. 187.

어날 때마다 모방은 그것을 목격한 사람들을 하나도 빠짐없이 끌어들인다. 모방은 사회 구성원들 모두를 변명의 여지가 없는 거짓 증인으로 만들어버리는데, 그것은 이들이 진실을 볼 수가 없기 때문이다.

모방적 속성, 즉 폭력적인 전염력을 갖게 되면 사탄의 비밀은 어떤 계시로도 잘 드러나지 않을 것이다. 모든 것은 다음 두 경우 중의 하나다. 희생양 메커니즘이 가동되면서 그 만장일치가 모든 명석한 증인들을 다 없애버리는 것이 첫번째 경우이며, 희생양 메커니즘은 가동하지 않고 증인들이 여전히 명석하지만 이 증인들이 밝혀낼 것은 하나도 없는 것이 두번째 경우다. 두번째와 같은 정상적인 상황에서는 희생양 메커니즘이 알려지지 않고, 사탄의 비밀도 그대로 유지된다.

'드러난다'는 기본적인 속성을 가진 다른 모든 현상('현상 phénomène'이라는 말은 '반짝이다' '나타나다'는 의미의 그리스어 'phainesthai'에서 나왔다)들과는 달리, 희생양 메커니즘은 그것이 만들어낸 신화의 의미 뒤에 숨어 있다. 그러므로 희생양 메커니즘은 '현상'으로는 역설적이고, 예외적이며, 독특하다고 할 수 있다.

기독교가 나타나기 전까지 사탄이 안정된 지위를 유지할 수 있었던 것은 희생양 메커니즘이 아무런 침해도 받지 않았다는 사실로 설명할 수 있다. 이 세상의 지배자인 사탄은 자신의 비밀을 영원히 감출 수 있다고, 그래서 자신의 지배 수단을 그대로 유지할 수 있다고 믿고 있었지만 그의 생각은 틀렸다. 앞에서 보았듯이, 결국 사탄은 스스로 '십자가에 속는다.'

복음서의 계시가 일어나려면 예수에 대한 폭력 전염이 만장일치인 동시에 만장일치가 아니어야 한다. 이 메커니즘이 가동되려면 예수에 대한 폭력 전염이 만장일치가 되어야 하고 이 메커니즘이 밝혀지려면 만장일치가 아니어야 한다. 그런데 이런 조건은 동시에 실현될 수는 없고 순차적으로 나타날 수밖에 없다. 예수의 십자가형에서 일어난 것도 분명 이것이고, 결국 희생양 메커니즘이 밝혀질 수 있었던 것도 바로 이 때문이었다.

예수가 체포되었을 때 유다는 이미 배반을 하였고 제자들은 흩어졌고, 베드로는 자신의 주인을 기꺼이 배반하였다. 모방의 회오리는 흔히 만장일치가 와해될 때에 잘 나타난다. 만약 모방의 회오리가 일어나서 이 모방이 정말 승리했다면, 지금 우리에게 복음서는 없고 또 하나의 신화만 보태졌을 것이다.

하지만 세번째 날에는 흩어졌던 제자들이 다시 모여드는데 그들은 예수가 부활했다고 믿고 있다. 최후의 순간, 신화에서는 결코 일어나지 않는 일이 일어난다. 소수의 반대파들이 박해 군중의 만장일치에 단호히 대항해서 일어선 것이다. 이 순간 박해자들은 더 이상 다수가 아니다. 왜냐하면 비록 이들의 숫자는 압도적으로 많지만, 그동안 일어난 일에 대한 그들의 생각, 즉 십자가에 대한 그들의 신화적인 표현을 이제부터는 모든 사람들에게 강요할 수 없게 되었기 때문이다.

소수의 반대파들은 힘도 미미하고 권위도 없을 뿐 아니라 무엇보다도 사건이 벌어진 뒤에야 행동을 하기 때문에 이들은 희생양 메커니즘의 진행에는 아무런 영향을 미치지 못한다. 그러나 그들은 영웅적인 용기로 스스로를 다잡으며 자신들이 보고 들은 것을 정리하여 기록으로 남긴다. 그 뒤에 이 기록은 전 세계로 퍼져나가는데, 이와 함께 희생양들이 부당하게 살해당했다는, 기존 질서를 완전히 뒤엎는 진실도 세계 구석구석까지 퍼져나가게 된다.

얼마 안 남은 신도들도 이미 폭력의 전염에 반쯤 물들어 있었다. 그들은 갑자기 군중들과 예루살렘 당국에 반대하는 힘을 과연 어디에서 가져올 수 있었을까? 우리가 익히 알고 있는 모방 회오리의 거역하기 힘든 힘에 저항하는 이 같은 표변을 우리는 과연 어떻게 설명할 수 있을까?

지금까지 우리는 이 책에 제기된 모든 문제에 대해 순전히 인간적인, 즉 '인류학적인' 문맥에서 그럴듯한 대답을 제시해보았다. 하지만 방금 제기된 문제들은 다르다. 이 문제에 대해서는 분명,

이 차원에서 해답을 찾는 것이 '불가능하다.'

모방의 만장일치를 무너뜨리기 위해서는 폭력의 전염을 능가하는 힘이 있어야 한다. 그런데 이 시론에서 우리가 배운 것이 하나 있다면 이 지상에는 그런 것이 없다는 것이다. 고대 종교가 부활을 신성시했던 이유는 바로 예수 부활 이전의 인간 사회에서는 폭력의 전염이 항상 가장 막강한 힘을 갖고 있었기 때문이다. 현대인들의 생각처럼 고대 사회가 야만적이거나 어리석었던 것이 아니다. 그들이 폭력적 만장일치를 신성시한 데에는 그만 한 이유가 있었다.

부활은 단순히 기적과 경이로움 그리고 자연의 질서에 대한 위반이 전부가 아니다. 부활은 이 지상에 모방의 회오리보다 더 막강한 힘의 등장을 보여주는 눈부신 기호다. 모방의 회오리와는 달리 이 힘은 전혀 환각적이거나 허구적인 것이 아니다. 이 힘은 제자들을 속이기는커녕, 그들로 하여금 그때까지 자신들이 보지 못했던 것을 볼 수 있게 하고, 그때까지 흩어져 도망친 것을 자책하게 하면서 또 예수에 반대하는 모방의 회오리에 그들 자신도 가담한 죄가 있다는 것을 알려주었다.

*

폭력적 모방을 능가하는 이 힘은 과연 무엇일까? 이것은 바로 기독교가 말하는 삼위일체의 세번째 위(位)인 성령이라고 복음서는 답하고 있다. 자 이렇게 되면, 지금까지 모든 것을 행한 주체는 이 성령이다. 예를 들어 제자들을 보고 이들이 '제정신을 차렸다'고 말하는 것은 틀린 말이다. 제자들의 정신을 차리게 하고 이들을 붙들어둔 것은 모두 다 성령이라고 해야 옳은 말이다.

「요한복음」이 성령을 부르는 이름은, 그때까지 막강한 힘을 갖고 있던 모방 전염에서 제자들을 떼어놓는 이 힘을 아주 잘 묘사하고 있는데, 바로 파라클리트 Paraclet라는 이름이다.

이 말에 대해서는 다른 책에서 언급한 바 있지만, 그 의미가 아주 중요하기에 여기서 한 번 더 살펴보기로 하자. 이 말의 기원이 되는 파라클레이토스 parakleitos라는 말의 주된 의미는 법정의 '변호사,' 비난받는 사람을 '옹호하는 사람'이다. 그런데 이 말을 피할 의도로 괜히 돌려 말하거나 다른 핑계를 찾기보다는 이 말을 그대로 사용해보면 얼마나 적절한 표현인지 탄복하게 된다. 성령이 박해자들의 진상을 밝힌다는 생각을 글자 그대로 받아들여야 한다. 성령은 "그들은 자신이 무엇을 하는지 모르고 있나이다"라고 십자가의 예수가 한 말의 진실을 사람들에게 밝혀주고 있다. 우리는 또한 욥이 신을 두고 '나의 보호자'라고 부를 때와 같이 생각해야 할 것이다.

기독교의 탄생은 사탄에 대한 파라클리트의 승리인데, 사탄이라는 이 이름은 원래 피고의 유죄를 입증하는 의무를 가진 '법정의 기소자'를 의미한다. 이것은 복음서가 사탄을 모든 신화의 책임자로 보는 이유 중의 하나다.

예수 수난 이야기는 부당하게 기소된 희생양을 보호하는 성령의 힘에서 나온 것이다. 이것은 모방을 통해서 알게 된 것과 같은, 계시의 인간적인 내용과 아주 절묘하게 맞아떨어지고 있다.

이렇게 되면, 인류학적인 계시는 신학적인 계시에 손상을 입히거나 경쟁적인 관계에 있는 것이 아니라 서로 뗄 수 없는 관계에 있다. 둘이 하나가 되는 이 융합은 신이 나타나는 것을 말하는 교리, 즉 신비로운 예수 그리스도의 신이자 인간이라는 이중적인 성격이 요구하는 것이기도 하다.

이렇듯 '모방적' 해석은 이런 융합을 더 잘 실현할 수 있게 해주고 있다. 인류학적으로 접근하는 것은 신학을 가리는 것이 아니라, 제임스 앨리슨이 잘 보았듯이, 원죄라는 너무 추상적인 개념을 구체적으로 보여줌으로써 이런 교리의 유효성을 분명히 드러내고 있다.[4]

---

4 James Alison, *The Joy of Being Wrong*, New York: Crossroad, 1998.

*

성령의 희생양 옹호를 이해하기 위해서는 부활의 순간에 일어난 두 차례의 위대한 개종을 비교해보는 것도 유익할 것이다.

첫번째 개종은 베드로가 예수를 부인한 다음에 후회하는 장면인데, 이 장면은 너무나 중요해서 우리는 이를 새롭고도 깊은 개종이라 볼 수 있을 것이다. 그리고 두번째 개종은 바울의 그 유명한 '다마스쿠스로 가던 길'의 개종이다.

겉으로 보기에 이 두 사건은 여러 면에서 다르다. 이들은 우선 같은 기록에 등장하고 있지 않다. 하나는 초기 기독교가 위기를 맞던 시절 초기에 일어난 것이고 다른 하나는 마지막 시기에 일어난 것이다. 그 정황도 아주 다르고, 두 사람도 아주 다르다. 그럼에도 불구하고 이 두 사건에 들어 있는 깊은 의미는 정확하게 똑같다.

이 두 사람은 개종함으로써 이제 사태를 제대로 볼 수 있게 된다. 이들이 제대로 보게 된 것은 바로 그들 모두 폭력적인 군중 심리에, 즉 우리 모두를 십자가형에 가담하게 만드는 모방에 빠져 있었으면서도 그 사실을 못 보았다는 것이다.

세번째 부인을 한 직후 닭이 우는 소리를 듣고 예수의 예언을 떠올린 베드로는 그때에야 비로소 자신도 군중 현상에 가담하고 있었다는 것을 깨닫는다. 그는 예수를 믿지 않는 사람들의 모든 행동에는 충분히 면역이 되어 있다고 당당하게 믿고 있었다. 공관복음에서 베드로는 내내 자기도 모르는 사이에 스캔들에 조종당하는 무지한 희생물로 등장하고 있다. 며칠 뒤 군중들에게 말하면서 그는 폭력적인 모방에 휩싸인 사람들의 '무지'를 강조한다. 그는 사정을 잘 알고 있는 입장에서 말한 것이다.

「누가복음」에 의하면 이 결정적인 순간에 예수가 간수들에게 이끌려 대사제의 관저 마당을 지나가다가 베드로와 눈길이 마주치는데, 예수의 눈길은 베드로의 마음을 훤히 꿰뚫고 있는 듯하다.

베드로는 이때 예수의 눈길에서 "너는 왜 날 박해하느냐?"라는 질문을 읽는다. 그리고 바울은 "사울아, 사울아, 너는 왜 날 박해하느냐?" 하는 말을 예수로부터 직접 듣는다. 이 박해라는 말은 "당신은 누구십니까?"라는 바울의 물음에 대한 "나는 너가 박해하고 있는 예수이니라"라는 예수의 대답에도 나타나 있다(「사도행전」, 9:1~5).

기독교로의 개종은 언제나 그리스도 자신이 던지고 있는 "너는 왜 날 박해하느냐?" 하는 질문이다. 그리고 우리 자신도 알지 못하는 사이에 그것을 이용하는 희생양의 모방 과정으로 이루어진 이 세상에 살고 있다는 사실만으로도 우리는 모두 십자가의 공범들이라 할 수 있다.

예수 부활을 통해서, 베드로와 바울 그리고 그 뒤를 이은 모든 기독교 신도들은 성스러운 폭력 안에 감추고 있는 모든 것이 결국 예수 그리스도에 대한 폭력이라는 것을 깨닫게 된다. 인간이 하나님의 희생양이 아니라, 하나님이 항상 인간의 희생양이다.

*

신학자들에게 너무 오랫동안 잊혀져왔던 복음서의 인류학 영역에 대한 나의 이 연구는 간접적으로만 신학적이다. 이 연구의 효력을 더 높이기 위해서 나는 지금까지 가능한 한 오랫동안 기독교 신의 실체를 상정하지 않은 채 이 연구를 계속해왔다. 초자연적인 존재에 의지하느라 나의 이 인류학적 연구의 맥이 끊어져버리면 안 되기 때문이었다.

사탄처럼 지금껏 초자연적인 영역으로 간주되었던 것이나 『신약』에 나오는 묵시록적인 차원이라고 치부되어왔던 것에 대해, 모방적 해석은 자연적이고 합리적인 해석을 가능하게 한다. 이처럼 모방에 기초한 이 해석은 인류학의 영역을 진정으로 확대시키고 있다. 그러나 타종교의 인류학과는 달리 이 해석은, 인간이 악의 지배를 받고 있다는 것과 그것을 속죄할 필요가 있다는 사실을 절대로 과소평가하지 않는다. 어떤 기독교 독자들은 인류학의 이런 영역 확대가 혹시 신학의 영역을 침해하는 것은 아닌가 하고 걱정하겠지만, 나는 그 반대라고 주장하고 싶다. 이런 주제의 신비를 벗겨내 사탄은 무엇보다도 모방 폭력 구조가 만들어낸 하나의 존재였음을 보여주고 있는 우리는, 복음과 반대로 생각하는 것이 아니라 복음과 일치하게 생각하는 것이다.

인류학이 이렇게 확대되는 것은 오늘날의 신학자들, 심지어는 정통 신학자들마저 이런 영역을 무시하기 때문임을 알아야 한다. 이들은 더 이상 이런 것을 연구 대상에 넣을 수가 없기 때문이다. 그들은 폭력에서 성스러움을 충분히 벗겨내지 못하는 예전의 해석을 무조건 재생산하기를 바라지 않는다. 그들은 또 쿨트만 식으로 '탈신비화'라는 고지식한 실증주의의 명령에 따라 중요한 기록을 지워버리는 것도 더 이상 원치 않는다. 이리하여 그들은 침묵을 지킬 수밖에 없는 상황이다. 진퇴양난에 처한 그들에게 모방에 입각한 우리의 해석은 거기서 벗어날 수 있는 돌파구를 제공해줄 수 있을 것이다.

사탄이나 묵시록적인 위협 같은 주제에다가 순전히 이 지상의 합리적인 의미를 부여하는 것은 결코 기독교의 초월성을 과소평가하는 것이 아니다. 이것은 오히려 십자가가 어리석음과 지혜라고 말하는 바울의 '패러독스'를 그 어느 때보다 더 현저적인 것으로 만들어준다. 길 베일리가 예감하고 있듯이,[5] 현대 문명사회에 대한 진정한 탈신화화는 바울이 쓴 다음과 같은 아주 경이로운 구절과 관련지어서 생각할 때에만 그 의미가 밝혀질 수 있을 것이다. 그런데 이것은 오로지 십자가에서만 나올 수 있다.

멸망할 사람들에게는 십자가의 이치가 한낱 어리석은 생각에 불

---

[5] Gil Bailie, *Violence Unveiled: Humanity at the Crossroads*, New York: Crossroad, 1995.

과하지만 구원받는 사람들에게는 곧 하나님의 힘입니다. "나는 지혜롭다는 자들의 지혜를 없애버리고 똑똑하다는 자들의 식견을 물리치리라. 지혜로운 자가 어디 있고, 학자가 어디 있는가?"라고 『구약』에 씌어져 있지 않습니까? 이 세상에 이론가가 어디 있습니까? 하나님께서 이 세상의 지혜가 어리석다는 것을 보여주시지 않았습니까? 세상이 자기 지혜로는 하나님을 알 수 없습니다. 이것이 하나님의 지혜로운 경륜입니다. 그래서 하나님께서는 우리가 전하는 소위 어리석다는 복음을 통해서 믿는 사람들을 구원하시기로 작정하셨던 것입니다. 유대인들은 기적을 요구하고 그리스인들은 지혜를 찾지만 우리는 십자가에 매달리신 그리스도를 선포할 따름입니다. 그리스도가 십자가에 매달렸다는 것은 유대인들에게는 스캔들이고 이방인들에게는 어리석게 보일 것입니다. 하지만 유대인이나 그리스인이나 할 것 없이 하나님의 부르심을 받은 사람들에게는 그가 곧 그리스도 메시아이며 하나님의 힘이며 하나님의 지혜입니다. 하나님께서 하시는 일이 사람의 눈에는 어리석게 보이지만 사람들이 하는 일보다 더 지혜로우며, 하나님의 힘이 사람의 눈에는 약하게 보이지만 사람의 힘보다 더 강합니다(「고린도 전서」, 1:18~25).

옮긴이의 말

르네 지라르 사상의 출발점은 『낭만적 거짓과 소설적 진실』[1]이다. 여기서 지라르는 각 시대를 대표하는 소설의 주인공의 욕망 구조를 비교함으로써 인간 욕망의 참된 구조를 밝혀내고 있다. 우리가 어떤 대상을 향해서 자발적으로 욕망한다는 자율적 욕망을 믿는 것은 '낭만적 거짓'이며, 타인이라는 모델(중개자)의 욕망을 모방하는 타율적인 욕망, 즉 모방 욕망임을 인정하는 것이 '소설적 진실'이라는 것이 그의 결론이다.

『낭만적 거짓과 소설적 진실』은 사회적인 현상을 가지고 문학작품을 분석, 설명할 수 있는 전범을 보임으로써 소설사회학의 길을 열었다는 점에도 의의가 있지만,[2] '모방 욕망'이라는 인간 욕망의 진실을 찾아냈다는 데에 머물지 않고 거기서 다시 출발하여 보다 더 본질적인 인간의 문제에 대한 천착으로 계속 이어나가고 있다는 점이 더 큰 의의라 할 수 있다. 그것은 그 후 지라르의 작업이 모두 이 모방 욕망에서부터 기초하고 있다는 것을 보더라도 잘 알 수 있다.[3] 그 과정은 다음과 같다.

지라르에 의하면, 인간 욕망의 모방 대상인 모델이 가까운 동료 즉 짝패가 될 때, 짝패들 사이에는 극단적인 내적 중개인 짝패의

---

[1] *Mensonge romtique et Vérité romanesque*, Paris: Grasset, 1961. 한국어 판은 김치수, 송의경 옮김, 한길사, 2001.
[2] Lucien Goldmann, *Pour une sociologie du roman*, Paris: Gallimard, p. 22.
[3] "지라르의 성전은 '모방 가설'이라는 꼭지점에 의지하고 있는 하나의 피라미드이다." Jean-Pierre Dupuy, *Ordres et Désordres*, Paris: Seuil, 1982, p. 125 참조.

갈등 속에서 '선망과 질투, 증오, 숨은 원한' 등의 감정이 생겨나고 이것은 곧 폭력의 씨앗이 된다. 이 폭력은 상호 폭력으로 인류 사회에서 필연적으로 존재하는 아주 기본적인 본질적 폭력이다. 특히 개인들 사이의 차이가 사라지는 무차별 상태에서는 '만인에 대한 만인의 투쟁' 상태로 이어지고, 이렇게 되면 인간의 폭력은 모방 욕망처럼 끝없이 이어지게 된다.

그렇다면 이런 상황에서 우리 인간은 어떻게 사회를 유지시켜올 수 있었을까 하는 의문이 생겨나는데, 바로 이런 의문에 대한 지라르의 천착의 결과가 『폭력과 성스러움』[4]이다. 인간 사회를 유지시켜올 수 있었던 동인으로 지라르가 찾은 해답이 바로 '희생양 메커니즘'이다.

희생양 메커니즘은 사회가 무차별적 위기에 처했을 때 그 위기의 책임자로 한 사람을 지목하여 사회의 상호적 폭력을 그에게로 집중시킴으로써 다시 평화를 회복하는 메커니즘이다. 모방적인 상호 폭력을 피하기 위해 인류가 만들어낸 일종의 방책이 희생양 메커니즘이라는 말이다. 이 책에서 지라르는 세계 도처의 인류학적 자료들과 신화, 민담 등을 통해 이 메커니즘의 존재를 입증해 보이고 있다. 여기서 더 나아가 『희생양』[5]에서 그는 희생양 메커니즘에 들어 있는 규칙성을 밝혀내면서 희생양을 분류한다.

『희생양』에서 지라르는 인간 문화의 근저를 다시 들여다본다. 그에 의하면 모든 문화의 근저에는 집단 구성원의 만장일치적 폭력인 박해와 살해가 있고, 이 집단 살해를 전해주는 것들이 있으니 지라르는 그것을 '박해의 텍스트'라 부른다. 이 박해의 텍스트로는 역사적인 기록이나 민담이나 신화 등이 있다.[6]

여기서 우리는 이 박해의 텍스트에 대해, 너무나도 당연한 사실

---

4 La Violence et le sacré, Paris: Grasset, 1972. 한국어 판은 김진식, 박무호 옮김, 민음사, 1993.
5 Le Bouc émissaire, Paris: Grasset, 1982. 한국어 판은 김진식 옮김, 민음사, 1998.
6 "모든 신화들은 실제의 희생물에게 행한 실제의 폭력에 근거하고 있다." Le Bouc émissaire, p. 38.

일지도 모를 다음 사실에 주목하게 된다. 이런 기록들은 모두 그 집단 살해 '이후에' 기록된 것이라는 것이다. 다시 말해, 박해의 텍스트들은 집단 살해에 성공한 살해자들의 기록이라는 것이다. 그러므로 이 기록들은 살해당한 자들의 입장은 완전히 배제되어 있고 살해자의 입장만 기록되어 있어, 진실을 왜곡하는 기록이다. 이런 신화적 행위는 지금도 계속되고 있으며 이런 신화 작업을 제대로 해석하는 진정한 신화 해석 작업이 우리의 과제가 될 것이다. 이상의 전제를 인정하면서 인간에 관한 모든 것을 이 같은 시각에서 해설하려는 자신의 입장을 지라르는 '기본적 인류학 anthropologie fondamentale'이라 부른다.[7]

『희생양』에서 지라르는 희생양 메커니즘이 통용될 수 있는 구체적인 환경과 과정을 여러 신화와 문헌 속에서 찾아내어 정리하면서, 거기에 성경이라는 기독교의 텍스트도 포함시키고 있다. 이것은 곧 예수 그리스도의 죽음도 하나의 희생양의 죽음으로 보고 있다는 암시이다. 희생양 메커니즘에 기초하여 기독교의 기록(『신약』『구약』)을 다른 각도에서 볼 수 있는 가능성을 연 것이 『희생양』이었다면, 그 가능성을 현실화시켜놓은 것이 바로 이 책『나는 사탄이 번개처럼 떨어지는 것을 본다』이다.

여기서 우리가 주목할 것은, 소설을 통해 모방 욕망이라는 인간 욕망의 진실을 찾는 문학 연구자의 작업의 끝에 가서 "영원한 짝패들인 인간이 어떻게 사회를 유지시켜올 수 있었을까" 하는 의문을 품는 순간이야말로 문학 평론가 지라르가 문화 인류학자 지라르로 넘어가는 결정적인 순간이라는 것이다.

---

[7] 그의 제자였던 에릭 강스 Eric Gans는 현재 인터넷에 '기본적 인류학'을 현실의 여러 가지 면에서 적용하여 설명하고자 하는 *Anthropoetics*라는 웹진을 만들어 운영하고 있다.

『나는 사탄이 번개처럼 떨어지는 것을 본다』의 승리

『나는 사탄이 번개처럼 떨어지는 것을 본다』는 두 가지 승리의 소식을 전하고 있다. 우선 이 책은 '사탄에 대한 그리스도의 승리' 소식이자 '신화에 대한 기독교의 승리'이기도 하다. 이 책에서 견지하고 있는 지라르의 논점의 출발점은,

- 신화와 성서에 나오는 폭력은 모두 실제로 일어난 사건으로 보아야 한다.
- 폭력에 대한 신화의 해석은 거짓이며, 성경의 해석은 참된 해석이다.

라는 두 개의 진술로 요약될 수 있다. 첫번째 진술은 어차피 인간 사회는 폭력이 없을 수가 없으므로 민담이나 신화를 비롯한 여러 기록물들에 나타난 폭력을 '실제로' 일어난 폭력으로 보아야 한다는 말이다. 그리고 이렇게 실제로 존재했던 폭력의 결과가 신화, 민담, 역사, 그리고 성서라는 기록으로 남아 있다고 보아야 한다는 것이다. 이런 기록들이 하나같이 폭력을 이야기하고 있다는 점에서는 모두 일치하고 있지만, 이들이 이야기하는 그 폭력에 대한 '해석'에 있어서는 일치하고 있지 않다. 여기서 말하고 있는 이 폭력은 우리가 앞에서 살펴본 무고한 희생양에 대한 집단의 폭력, 즉 희생양 메커니즘에 의한 폭력이다.

그런데 신화를 비롯한 대부분의 기록들은 이 희생양을 유죄로 해석하고 있는 데 반해, 희생양을 무죄로 보는 유일한 기록이 있으니 그것이 바로 기독교 성서에 나타난 희생양 기록이라는 것이 지라르의 주장이다. 이를 우리는 다른 말로 '신화는 거짓말을 하고 있고 성서는 진실을 말하고 있다'고 말할 수 있을 것이다. 이것은 『폭력과 성스러움』이 천명하고 있듯이 희생양은 원래 무고한 존재

를 집단 전체를 위해 집단의 폭력을 대신 한 몸에 받는 무고한 존재이기 때문이다. 그래서 '신화의 해석은 잘못된 해석이고 성서의 해석이 참된 해석'이 되는 것이다.

그런데 왜 지라르는 이 책의 제목에다가 '사탄'이라는 이름을 넣었을까? 이 궁금증은 물론 이 책 여기저기서 해소될 수 있을 것이다. 즉 인류의 온갖 악의 근원이 사탄이며 그 사탄의 근원은 바로 우리의 욕망 그것도 우리의 모방 욕망에 있다고 지라르는 우리에게 강력하게 암시하는 것이다. 인류 사회에 필연적으로 존재하는 "이 갈등은 바로 '모방적 경쟁 관계'"이며 이것이 바로 예수가 '스캔들'이라 부르던 것이었다. 이렇게 놓고 보면 우리를 죄악에 빠뜨리는 것은 결국 우리 안에 있는 '모방적 경쟁 관계' 즉 '모방 욕망'이 되는 셈이다. 그래서 성서는 우리를 죄악에 빠지게 하는 존재인 사탄을 보고 '유혹자' '비난자' '이 세상의 통치자' '어둠의 왕자' '태초의 살인자' '예수 수난의 숨겨진 연출자' 등의 이름을 붙이고 있어, 사탄이 바로 모방 욕망인 것을 웅변적으로 말해준다.

『희생양』과 『나는 사탄이 번개처럼 떨어지는 것을 본다』에 나타나 있듯이 기독교의 기록을 폭력을 담고 있는 다른 기록과 같은 위상에 두고 접근하는 지라르의 입장을 두고 우리는 그가 '기독교를 인문학에 도입하고 있다'고 말할 수 있을 것이다. 이때의 기독교는 인문학의 옆이나 위나 아래에 있는 것이 아니라 그 한가운데에 있다. 지라르의 이런 사상은 지금껏 여러 사상들이 귀중하게 취급하던 모든 인위적인 절충안들을 무산시켜버리는 '거대 담론'과 같은 것이 될 수 있다.

『나는 사탄이 번개처럼 떨어지는 것을 본다』에서 지라르는 그의 사상의 한 사이클, 혹은 하나의 여정을 완성하고 있다. 여기서 그의 사상은 성숙함과 완성도를 보여주고 있는데, 그는 여기서 또한 과학적 논리 전개의 요구에 소홀하지 않으면서도 기독교에 대하여 옹호적인 입장에서 기독교를 쇄신시키고 또 기독교에 대한 지적 신뢰성을 옹호하고 선양시키고 있다. 이리하여, 르네 지라르는 하나님 아버지가 현자와 학자들에게 감추어놓았던 것들을 우리 미천한 사람들에게 드러내 보여주고 있다고 말할 수 있을 것이다.

지라르 이론의 다산성(多産性)

욕망 구조의 분석에서 출발하여 인간의 폭력성 그리고 성서의 새로운 해석에까지 이르는 지라르 사상의 여정이 우리에게 주는 가르침은 적지 않다. 가령 문학의 연구가 문학 텍스트에서 단순한 문학성을 찾는 작업에만 만족하는 것이 아니라, 거기서 얻은 결론을 이용하여 인간의 다른 본질적인 문제에 대한 천착으로 이어가고 있는 지라르의 행로는, 인문학이 걸어가야 할 행로를 미리 보여주는 것으로 이해할 수 있는 것도 그중의 하나이다.

인간 욕망의 발생 원인을 단순히 그 대상물에게서만 찾는 대부분의 기존 사상에 비해 인간들 사이의 모방에서 찾는 지라르의 이론은 우리들에게 달리 생각할 수 있는 많은 길을 열어주고 있다. 그래서 서구 인문학계에서는 지라르가 '기본적 인류학'이라 부르는 것에 기초하여 여러 분야의 학자들이 주기적으로 모여서 지라르의 이론을 도입하여 새로운 길을 모색한 지 벌써 10여 년이 된다.

우선 지라르가 자주 문제 삼고 있는 폭력을 이용하여 인간의 폭력에 대한 깊은 이해를 위한 작업으로는 『르네 지라르와 악의 문제』[8] 『폭력의 퇴치』[9] 『폭력과 차이』[10] 등을 들 수 있다. 또한 지라르

---

[8] Michel Deguy, Jean-Pierre Dupuy éd, *René Girard et le probléme du mal*, Grasset, 1982.

[9] Mark I. Wallace & Theophus H. Smith ed, *Curing Violence*, Sonoma, California: Polebridge Press, 1994.

이론의 기초가 되는 모방 욕망 이론에 입각해서 기존의 시각을 벗어난 다른 시각을 제공하려는 작업이 여러 분야에서 행해지고 있다. 이처럼 타 분야에 대한 지라르 이론의 원용의 예로 우리는 뒤무셀과 뒤피가 같이 쓴 『사물의 지옥——르네 지라르와 경제 논리』[11]을 들 수 있다.

이 책에서 뒤무셀 같은 이는 재화의 가치가 희소성에서 나온다고 보는 기존 경제학의 입장에서 벗어나서 지라르의 이론에 입각해서 재화에 대한 우리 자신의 다른 것과의 모방에서 그 재화의 가치가 생성되고 있다고 주장한다. 간단해 보이는 이런 시각의 변화의 결과는 그러나 그렇게 간단하지 않은 것 같다. 뒤무셀의 이 생각을 따라가다 보면, 흔히 생각하는 우리에게 필요한 재화의 총량이라는 것도 실은 외부 여건에 대한 우리 자신의 고려(모방)에 따라 가변적인 것이지 그 절대량이 불변으로 정해져 있는 것이 아니라는 결론으로 이어지기 때문이고, 또 이 생각을 이어나가면 지금 유행하고 있는 세계화의 주창자들의 '비교 우위론'의 근거가 되는 절대 필요량이라는 것 자체가 허물어지는 엄청난 결과로 이어지기 때문이다.

또한 남아 있는 여러 종류의 기록물을 보는 지라르 특유의 관점을 도입한 연구는 특히 신화나 민담과 같은 구비 문학 연구에서 활발히 일어나고 있다.

그뿐 아니라 비교적 최근 들어서 지라르가 관심을 나타내고 있는 기독교 기록에 대한 생각이 많은 종교학자들과 성직자들에게도 반향을 일으키고 있는 것도 사실이다. 가령 기독교 성직자들이 신앙을 더 돈독히 정리하기 위해서 지라르를 세미나의 주제로 삼아 연구하는 추세도 1990년대부터 서구에서 흔히 볼 수 있는 광경이 되었다.

---

10 Andrew J. Mckenna, *Violence and Difference: Girard, Derrida, and Deconstruction*, Univ. of Illinois Press, 1992.

11 Paul Dumouchel et Jean-Pierre Dupuy, *L'Enfer des choses—René Girard et la logique de l'économie*, Paris: Seuil, 1979.

이제 지라르가 소개된 지 30여 년이 넘어가는 우리나라에서도 기존 이론에 대한 대안이나 보완책으로 지라르 이론을 원용해보려는 시도들이 여러 학문 분야에서 행해지고 있다.「법의 폭력성」「제주 4·3사건의 희생양적 해석」「신자유주의이론의 문제점」「무속서사시의 새 관점」「아기장수이야기의 신화적 주제분석」「예수그리스도와 기독교」「환경신학과 성서」「지라르 이론을 이용한 영화분석」「키치적 소비에 관한 연구」와 같이, 간단하게 인터넷 검색에서 확인해본 우리나라의 지라르 원용의 대표적인 연구들의 제목을 보더라도 지라르 이론이 얼마나 다산성이 풍부하여 우리들에게 새로운 시각을 제공해줄 수 있는가를 재삼 확인할 수 있을 것이다.

찾아보기(인명)

ㄱ
가야바 Caiaphas 55

ㄴ
누가 Luke 113~15, 162, 168~70, 172~73
니체 Friedrich Nietzsche 13, 148~49, 154, 182~83, 206, 214~21, 223~25

ㄷ
뒤르켐 Émile Durkheim 130~31
디오니소스 Dionysos 8, 87, 102~03, 151, 154~55, 215~17, 220, 224

ㄹ
라이오스 Laius 140, 142
라포스타 Julian L'Apostate 71
레비나스 Emmanuel Levinas 153
레비 스트로스 Claude Lévi-Strauss 86

ㅁ
마가 Mark 168, 171~72
마르키온 Marcion 158
마태 Matthew 113~15, 166, 168, 171~72
모세 Moses 76, 82

모파상 Guy de Maupassant 135
몽테뉴 Michel de Montaigne 213

ㅂ

바울 Paul 28, 39, 66, 128, 180, 187~89, 191, 194, 199, 207, 233, 239~41
베냐민 Benjamin 144~45
베드로 Petrus 10, 34~35, 51~52, 125~26, 162, 207, 236, 239~40
베르킨게토릭스 Vercingetorix 176
베버 Max Weber 148
베엘제불 Beelzebul(Beelzebub) 52
베유 Simone Weil 64, 228
베일리 Gil Bailie 241
보디발 Potiphar 142~43, 149
볼테르 Voltaire 117, 204
불트만 Rudolf Bultmann 9, 16, 50, 233, 241
빌라도 Pontius Pilatus 12, 36, 41~42, 44, 56, 168~70, 173

ㅅ

셰익스피어 William Shakespeare 129, 186
소크라테스 Socrates 103
슈바이처 Albert Schweitzer 231

ㅇ

아도니스 Adonis 8
아리스토텔레스 Aristoteles 56, 72, 104
아벨 Abel 60, 111~15, 207
아브라함 Abraham 58
아티스 Attis 8
아폴로니우스 Apollonios 69~83, 85, 87, 90, 92~93, 96, 99, 101~04, 109, 136~37, 195
아폴론 Apollon 91~92, 141
앨리슨 James Alison 37, 238
야곱 Jacob 144~45

엘리아데Mircea Eliade   111, 114
엠마오Emaos   15
여호와Jehovah   45~49, 154, 157, 179
오리게네스Origenes   188
오비디우스Publius Ovidius Naso   85
오시리스Osiris   8
오이디푸스Oedipus   14, 91~92, 100, 140~43, 146~47, 185, 224, 230
요셉Joseph   14, 140~51, 153, 158~59, 184, 217, 230
요한(세례 요한)Saint John the Baptist   43~45, 48~49, 57~58, 60, 65, 88, 115, 158, 162, 170~73, 230
욥Job   151~52, 230, 238
윌리엄스James Williams   213
유다Judas   145, 236
유세비우스Eusebius   75
이오카스테Iocaste   140, 142

ㅈ

제르네Louis Gernet   88~89
제우스Zeus   100
즈가리야Zechariah   207

ㅋ

카이사르Julius Caesar   129, 176
카인Cain   60, 111~14, 116, 233
콘스탄티누스Constantinus   75
콜럼버스Christopher Columbus   203
클레오파트라Cleopatras   186
키루스 대왕Cyrus   46

ㅌ

테미스토클레스Themistokles   109

ㅍ

파스칼 Pascal　166
판 Pan　94
페기 Charles Péguy　185
포르나리 Giuseppe Fornari　234
프로이트 Sigmund Freud　32, 104, 182
플라톤 Platon　103
플로베르 Gustave Flaubert　135
필로스트라토스 Philostratos　69~71, 73~74, 76~78, 85, 91~94, 96~98, 102~03

ㅎ

하이데거 Martin Heidegger　203, 220, 224~25
헤라클레스 Herakles　70, 85, 92~93
헤라클레이토스 Herakleitos　154
헤로데 Herod　44~45, 125, 169~73
헤로디아 Herodias　44
호르무즈 Hormuz　8
화이트헤드 Alfred N. Whitehead　9
히틀러 Adolf Hitler　199, 214, 220~21, 225

찾아보기(주요 용어)

ㄱ

개종 28, 239~40
거짓 초월(성) 66, 126, 128, 131
건국 신화 9, 110~11
게르만족 110
경쟁 관계 13, 24, 26, 28, 31~32, 38, 41, 52~53, 57, 122, 145, 206, 217, 220, 227, 247
계보학자 222
『고대 유대교』 148
「고린도 전서」 10, 187, 189, 191, 242
고정농양 71~72, 91, 124, 158
「골로사이인들에게 보낸 편지」 174
공관복음 15, 30, 50, 57~58, 62~63, 65, 115, 168, 239
교부 신학 188
교부 철학자 190~91
『구약 (성서)』 14, 19, 32, 43, 61, 81, 110~11, 124, 135, 139~43, 145~50, 152~54, 156~60, 163, 165~68, 173~74, 184~86, 194~96, 217, 224, 228, 230, 242, 245
구조주의 102, 152
권능 125, 174~81, 226, 232~33
권세 125~26, 130, 174~76, 178~80, 226, 232~33
그리스 정교회 158
그리스도의 적 226
근친상간 100, 143~44, 185
금기 20~22, 25, 28, 50~51, 220, 227

ㄴ

나치 214~15, 219~21, 224~25
낙태 221, 226
노예(의) 도덕 182, 217
「누가복음」 59, 113~14, 162, 168~69, 207, 232, 239

ㄷ

다마스쿠스로 가던 길 239
다문화주의 10, 234
다신교 85, 140, 154, 157
다원주의 10, 157, 234
드레퓌스(파) 183~84

ㄹ

「레위기」 24, 120, 194, 201
르네상스 72, 114
린치 87~90, 129, 150~51, 155, 164

ㅁ

「마가복음」 44, 52~53, 170~72
마녀 사냥 98~101
마술적 사고 128, 188
「마태복음」 32, 44, 53, 63, 113~14, 118~19, 166, 170, 172, 185, 200, 206
만장일치의(적) 폭력 42, 84~85, 87, 89, 95, 104, 107~08, 120, 244
모더니스트 177
모방 갈등 36, 38, 74, 88, 123~24
모방 사이클 13, 48, 50, 57, 60, 63~66, 87, 94, 99, 110~11, 131, 136~40, 147, 156, 158, 165, 188~89, 225
모방 욕망 22, 25, 29~30, 41, 56~57, 59, 119, 243
모방 위기 33, 41, 44, 47~48, 51~52, 57, 59, 106~08, 137, 139~40, 229
모방 전염 14~15, 34, 71, 152, 234, 239
모방 효과 83, 160
모방(의) 회오리 40~41, 44, 60, 96, 113, 149, 153, 182, 184~87, 194, 196,

198, 211, 234, 236~37
모방(적) 경쟁   13, 24, 26~28, 30~32, 39, 52, 74~75, 85, 106, 122, 124, 145, 200, 206, 217, 220, 227, 247
모방적 경쟁자   31
모방적 만장일치   64, 81
무차별화   47
묵시록   231, 233, 240~41
뮈토스   8
미메시스   79

ㅂ

바리새파   76
바빌론   46
박해 콤플렉스   182
박해의 무의식   161~62
반유대주의   42, 62, 113
『변신 이야기』   85
비교 만능주의   8, 10
비난자   175, 182, 228, 247

ㅅ

「사도행전」   8, 125, 162, 240
사무라이   203
사법 제도   88~89, 210
사탄에 의한 사탄의 추방   56, 66
사탄의 사이클   63, 188
사탄이 사탄을 물리친다   53, 55, 64, 229
사회 계약   123
살라미스 전투   109
삼위일체   157, 237
상대주의   10, 26, 103, 221
성령   32, 157, 237~40
성스러운 폭력   154, 240
성스러움   85, 96, 241

세계화 40, 209, 213, 222, 231
쇼비니즘 149
수메르 110
스캔달리젠 30~31
스캔들 13, 19, 30~34, 36~40, 48, 51~54, 56~58, 60, 63, 65~66, 74, 94, 96, 106, 116, 124, 126, 159, 161~63, 174, 192, 197, 228, 239, 241, 247
스페인 9
스핑크스 141
승리주의 177, 179
시뮬레이션 226
「시편」 150~51, 163~64, 196
식민주의 10
식인종 213
신격화 8, 14, 90, 92, 98, 100, 122, 140, 153, 156, 158~59, 161, 166~71, 173, 186
『신앙과 종교 사상의 역사』 111
『신약 (성서)』 43, 65, 125~28, 130, 139, 196, 224, 226, 231~32, 240, 245
신의 이론 64
신의 집 211
실존주의 16, 222
실증주의 215, 218, 241
십계명 19~20, 24~25, 226
십자가에 속은 사탄 188~92
십자가의 승리 174, 177~79
십자가형 12~13, 36, 42, 44, 55~56, 63, 82~84, 114, 125, 157~58, 160, 173, 175, 178, 187, 189, 211, 216, 235, 239
쌍둥이 25~26, 38, 86, 200

ㅇ
아르케 115
아스텍 9
악마 15, 50, 58, 60, 62~63, 65~66
악마의 아들 58~59, 190
안락사 226
어둠의 왕자 163, 228, 247

에페소스 69~74, 76~78, 80, 82~86, 88~91, 96, 98~99, 102~04, 164
역사학자 205
영혼의 무게 달기 214
예루살렘 8, 34, 46, 236
예수 수난 14, 37, 39~40, 42~45, 48, 99, 101, 125, 129, 159, 164, 169~70, 175~79, 186~87, 189~90, 194, 215~16, 228, 231, 238, 247
예언주의 166
「요한복음」 9, 15, 50, 57~63, 65, 76~77, 110, 114~15, 157, 190, 192, 237
「욥기」 54, 61, 151~52
원수 형제 86
유니섹스 226
유대 기독교 11~12, 15, 20, 131, 158, 165, 182~83, 186, 199, 201, 216~17, 219, 223~26, 230
유대교 64, 81, 156, 197, 216, 220, 224, 230
유대인 8, 36, 42~43, 45, 62, 97, 101, 113, 148, 153, 157, 166, 194, 199, 214~15, 224, 231, 242
『율리우스 카이사르』 129
이 사람을 보라Ecce homo 211
이 세상의 왕 36, 53, 229, 231
이 세상의 통치자 50, 55, 187~89, 192, 228, 247
이교도 8, 57, 70~71, 93~94, 103
「이사야서」 45~49
이스라엘 195
이슬람교 7, 157
이신론 16
이집트 110, 121, 140~45, 149
인도 110, 203
인도주의 205, 208
인류학 15, 64, 240
인류학자 8, 10~12, 14, 105, 119, 136~38, 197, 201, 215
인류학적인 기본 구조 63
인상주의 10
일본 203
일신교 140, 154, 158
일신론 157
일인에 대한 만인의 반대 37, 48, 55, 59~60, 63~64, 74, 159, 161

ㅈ

자민족 중심주의　149, 213
전염병　72~73, 75, 86, 91, 96
중국　110, 203
질투　26, 31, 140, 159, 244
집단 살해　47~49, 59~60, 82, 87, 115~16, 120, 126, 136, 138~39, 168~69, 171~72, 181~82, 244~45
집단 폭력　14~15, 44, 48, 73, 88, 91, 97~99, 101, 104~07, 125, 139~40, 142, 144~47, 154, 163, 171, 181, 215
짝패　38, 47, 86, 200, 243, 245

ㅊ

「창세기」　19, 111~12, 114, 116
첫번째 돌　76~81
초석적 살해　110~13, 116, 123, 126, 129~30, 161
추방 제의　195, 201
친부 살해　100, 143~44, 185

ㅋ

카스트 제도　110
카타르시스　56, 72, 74, 85, 104, 168~69, 231
카테콘　233
『캉디드』　204
코린토　187

ㅌ

타르겔리아　102
탈기독교화　157
『탈무드』　153
탈신비화　50, 169, 241
탈신화화　9, 241
태초의 살인자　228, 247
테베　92, 141~42

테살로니카인 233
토템 89
투석 71~72, 75, 78~79, 81~86, 88~93, 98~99, 101~04, 120, 137
투석형 72, 79, 82~83, 85, 120, 195
『티아나의 아폴로니우스의 생애』 69, 73, 75

ㅍ

파라오 141, 153
파라클레이토스 238
파라클리트 237~38
파르마코스 72, 99, 102~04, 195
파르마코이 102
팍스 로마나 55
팔레스타인 144, 169
페르시아 46, 109
페스트 69, 71~74, 89~92
포스트모더니스트 146, 217
포스트모더니즘 146
폭력적 만장일치 14, 89, 96, 99, 107, 160, 237
폭력적 모방 15
플래시백 171
『플루타르크 영웅전』 109
피라미드 121

ㅎ

합리주의 117~19, 222
해체주의(자) 146, 215, 221
허무주의 221, 223
헤라클레스 70, 85, 92, 93
호모 사피엔스 124
휴머니즘 205, 217~18, 222
희생 대체 197
『희생양』 103, 244~45, 247
희생양 메커니즘 45, 53, 55, 57, 59~64, 66, 75, 87, 96, 105, 107, 113, 116,

124~26, 131, 137, 140, 150, 154, 156, 160~61, 167, 170, 174, 176, 180~82, 184~93, 209, 212, 217, 231~32, 235~36, 244~46
희생양(에 대한) 근심 206, 208, 210~14, 219~23, 225
희생 제의 9, 45, 56, 72, 74, 102~09, 112~13, 118~22, 124~26, 137, 154, 196, 200, 207, 214, 224, 231
희생학 223
히브리어 20, 31, 50, 139, 228
힌두교 7